中国社会科学院创新工程学术出版资助项目

中国服务业发展报告（2016~2017）

Annual Report on China's Service Industry（2016-2017）

——迈向服务业强国：约束条件、时序选择与实现路径

夏杰长　刘　奕／主编
姚战琪　李勇坚　魏　翔／副主编

经济管理出版社
ECONOMY & MANAGEMENT PUBLISHING HOUSE

图书在版编目（CIP）数据

中国服务业发展报告（2016～2017）——迈向服务业强国：约束条件、时序选择与实现路径/夏杰长，刘奕主编.—北京：经济管理出版社，2017.5
ISBN 978-7-5096-4998-5

Ⅰ.①中… Ⅱ.①夏…②刘… Ⅲ.①服务业—经济发展—研究报告—中国—2016 Ⅳ.①F719

中国版本图书馆 CIP 数据核字（2017）第 043573 号

组稿编辑：申桂萍
责任编辑：侯春霞
责任印制：黄章平
责任校对：超　凡

出版发行：经济管理出版社
（北京市海淀区北蜂窝 8 号中雅大厦 A 座 11 层　100038）

网　　址：www.E-mp.com.cn
电　　话：（010）51915602
印　　刷：北京晨旭印刷厂
经　　销：新华书店
开　　本：720mm×1000mm/16
印　　张：18
字　　数：352 千字
版　　次：2017 年 6 月第 1 版　2017 年 6 月第 1 次印刷
书　　号：ISBN 978-7-5096-4998-5
定　　价：78.00 元

·版权所有　翻印必究·

凡购本社图书，如有印装错误，由本社读者服务部负责调换。
联系地址：北京阜外月坛北小街 2 号
电话：（010）68022974　邮编：100836

出版前言

中国社会科学院财经战略研究院始终提倡"研以致用",坚持以"将思想付诸实践"作为立院的根本。按照"国家级学术型智库"的定位,从党和国家的工作大局出发,致力于全局性、战略性、前瞻性、应急性、综合性和长期性经济问题的研究,提供科学、及时、系统和可持续的研究成果,当为中国社会科学院财经战略研究院科研工作的重中之重。

为了全面展示中国社会科学院财经战略研究院的学术影响力和决策影响力,着力推出经得起实践和历史检验的优秀成果,服务于党和国家的科学决策以及经济社会的发展,我们决定出版"中国社会科学院财经战略研究院报告"。

中国社会科学院财经战略研究院报告,由若干类专题报告组成。拟分别按年度出版发行,形成可持续的系列,力求达到中国财经战略研究的最高水平。

我们和经济学界以及广大的读者朋友一起盼望着中国经济改革与发展未来的美好图景!

中国社会科学院财经战略研究院
学术委员会
2013 年 6 月

《中国服务业发展报告（2016~2017）》
编写组名单

首席研究员

夏杰长/中国社会科学院财经战略研究院副院长、研究员

项目组主要成员

姚战琪/中国社会科学院财经战略研究院研究员

李勇坚/中国社会科学院财经战略研究院研究员

刘　奕/中国社会科学院财经战略研究院副研究员

张颖熙/中国社会科学院财经战略研究院副研究员

魏　翔/中国社会科学院财经战略研究院副研究员

倪红福/中国社会科学院经济研究所副研究员

刘彦平/中国社会科学院财经战略研究院副研究员

李文秀/广东金融学院工商管理系教授

江　静/南京大学经济学院教授

曾世宏/湖南科技大学商学院副教授

杨　鹏/湖南科技大学商学院硕士生

刘维刚/中国社会科学院财经战略研究院博士后

李德升/中国社会科学院财经战略研究院博士后

摘 要

我国服务业发展、改革和开放取得了长足的进步，但"大而不强"的问题仍然很突出。与服务业高速发展相伴随的是服务经济质量有待进一步提高。利用WIOD数据，本书在分析发达国家的服务业发展水平和质量的基础上，构建了我国建设服务业强国的指标体系，并利用使用法等方法预测服务业发展趋势。结合中国的实际情况，提出中国建设服务业强国的奋斗目标和衡量标准，并指出具体实施的阶段，大致可分四步走：一是夯实基础阶段（2016~2020年）；二是攻坚阶段（2021~2025年）；三是初步实现阶段（2026~2030年）；四是基本建成阶段（2031~2050年）。要实现建设服务业强国目标，必须有清晰的战略思路、切实可行的实现路径。建设能级强大的服务业中心城市，是迈向服务业强国的必由之路。要通过深化服务业改革、实施服务创新引领、构建服务业发展政策体系、鼓励服务业与制造业和农业的深度融合、扩大服务业对外开放等多管齐下的"组合拳"，助推服务业强国战略目标如期实现。

从第三次工业革命背景下的国际分工新趋势中发现，服务业发展与新的国际分工方式、分工内容息息相关，服务业发展与国家经济控制力的关系也非常密切。要提升一个国家的经济控制力，找到服务业发展的恰当方式尤为重要。在服务业的"架构控制权"、"标准制定权"、"资源整合权"以及"优势产业组合"等方面下功夫，是掌控经济控制力的重要途径。

本研究报告在吸取前人研究成果的基础上，做了一定的创新探索：

一是通过定量分析和国际比较，明确提出了2020年我国有望迎来服务经济的"窗口期"，将迈入"服务经济时代"。到2030年左右，我国有望初步实现服务业强国的目标。到2050年左右，有望基本建成服务业强国。

二是利用全球投入产出表，基于全球价值链分析服务业、利用增加值贸易分解方法解释服务业在国际贸易中的作用等多维视角的研究，发现服务业和工业自身特点发生了根本变化，工业的支柱产业地位在较长时期不会改变，即便在服务业强国基本建成的时代，也必须强调工业特别是制造业的重要地位；服务业在对外开放中的作用有所低估，但在全球价值链体系和国际贸易中发挥着越来越重要的作用。

三是提出了建设能级强大的服务业中心城市是迈向服务业强国的必由之路的

观点，综合考虑城市的历史地位、国家战略导向、第三产业占比、地域平衡等多方面因素，特别是"一带一路"战略实施后我国服务业空间格局的变化，北京、上海是我国打造世界服务业中心城市的不二选择；广州、重庆、天津、深圳、武汉、杭州、南京、成都、西安、郑州、沈阳、青岛、长沙、昆明和乌鲁木齐十五大城市，目前最有希望成为具有金融、贸易、科技创新、商务服务枢纽和文化交流门户等综合服务或专业化功能的国家服务业中心城市；借鉴Woo（2012）提出的收入追赶指数，以产业结构和开放程度的视角实证分析了跨越"中等收入陷阱"的问题，研究结果发现，服务业附加值和GDP比重越高的国家收入追赶效应越强。

目 录

总报告

迈向服务业强国：约束条件、时序选择与实现路径 ········· 3
 一、引言 ········· 3
 二、我国服务业发展的约束条件 ········· 4
 三、服务业发展趋势国际比较 ········· 6
 四、我国服务业发展主要指标预测 ········· 19
 五、服务业强国发展目标与时序选择 ········· 30
 六、服务业中心城市建设：服务业强国战略的必由之路 ········· 33
 七、建设服务业强国的实现路径 ········· 46

专题报告

专题一 国家经济控制力：建设服务业强国的理论基础 ········· 59
 一、引言 ········· 59
 二、相关文献综述 ········· 60
 三、基于第三次科技革命的全球价值链分工新趋势 ········· 64
 四、服务业发展方式与国家经济控制力提升的关系 ········· 65
 五、全球价值链视角下提升国家经济控制力的主要途径 ········· 70

专题二 对服务业和工业地位的再认识：基于全球投入产出表的分析 ········· 79
 一、引言 ········· 79
 二、工业成为中国经济的主导产业的传统标准 ········· 80
 三、变化中服务业的新本质特征 ········· 83
 四、全球价值链视角下服务业在国际贸易中的作用 ········· 85
 五、结论和政策建议 ········· 93

专题三 迈向服务业大国的国际经验：事实与启示 ········· 96

一、服务业大国的研究综述 ··· 97
　　二、服务业大国的成长：事实与特征 ································· 101
　　三、服务业大国兴起：国别案例与特征 ······························ 109
　　四、若干启示 ·· 114

专题四　服务业开放、结构变迁与国民收入追赶 ···················· 119
　　一、引言 ·· 119
　　二、文献综述 ·· 121
　　三、数据变量和模型设定 ··· 124
　　四、实证结果 ·· 126
　　五、结论及政策含义 ··· 133

专题五　产业结构升级：基于服务业内部结构演变趋势 ············ 137
　　一、发展现状 ·· 137
　　二、国际比较 ·· 144
　　三、投入产出分析 ·· 148
　　四、政策建议 ·· 153

专题六　贸易结构演进：基于国家经济控制力提升视角 ············ 156
　　一、贸易结构演进：中国对外贸易控制力现状及问题 ············ 156
　　二、全球价值链视角下中国服务业对外贸易竞争力现状及问题 ···· 163
　　三、影响中国对外贸易控制力和竞争力提高的原因剖析 ········· 170
　　四、提高对外贸易控制力和竞争力的对策 ·························· 173

专题七　消费结构升级：居民服务消费的趋势与动力 ··············· 175
　　一、服务消费比重不断提升是消费结构升级的重要趋势：
　　　　基于美国的经验 ··· 176
　　二、我国消费结构升级现状与趋势分析 ······························ 179
　　三、促进中国服务消费快速增长的五大驱动力 ···················· 185
　　四、以扩大服务消费引领消费结构升级的对策建议 ·············· 190

专题八　空间结构优化：打造多层次的服务业集聚中心 ··········· 192
　　一、研究背景 ·· 192
　　二、控制力提升视角下的服务业空间结构优化：已有研究评述 ···· 195
　　三、服务业集聚中心的综合评价指标设置 ·························· 201
　　四、建设多层次的服务业集聚中心：城市服务业竞争力分析 ···· 204
　　五、中国多层次服务业中心城市选择：功能分析法视角 ········ 210
　　六、建设多层次服务业集聚中心：政策建议 ······················· 212

专题九　服务创新：迈向服务业强国的内生动力 ··················· 217
　　一、引言 ·· 217

- 二、增长、创新与服务的学术思想演化 218
- 三、服务创新的概念、种类和特征 220
- 四、技术进步作为服务创新的主要动力 222
- 五、基于服务协同生产的价值共创：以分享经济为例 225
- 六、服务创新增长：中国已有的典型事实 227
- 七、迈向服务强国的服务创新政策设计 229
- 八、结论与展望 230

专题十 制度环境：建设服务业强国的根本保障 234
- 一、引言 234
- 二、制度环境优化是我国服务业快速有序发展的重要保障 236
- 三、我国营商制度环境及国际比较 240
- 四、制度和营商环境对服务业发展影响的实证分析 241
- 五、结论与建议 246

专题十一 标准和品牌：建设服务业强国的微观基础 252
- 一、我国服务标准化建设的现状、问题和策略 253
- 二、我国服务品牌建设的现状、问题和策略 267

总报告

迈向服务业强国：约束条件、时序选择与实现路径

夏杰长　倪红福　刘　奕　李勇坚

摘　要：我国服务业发展、改革和开放取得了长足的进步，但"大而不强"的问题仍然很突出。与服务业高速发展相伴随的是服务经济质量有待进一步提高。利用WIOD数据，本研究报告在分析发达国家的服务业发展水平和质量的基础上，构建了我国建设服务业强国的指标体系，并利用使用法等方法预测服务业发展趋势。结合中国的实际情况，提出中国建设服务业强国的奋斗目标和衡量标准，并指出具体实施的阶段，大致可分四步走：一是夯实基础阶段（2016~2020年）；二是攻坚阶段（2021~2025年）；三是初步实现阶段（2026~2030年）；四是基本建成阶段（2031~2050年）。要实现建设服务业强国目标，必须有清晰的战略思路、切实可行的实现路径。建设能级强大的服务业中心城市，是迈向服务业强国的必由之路。要通过深化服务业改革、实施服务创新引领、构建服务业发展政策体系、鼓励服务业与制造业和农业的深度融合、扩大服务业对外开放等多管齐下的"组合拳"，助推服务业强国战略目标如期实现。

关键词：服务业强国；服务业占比；全球投入产出表；实现路径；战略思路

一、引言

2013年我国服务业增加值占GDP比重达到46.1%，首次超越第二产业，标志着我国经济结构发生了历史性重大变化。2016年，我国服务业增加值占GDP比重已达到51.6%，服务业增加值比重稳居第一。我国将在"十三五"时期进入服务业大国和服务贸易大国，然而，我国服务业目前存在"大而不强"的问题，与服务业高速发展相伴随的是服务经济质量有待进一步提高。表现为：我国

服务业国际竞争力较弱；服务业结构不合理，传统服务业占比偏高，知识密集型服务业发展落后；服务业资源向大城市或城市群倾斜越发严重；服务业发展区域差距有越来越大的趋势；服务业技术含量不高，附加值低，大多处在全球价值链低端环节；生产性服务业不够发达，产业融合或黏合度不强，服务业对制造业的渗透力和支撑力不够；生活性服务业规模较大，但离高端化、精细化、便利化、智能化的要求还很远，远不能满足日益提高的民生诉求。所以，我国要迈向服务业强国，依然任重道远。如何从服务业大国变为服务业强国，是我国经济发展的重要议题。研究迈向服务业强国面临的约束条件、发展目标、时序选择和战略思路，有着极为重要的理论和实践价值。

本部分将利用国际比较数据，在分析发达国家服务水平和质量的基础上，用科学的方法预测服务业发展趋势，拟构建中国服务业发展目标的衡量指标体系，如服务业规模（服务业增加值、增长速度、服务贸易规模）、结构（服务业增加值、就业占比，现代服务业、生产性服务业占比）、服务业开放度、服务业竞争力（服务业比较优势指数）等方面，并在此基础上分析实现服务业强国面临的约束条件。结合中国的实际情况，提出中国建设服务业强国的奋斗目标和衡量标准，并指出具体实施的阶段，大致可分四步走：一是夯实基础阶段（2016~2020年）；二是攻坚阶段（2021~2025年）；三是初步实现阶段（2026~2030年）；四是基本建成阶段（2031~2050年）。

二、我国服务业发展的约束条件

（一）体制机制僵化，市场化程度不高

制度是影响经济增长与经济效率的重要因素。发展服务业离不开健全的市场机制与规范的市场秩序。与农业和制造业的发展方式不同，服务业发展需要更加完善的市场机制和制度，更加依赖知识、创新等高级生产要素和无形资产。除了餐饮、商贸等传统服务业外，我国许多现代服务业领域的体制机制，如准入机制、定价机制还是有着较浓厚的计划经济色彩，市场机制的作用发挥得很不够。这样的结果，使得本应该具有广阔市场和极具潜力的现代服务业缺乏动力和活力，效率低下。

（二）社会分工程度较低，特别是制造业企业"服务内置化"现象比较严重，服务业发展需求不足

分工是技术进步、效率提高和经济增长的重要条件。但长期以来，我国的企

业组织是"大而全、小而全",大量的服务业或服务环节被内置在制造企业内部,由制造企业提供服务生产和服务产品。这样的结果,使得大量本应市场化服务的生产性服务变成了制造企业自我提供服务,既严重压抑了生产性服务业的需求,也降低了服务业效率和质量,因为制造企业毕竟不是专业的服务产品供应商。

(三)国际代工模式较短时间内难以改变,外资制造业与本地服务业关联度比较低,产业链普遍偏短,生产性服务业缺乏发展空间

这些年我们外贸增长方式还是没有真正转变过来,基本上依赖初级产品出口和国际代工带动国际贸易增长。也就是说,在产业链的国际分工上,我们主要是在做附加值较低的加工制造,处在"微笑曲线"的底部,而附加值较高的产品研发与设计、品牌营销等没有控制住,大多处在全球价值链低端环节。我国是制造业大国,具有很好的生产性服务业发展基础和市场需求,但我们的制造业大而不强,在国内的产业链很短,对生产性服务业的需求大都在境外,从而使得我国的生产性服务业找不到依托和市场,发展空间貌似很大实则很小。

(四)从国际比较看,我国服务业发展有较大差距

衡量服务业发展水平的指标很多,包括规模、结构、竞争力等。服务业占比作为衡量服务业发达程度的主要标志,综合反映了服务业发展的整体水平。该指标较容易获取,我们不妨用这个指标判断我国服务业发展情况。用这个指标判断,无论是与发达国家还是新兴经济体(或者"金砖国家")比较,我国还有很大差距,服务业竞争力整体水平不高。我国服务业占比是52.8%(2016年第三季度数据),而目前服务业增加值占比的世界平均水平高达70%左右,高收入国家达73%,低收入国家也达到47%。即便我们与其他"金砖国家"相比,服务业比重也是偏低的。例如,印度、巴西、俄罗斯和南非分别达到了55%、67%、59%和66%。我国服务业发展相对滞后还表现在:服务业国际竞争力较弱,服务贸易逆差高居世界第一;我国服务业内部结构仍处于较低水平,传统服务业占比过高,现代服务业或知识密集型服务业占比较低。

(五)服务业发展的国际环境不容乐观

国际经济金融发展和走势有较大的不确定性,全球经济复苏步伐缓慢,需求不振进一步加剧,国际贸易保护主义倾向日益严重,甚至可能出现"逆全球化"倾向。高端服务业或知识密集型服务业主要被发达国家占领,新兴经济体和发展中国家也在积极推进发展现代服务业和服务贸易。同时,我国现代服务业整体水平不高、服务贸易企业国际竞争力不强、国际市场开拓能力不足、国际营销渠道

不畅，在品牌、标准、自主知识产权、人才等方面缺乏核心竞争力。所以，无论是自身内功，还是外部国际环境，都制约了我国服务业的快速高质发展。

三、服务业发展趋势国际比较

为了科学分析我国未来服务业的发展趋势，需要研究分析世界主要国家服务业变化趋势，以为本研究的假设提供经验证据支持，从而科学预测中国服务业发展目标。因此，根据 WIOD 数据库的全球投入产出表，重点分析了世界主要国家的服务业发展趋势。由于我国服务业发展总体规模相对较大，以下主要阐述结构参数。

（一）服务业增加值占 GDP 比重

服务业增加值占 GDP 比重，是衡量一国（地区）服务业发展水平高低的重要指标。从表 1 和表 2 中可以看出，我国服务业增加值占 GDP 比重处于低水平。例如，2010 年，中国服务业增加值占 GDP 比重为 43.23%（根据全球投入产出表计算），比美国服务业增加值占 GDP 的比重（79.95%）低 36.72 个百分点，甚至比印度（55.47%）还低 12.24 个百分点。与 39 个国家（地区）总体情况相比较，2010 年中国服务业增加值占 GDP 比重也远低于全球投入产出表中 39 个国家（地区）的平均水平（69.01%）。从服务业增加值占 GDP 比重的变化趋势来看，1995~2010 年，39 个国家（地区）服务业增加值占 GDP 比重都呈现上升趋势，39 个国家（地区）的平均值从 1995 年的 62.34% 上升到 2010 年的 69.01%，每年增加了近 0.45 个百分点。

表 1 主要国家（地区）的服务业增加值占 GDP 的比重

国家（地区）	1995 年	1997 年	2000 年	2002 年	2005 年	2007 年	2010 年
法国	0.7210	0.7330	0.7426	0.7549	0.7703	0.7728	0.7967
德国	0.6658	0.6768	0.6848	0.6970	0.6999	0.6861	0.7110
英国	0.6747	0.6874	0.7184	0.7437	0.7588	0.7635	0.7748
加拿大	0.6682	0.6704	0.6488	0.6727	0.6612	0.6791	0.6737
美国	0.7577	0.7616	0.7702	0.7860	0.7817	0.7834	0.7995
日本	0.6457	0.6520	0.6706	0.6918	0.6932	0.6979	0.7127
韩国	0.5404	0.5616	0.5696	0.5943	0.5866	0.5967	0.5855

续表

国家（地区）	1995年	1997年	2000年	2002年	2005年	2007年	2010年
中国台湾	0.6220	0.6436	0.6789	0.6905	0.7038	0.6985	0.6968
巴西	0.6670	0.6847	0.6667	0.6633	0.6502	0.6663	0.6704
俄罗斯	0.5644	0.5649	0.5547	0.5988	0.5696	0.5915	0.6151
印度	0.4577	0.4719	0.5070	0.5306	0.5284	0.5281	0.5547
印度尼西亚	0.4028	0.3803	0.3746	0.3932	0.4033	0.3948	0.3773
澳大利亚	0.6782	0.6886	0.6991	0.7037	0.6890	0.6946	0.6714
中国*	0.3286	0.3417	0.3902	0.4147	0.4051	0.4189	0.4323
中国**	0.2867	0.2820	0.3097	0.4114	0.3969	0.3867	0.4179

注：*表示数据根据全球投入产出表计算而得。**表示数据根据中国历年投入产出表计算而得。其他数据都是根据全球投入产出表数据计算而得。

表2 39个国家（地区）服务业增加值占GDP比重的统计描述

39个国家（地区）统计性质	1995年	1997年	2000年	2002年	2005年	2007年	2010年
欧盟欧元区平均值	0.6618	0.6738	0.6837	0.6944	0.7098	0.7088	0.7349
欧盟非欧元区平均值	0.5944	0.5972	0.6412	0.6556	0.6613	0.6602	0.6795
北美自由贸易区平均值	0.6798	0.6739	0.6761	0.6958	0.6907	0.6913	0.7001
东亚平均值	0.6027	0.6190	0.6397	0.6589	0.6612	0.6644	0.6650
BRIIAT平均值	0.5450	0.5523	0.5657	0.5829	0.5756	0.5854	0.5884
平均值[39个国家（地区）]	0.6234	0.6313	0.6507	0.6647	0.6715	0.6726	0.6901
最大值[39个国家（地区）]	0.7724	0.7824	0.8096	0.8090	0.8294	0.8342	0.8660
最小值[39个国家（地区）]	0.4028	0.3803	0.3746	0.3932	0.4033	0.3948	0.3773
标准差[39个国家（地区）]	0.0855	0.0911	0.0833	0.0812	0.0831	0.0845	0.0895
中位数[39个国家（地区）]	0.6457	0.6520	0.6706	0.6749	0.6788	0.6794	0.6969

总之，国际经验表明，中国服务业增加值占GDP的比重相对较低，且在未来存在较大上升空间。2015年，我国服务业增加值占GDP的比重为50.5%，处于我国历史上服务业增加值占GDP比重最高的时期。但这也远远低于欧美主要发达国家美国、英国、德国等的水平，甚至比相同发展水平或落后国家的服务业增加值占GDP的比重还要低。对于未来我国服务业增加值比重的最乐观估计，

服务业占 GDP 的比重年均增加 2 个百分点,到 2030 年,我国服务业增加值占 GDP 的比重也较难达到 70.5%,且这个比重也低于美日等国家 2010 年的比重。

(二) 服务业增加值率

如表 3、表 4 所示,过去 20 年,中国服务业增加值率基本上处于 55% 以下,中国服务业增加值率明显低于发达国家的水平,甚至比印度、印度尼西亚的服务业增加值率水平还要低。2010 年,全球投入产出表中所列 39 个国家(地区)服务业增加值率的平均值为 58.18%,中位数为 56.87%,而中国服务业增加值率只有 55.08%(根据中国历年投入产出表计算),低于 39 个国家(地区)的平均值和中位水平,甚至比印度尼西亚、印度、巴西等国家都低。从不同国家的比较来看,一般来说,收入水平越高,服务业增加值率水平越高。如 2010 年,美国和日本分别为 62.26% 和 64.86%,而韩国和印度尼西亚分别为 56.61% 和 56.46%。

表 3 主要国家(地区)的服务业增加值率

国家(地区)	1995 年	1997 年	2000 年	2002 年	2005 年	2007 年	2010 年
法国	0.6238	0.6248	0.6144	0.6119	0.6099	0.6068	0.6347
德国	0.6460	0.6406	0.6198	0.6328	0.6199	0.6162	0.6153
英国	0.5863	0.5696	0.5550	0.5610	0.5444	0.5464	0.5482
加拿大	0.6495	0.6340	0.6100	0.6126	0.6145	0.6144	0.6147
美国	0.6495	0.6467	0.6260	0.6369	0.6206	0.6181	0.6226
日本	0.6512	0.6534	0.6454	0.6427	0.6448	0.6475	0.6486
韩国	0.6120	0.5977	0.5893	0.5877	0.5868	0.5762	0.5661
中国台湾	0.6727	0.6736	0.6811	0.6843	0.6807	0.6803	0.6801
巴西	0.6663	0.6785	0.6466	0.6379	0.6404	0.6438	0.6454
俄罗斯	0.6327	0.6243	0.6359	0.6329	0.6006	0.6011	0.6010
印度	0.6936	0.6887	0.6957	0.7044	0.7006	0.7012	0.7160
印度尼西亚	0.6591	0.6194	0.5739	0.5724	0.5639	0.5629	0.5646
澳大利亚	0.5372	0.5472	0.5293	0.5412	0.5508	0.5540	0.5549
中国*	0.5184	0.5139	0.5217	0.5315	0.5273	0.5341	0.5400
中国**	0.5514	0.5031	0.4919	0.5316	0.5063	0.5348	0.5508

注:* 表示数据根据全球投入产出表计算而得。** 表示数据根据中国历年投入产出表计算而得。其他数据都是根据全球投入产出表数据计算而得。

表4 39个国家（地区）服务业增加值率的统计描述

39个国家（地区）统计性质	1995年	1997年	2000年	2002年	2005年	2007年	2010年
欧盟欧元区平均值	0.6018	0.5912	0.5744	0.5762	0.5694	0.5589	0.5638
欧盟非欧元区平均值	0.5808	0.5726	0.5680	0.5712	0.5578	0.5490	0.5533
北美自由贸易区平均值	0.6743	0.6701	0.6566	0.6634	0.6605	0.6584	0.6589
东亚平均值	0.6453	0.6415	0.6386	0.6382	0.6374	0.6347	0.6316
BRIIAT平均值	0.6474	0.6402	0.6208	0.6160	0.6112	0.6131	0.6170
平均值［39个国家（地区）］	0.6124	0.6039	0.5912	0.5925	0.5851	0.5782	0.5818
最大值［39个国家（地区）］	0.7250	0.7295	0.7338	0.7406	0.7465	0.7428	0.7393
最小值［39个国家（地区）］	0.5081	0.4644	0.3763	0.3966	0.3643	0.3246	0.3448
标准差［39个国家（地区）］	0.0562	0.0603	0.0665	0.0624	0.0667	0.0712	0.0712
中位数［39个国家（地区）］	0.6120	0.5996	0.5893	0.5850	0.5785	0.5756	0.5687

从时间变化趋势来看，各国（地区）的服务业增加值率水平相对较稳定，波动幅度不大。如日本1995年和2011年的服务业增加值率分别为65.12%和64.86%，且期间基本在64.5%~65.5%范围内。美国在1995~2011年服务业增加值率最大值为64.95%（1995年），最小值为61.81%，最大值与最小值之差仅为3.14个百分点。

综上所述，在较长时期内，世界各国的服务业增加值率保持一定的稳定性，即使略有升降，其变化幅度也不大。鉴于国际经验，我们认为"十三五"期间，我国的服务业增加值率不会出现大的增加，可能略有上升，基本维持在56.5%左右。随着我国创新驱动战略的实施，科学技术水平的进步，服务业质量和科技含量逐步增加，劳动力素质提高，"十三五"时期后，我国服务业的增加值率可能逐步提升，并向发达国家靠拢。

（三）生产性服务业占GDP的比重

从中间投入角度来看（见表5、表6），作为中间投入使用部分的服务业产品，可认为是生产性服务业。中间服务产品消费占GDP的比重（或生产性服务业占GDP的比重），可用来衡量一国生产性服务业的发展水平。首先，总体来看，中国的中间服务业产品消费占GDP的比重（2010年，43.27%）低于全球投入产出表中39个国家（地区）的平均水平（2010年，54.48%）。其次，从时间变化趋势来看，中间服务产品消费占GDP的比重呈上升趋势，39个国家（地区）的中间服务业产品消费占GDP比重的平均水平从1995年的42.86%上升到2010年的54.48%，增加了11.62个百分点。每个国家（地区）的中间服务产品消费占 GDP 的比重也基本上呈上升趋势，如中国的中间服务产品消费占 GDP 的比重从 1995 年的 35.01% 上升到 2010 年的 43.27%。

表5 主要国家（地区）的中间服务产品消费占 GDP 的比重

国家（地区）	1995 年	1997 年	2000 年	2002 年	2005 年	2007 年	2010 年
法国	0.5010	0.4957	0.5351	0.5500	0.5579	0.5686	0.5442
德国	0.4403	0.4608	0.5124	0.5019	0.5305	0.5330	0.5423
英国	0.4715	0.5198	0.5631	0.5761	0.6103	0.6066	0.6099
加拿大	0.4124	0.4390	0.4685	0.4802	0.4672	0.4807	0.4691
美国	0.4293	0.4443	0.4840	0.4675	0.4893	0.4918	0.4754
日本	0.3981	0.3974	0.4040	0.4159	0.4062	0.4167	0.4135
韩国	0.3667	0.3891	0.3949	0.4134	0.4145	0.4410	0.4547
中国台湾	0.4032	0.4163	0.4393	0.4322	0.4526	0.4637	0.4652
巴西	0.3459	0.3393	0.3724	0.3766	0.3787	0.3875	0.3848
俄罗斯	0.3304	0.3341	0.3386	0.3672	0.3638	0.3855	0.4080
印度	0.2911	0.2926	0.2782	0.2833	0.3056	0.3131	0.3121
印度尼西亚	0.2662	0.2929	0.2941	0.3045	0.3215	0.3197	0.3234
澳大利亚	0.6515	0.6328	0.6570	0.6297	0.5994	0.6069	0.5769
中国*	0.3501	0.3526	0.3692	0.3876	0.3852	0.4129	0.4327
中国**	0.2952	0.2921	0.3391	0.3782	0.3837	0.3579	0.3901

注：*表示数据根据全球投入产出表计算而得。**表示数据根据中国历年投入产出表计算而得。其他数据都是根据全球投入产出表数据计算而得。

表6 39 个国家（地区）中间服务产品消费占 GDP 比重的统计描述

39 个国家（地区）统计性质	1995 年	1997 年	2000 年	2002 年	2005 年	2007 年	2010 年
欧盟欧元区平均值	0.4629	0.4999	0.5611	0.5650	0.5885	0.6220	0.6246
欧盟非欧元区平均值	0.4392	0.4520	0.4942	0.4955	0.5326	0.5501	0.5633
北美自由贸易区平均值	0.3764	0.3904	0.4033	0.4024	0.4073	0.4116	0.4064
东亚平均值	0.3893	0.4009	0.4127	0.4205	0.4244	0.4404	0.4445
BRIIAT 平均值	0.3595	0.3641	0.3849	0.3988	0.3982	0.4081	0.4070
平均值［39 个国家（地区）］	0.4286	0.4507	0.4933	0.4980	0.5183	0.5405	0.5448
最大值［39 个国家（地区）］	0.6606	0.8865	1.3361	1.2438	1.4440	1.7231	1.6280
最小值［39 个国家（地区）］	0.2574	0.2838	0.2573	0.2594	0.2655	0.2623	0.2745
标准差［39 个国家（地区）］	0.1070	0.1296	0.1869	0.1697	0.1940	0.2290	0.2161
中位数［39 个国家（地区）］	0.4219	0.4443	0.4749	0.4802	0.5100	0.5330	0.5365

因此，基于国际比较可以发现，虽然近年来中国生产性服务业发展水平在逐年提高，但是生产性服务业发展水平相对较低。此外，基于国外主要国家的中间服务产品消费占GDP的比重一直处于上升阶段，推测中国在未来的15年内，生产性服务将会得到快速发展，中间服务产品消费占GDP的比重将逐步提升。

（四）居民服务产品消费占GDP的比重

随着经济发展水平的提高，各国的居民服务产品消费占GDP的比重也是逐步上升。如表7、表8所示，39个国家（地区）的居民服务产品消费占GDP比重的平均水平从1995年的33.78%上升到2010年的36.65%，具体到每个国家（地区）的居民服务产品消费占GDP的比重也是逐步上升，如美国的居民服务产品消费占GDP的比重从1995年的53.38%上升到2010年的57.91%，增加了4.53个百分点。说明随着收入水平的提高，居民消费中服务产品的比重也在提高，居民消费更加服务化。

表7 主要国家（地区）的居民服务产品消费占GDP的比重

国家（地区）	1995年	1997年	2000年	2002年	2005年	2007年	2010年
法国	0.3441	0.3448	0.3480	0.3541	0.3689	0.3722	0.3722
德国	0.3361	0.3437	0.3446	0.3508	0.3570	0.3418	0.3545
英国	0.3837	0.3960	0.4233	0.4294	0.4403	0.4351	0.4387
加拿大	0.3753	0.3872	0.3672	0.3791	0.3746	0.3846	0.3740
美国	0.5338	0.5323	0.5467	0.5605	0.5569	0.5600	0.5791
日本	0.3873	0.3905	0.4052	0.4206	0.4151	0.4111	0.4229
韩国	0.3356	0.3692	0.3859	0.4108	0.3890	0.3931	0.3763
中国台湾	0.3235	0.3492	0.3929	0.4094	0.4160	0.4076	0.4050
巴西	0.3825	0.4156	0.4098	0.3968	0.3752	0.3774	0.3781
俄罗斯	0.2258	0.2272	0.1937	0.2266	0.2523	0.2591	0.2723
印度	0.2574	0.2751	0.3176	0.3283	0.2823	0.2675	0.2839
印度尼西亚	0.2534	0.2480	0.3109	0.3121	0.3186	0.3041	0.2502
澳大利亚	0.3989	0.4007	0.4100	0.4138	0.3951	0.3902	0.3840
中国*	0.1208	0.1324	0.1709	0.1771	0.1776	0.1821	0.1816
中国**	0.0912	0.1158	0.1324	0.1901	0.1861	0.1723	0.1723

注：*表示数据根据全球投入产出表计算而得。**表示数据根据中国历年投入产出表计算而得。其他数据都是根据全球投入产出表数据计算而得。

表8 39个国家（地区）居民服务产品消费占GDP比重的统计描述

39个国家（地区）统计性质	1995年	1997年	2000年	2002年	2005年	2007年	2010年
欧盟欧元区平均值	0.3567	0.3634	0.3666	0.3656	0.3704	0.3647	0.3759
欧盟非欧元区平均值	0.2883	0.2949	0.3219	0.3331	0.3346	0.3308	0.3346
北美自由贸易区平均值	0.4387	0.4335	0.4379	0.4554	0.4495	0.4499	0.4554
东亚平均值	0.3488	0.3696	0.3946	0.4136	0.4067	0.4039	0.4014
BRIIAT平均值	0.3110	0.3226	0.3426	0.3497	0.3432	0.3407	0.3309
平均值［39个国家（地区）］	0.3378	0.3454	0.3591	0.3654	0.3659	0.3619	0.3665
最大值［39个国家（地区）］	0.5545	0.5512	0.5848	0.5698	0.5569	0.5810	0.5791
最小值［39个国家（地区）］	0.2045	0.2214	0.1937	0.2266	0.2495	0.2256	0.2433
标准差［39个国家（地区）］	0.0780	0.0779	0.0768	0.0736	0.0729	0.0781	0.0759
中位数［39个国家（地区）］	0.3292	0.3313	0.3480	0.3521	0.3689	0.3609	0.3689

从横向的比较来看，中国居民服务产品消费占GDP的比重严重低于西方主要发达国家的水平。如2010年，中国居民服务产品消费占GDP的比重为18.16%，而美国、德国、法国、英国和日本的相应比重分别为57.91%、35.45%、37.22%、43.87%和42.29%，甚至比一些新兴发展中国家（地区）的比重也低很多，如2010年印度、巴西的居民服务产品消费占GDP的比重分别为28.39%和37.81%，比中国分别高10.23个百分点和19.65个百分点。

因此，中国居民服务产品消费占GDP的比重相对过低，甚至比印度、巴西这些发展中国家的水平还低。

（五）政府服务产品消费占GDP的比重

从纵向变化趋势来看，世界各国的政府服务产品消费占GDP的比重略有上升，但变化幅度很小。如表9、表10所示，39个国家（地区）的政府服务产品消费占GDP比重的平均水平从1995年的20.17%上升到2010年的22.31%，仅提高了2.14个百分点。美国的政府服务产品消费占GDP的比重从1995年的15.32%上升到2010年的17.18%，变化幅度仅为1.86个百分点。

表9 主要国家（地区）的政府服务产品消费占GDP的比重

国家（地区）	1995年	1997年	2000年	2002年	2005年	2007年	2010年
法国	0.2560	0.2769	0.2641	0.2689	0.2713	0.2650	0.2821
德国	0.2207	0.2184	0.2162	0.2179	0.2120	0.2025	0.2181
英国	0.2423	0.2282	0.2356	0.2475	0.2656	0.2620	0.2820

续表

国家（地区）	1995 年	1997 年	2000 年	2002 年	2005 年	2007 年	2010 年
加拿大	0.2279	0.2086	0.1982	0.2080	0.2019	0.2047	0.2300
美国	0.1532	0.1463	0.1433	0.1540	0.1564	0.1577	0.1718
日本	0.1601	0.1614	0.1785	0.1899	0.1925	0.1896	0.2084
韩国	0.1224	0.1271	0.1335	0.1422	0.1545	0.1635	0.1690
中国台湾	0.1571	0.1587	0.1433	0.1433	0.1350	0.1246	0.1269
巴西	0.2552	0.2396	0.2356	0.2535	0.2462	0.2476	0.2573
俄罗斯	0.2232	0.2442	0.1754	0.2093	0.1968	0.2078	0.2118
印度	0.0884	0.0938	0.1072	0.1052	0.0935	0.0905	0.1033
印度尼西亚	0.0649	0.0555	0.0626	0.0710	0.0811	0.0835	0.0903
澳大利亚	0.1755	0.1755	0.1806	0.1801	0.1763	0.1737	0.1830
中国*	0.1263	0.1347	0.1574	0.1570	0.1373	0.1335	0.1309
中国**	0.1125	0.1152	0.1268	0.1556	0.1423	0.1310	0.1275

注：*表示数据根据全球投入产出表计算而得。**表示数据根据中国历年投入产出表计算而得。其他数据都是根据全球投入产出表数据计算而得。

表10　39个国家（地区）政府服务产品消费占GDP比重的统计描述

39 个国家（地区）统计性质	1995 年	1997 年	2000 年	2002 年	2005 年	2007 年	2010 年
欧盟欧元区平均值	0.2188	0.2186	0.2144	0.2217	0.2240	0.2195	0.2476
欧盟非欧元区平均值	0.2352	0.2263	0.2376	0.2389	0.2394	0.2296	0.2468
北美自由贸易区平均值	0.1605	0.1485	0.1512	0.1607	0.1562	0.1566	0.1746
东亚平均值	0.1465	0.1491	0.1518	0.1585	0.1606	0.1593	0.1681
BRIIAT 平均值	0.1456	0.1473	0.1466	0.1593	0.1537	0.1564	0.1659
平均值［39 个国家（地区）］	0.2017	0.1988	0.2002	0.2070	0.2071	0.2029	0.2231
最大值［39 个国家（地区）］	0.3121	0.3114	0.3029	0.3168	0.3092	0.3022	0.3346
最小值［39 个国家（地区）］	0.0649	0.0555	0.0626	0.0710	0.0811	0.0835	0.0903
标准差［39 个国家（地区）］	0.0609	0.0584	0.0499	0.0504	0.0516	0.0507	0.0559
中位数［39 个国家（地区）］	0.2141	0.2091	0.2116	0.2124	0.2019	0.2033	0.2300

从横向比较来看，中国的政府服务产品消费占GDP的比重低于西方主要发达国家（地区）的水平，但略高于印度、印度尼西亚和中国台湾。如2010年，

中国的政府服务产品消费占 GDP 的比重为 13.09%，比美国（17.18%）低 4.09 个百分点，而比印度（10.33%）高 2.76 个百分点。

（六）资本形成中服务产品投入占 GDP 的比重

固定资产投资中一般是有形资产投资，所以资本形成中物质产品投入占绝大部分，全球投入产出表中计算的各国资本形成中服务产品投入占 GDP 的比重都低于 8%。如表 11、表 12 所示，2010 年，39 个国家（地区）的平均水平也只有 4.05%。从时间变化趋势来看，各国（地区）的资本形成中服务产品投入占 GDP 的比重相对稳定，变化幅度不大，有升有降。从横向比较来看，中国的资本形成中服务产品投入占 GDP 的比重略低于 39 个国家（地区）的平均水平和西方主要发达国家的水平。如 2010 年，中国的资本形成中服务业产品投入占 GDP 的比重为 3.99%，比 39 个国家（地区）的平均水平（4.05%）低 0.06 个百分点，比美国（4.01%）低 0.02 个百分点。总之，资本形成中服务产品的投入非常少，且资本形成中服务产品投入占 GDP 的比重相对稳定。

表 11　主要国家（地区）的资本形成中服务产品投入占 GDP 的比重

国家（地区）	1995 年	1997 年	2000 年	2002 年	2005 年	2007 年	2010 年
法国	0.0510	0.0514	0.0583	0.0573	0.0635	0.0697	0.0596
德国	0.0398	0.0410	0.0419	0.0326	0.0333	0.0354	0.0347
英国	0.0389	0.0424	0.0475	0.0443	0.0509	0.0553	0.0409
加拿大	0.0222	0.0256	0.0255	0.0259	0.0320	0.0374	0.0315
美国	0.0306	0.0347	0.0401	0.0385	0.0418	0.0389	0.0401
日本	0.0401	0.0408	0.0419	0.0432	0.0459	0.0437	0.0397
韩国	0.0392	0.0367	0.0374	0.0368	0.0372	0.0355	0.0359
中国台湾	0.0390	0.0363	0.0337	0.0326	0.0463	0.0488	0.0514
巴西	0.0225	0.0201	0.0208	0.0181	0.0207	0.0281	0.0265
俄罗斯	0.0315	0.0223	0.0240	0.0259	0.0278	0.0356	0.0334
印度	0.0301	0.0266	0.0176	0.0173	0.0348	0.0458	0.0379
印度尼西亚	0.0357	0.0362	0.0182	0.0203	0.0165	0.0143	0.0152
澳大利亚	0.0389	0.0557	0.0674	0.0739	0.0763	0.0839	0.0673
中国*	0.0247	0.0191	0.0204	0.0237	0.0358	0.0314	0.0399
中国**	0.0180	0.0114	0.0102	0.0214	0.0420	0.0272	0.0374

注：*表示数据根据全球投入产出表计算而得。**表示数据根据中国历年投入产出表计算而得。其他数据都是根据全球投入产出表数据计算而得。

表12 39个国家（地区）资本形成中服务产品投入占GDP比重的统计描述

39个国家（地区）统计性质	1995年	1997年	2000年	2002年	2005年	2007年	2010年
欧盟欧元区平均值	0.0432	0.0466	0.0475	0.0465	0.0518	0.0525	0.0424
欧盟非欧元区平均值	0.0392	0.0401	0.0465	0.0445	0.0466	0.0524	0.0418
北美自由贸易区平均值	0.0224	0.0275	0.0285	0.0271	0.0304	0.0316	0.0307
东亚平均值	0.0394	0.0379	0.0377	0.0376	0.0431	0.0427	0.0423
BRIIAT平均值	0.0338	0.0332	0.0293	0.0299	0.0353	0.0410	0.0372
平均值［39个国家（地区）］	0.0388	0.0407	0.0422	0.0413	0.0456	0.0483	0.0405
最大值［39个国家（地区）］	0.0670	0.0713	0.0770	0.0757	0.0763	0.0839	0.0734
最小值［39个国家（地区）］	0.0144	0.0108	0.0169	0.0169	0.0165	0.0143	0.0143
标准差［39个国家（地区）］	0.0128	0.0132	0.0159	0.0160	0.0162	0.0167	0.0135
中位数［39个国家（地区）］	0.0392	0.0410	0.0419	0.0427	0.0459	0.0461	0.0405

（七）服务产品出口占GDP比重

随着世界经济发展，服务贸易的规模日益扩大，占到全球贸易的2/3，服务贸易在国民经济中的地位和作用日益凸显。从表13和表14可以看出，欧盟国家的产品服务出口占GDP的比重其平均值在10%以上，且呈逐年增加的趋势。但是，美国的服务产品出口占GDP的比重大致为4%。各国服务产品出口占GDP的比重总体上呈逐步上升趋势，但上升幅度不大。39个国家（地区）的平均水平从1995年的9.33%上升到2010年的15.07%。中国的服务产品出口占GDP的比重大致为4%，且呈上升趋势。但是，考虑到中国经济规模较大，未来服务产品的出口占GDP比重不会出现大幅上升，可能像美国一样，保持在一定的水平（4%）。

表13 主要国家（地区）的服务产品出口占GDP的比重

国家（地区）	1995年	1997年	2000年	2002年	2005年	2007年	2010年
法国	0.0385	0.0399	0.0415	0.0402	0.0404	0.0393	0.0381
德国	0.0242	0.0294	0.0391	0.0465	0.0493	0.0591	0.0604
英国	0.0552	0.0636	0.0736	0.0779	0.0935	0.1078	0.1131
加拿大	0.0479	0.0549	0.0590	0.0611	0.0526	0.0491	0.0484
美国	0.0335	0.0348	0.0323	0.0299	0.0336	0.0396	0.0400
日本	0.0159	0.0226	0.0217	0.0213	0.0295	0.0371	0.0326
韩国	0.0569	0.0633	0.0767	0.0587	0.0660	0.0723	0.0827
中国台湾	0.0626	0.0496	0.0577	0.0637	0.0527	0.0570	0.0516

续表

国家（地区）	1995年	1997年	2000年	2002年	2005年	2007年	2010年
巴西	0.0115	0.0102	0.0154	0.0204	0.0199	0.0185	0.0215
俄罗斯	0.1013	0.0939	0.1637	0.1389	0.1251	0.1099	0.1117
印度	0.0164	0.0155	0.0202	0.0302	0.0525	0.0601	0.0505
印度尼西亚	0.0338	0.0279	0.0324	0.0252	0.0362	0.0304	0.0250
澳大利亚	0.0492	0.0498	0.0602	0.0511	0.0511	0.0506	0.0425
中国*	0.0270	0.0359	0.0425	0.0514	0.0584	0.0523	0.0404
中国**	0.0000	0.0357	0.0362	0.0539	0.0596	0.0499	0.0427

注：*表示数据根据全球投入产出表计算而得。**表示数据根据中国历年投入产出表计算而得。其他数据都是根据全球投入产出表数据计算而得。

表14 39个国家（地区）服务产品出口占GDP比重的统计描述

39个国家（地区）统计性质	1995年	1997年	2000年	2002年	2005年	2007年	2010年
欧盟欧元区平均值	0.1254	0.1377	0.1747	0.1712	0.1914	0.2183	0.2242
欧盟非欧元区平均值	0.1022	0.1114	0.1271	0.1253	0.1296	0.1434	0.1506
北美自由贸易区平均值	0.0450	0.0431	0.0482	0.0427	0.0433	0.0430	0.0399
东亚平均值	0.0451	0.0451	0.0520	0.0479	0.0494	0.0555	0.0556
BRIIAT平均值	0.0355	0.0330	0.0488	0.0445	0.0477	0.0452	0.0454
平均值［39个国家（地区）］	0.0933	0.1005	0.1240	0.1206	0.1120	0.1465	0.1507
最大值［39个国家（地区）］	0.6700	0.8180	1.1447	1.0444	1.2141	1.4422	1.4381
最小值［39个国家（地区）］	0.0008	0.0009	0.0012	0.0012	0.0012	0.0015	0.0212
标准差［39个国家（地区）］	0.1100	0.1309	0.1797	0.1656	0.1916	0.2288	0.2323
中位数［39个国家（地区）］	0.0586	0.0634	0.0767	0.0779	0.0935	0.1023	0.1054

（八）服务产品进口占GDP比重

如表15、表16所示，欧盟国家的服务产品进口占GDP的比重相对较高，平均水平在10%左右，而美国、日本的服务产品进口占GDP的比重不到3%，说明美日发达国家的服务业相对发达，需要从国外进口的服务产品相对较少，或者说，美日等发达国家主要向世界其他国家输出服务。中国的服务产出进口大致为2%，如2010年中国服务产品进口占GDP的比重为2.49%。相对于发达国家和其他发展中国家，这一比重仍然相对较低，因此我国服务产品进口占GDP的比重不高，未来服务产品进口仍然会快速增长。

表 15 主要国家（地区）的服务产品进口占 GDP 的比重

国家（地区）	1995 年	1997 年	2000 年	2002 年	2005 年	2007 年	2010 年
法国	0.0348	0.0356	0.0383	0.0369	0.0388	0.0411	0.0408
德国	0.0305	0.0367	0.0493	0.0483	0.0530	0.0584	0.0545
英国	0.0409	0.0432	0.0487	0.0493	0.0667	0.0693	0.0714
加拿大	0.0569	0.0579	0.0548	0.0562	0.0523	0.0511	0.0570
美国	0.0138	0.0146	0.0160	0.0163	0.0185	0.0205	0.0223
日本	0.0099	0.0149	0.0123	0.0145	0.0140	0.0203	0.0182
韩国	0.0378	0.0458	0.0618	0.0505	0.0616	0.0698	0.0843
中国台湾	0.0608	0.0545	0.0700	0.0722	0.0686	0.0750	0.0756
巴西	0.0164	0.0155	0.0230	0.0256	0.0255	0.0242	0.0295
俄罗斯	0.0202	0.0167	0.0231	0.0217	0.0174	0.0140	0.0139
印度	0.0236	0.0184	0.0121	0.0110	0.0145	0.0239	0.0131
印度尼西亚	0.0429	0.0465	0.0656	0.0460	0.0587	0.0505	0.0358
澳大利亚	0.0516	0.0560	0.0544	0.0484	0.0473	0.0515	0.0439
中国*	0.0150	0.0096	0.0124	0.0165	0.0259	0.0279	0.0249
中国**	0.0000	0.0081	0.0108	0.0156	0.0311	0.0219	0.0182

注：*表示数据根据全球投入产出表计算而得。**表示数据根据中国历年投入产出表计算而得。其他数据都是根据全球投入产出表数据计算而得。

表 16 39 个国家（地区）服务产品进口占 GDP 比重的统计描述

39 个国家（地区）统计性质	1995 年	1997 年	2000 年	2002 年	2005 年	2007 年	2010 年
欧盟欧元区平均值	0.1022	0.1157	0.1499	0.1456	0.1535	0.1718	0.1774
欧盟非欧元区平均值	0.0759	0.0800	0.0929	0.0858	0.0907	0.0982	0.1033
北美自由贸易区平均值	0.0287	0.0285	0.0277	0.0279	0.0273	0.0275	0.0309
东亚平均值	0.0362	0.0384	0.0480	0.0457	0.0481	0.0550	0.0594
BRIIAT 平均值	0.0277	0.0272	0.0313	0.0277	0.0301	0.0312	0.0282
平均值［39 个国家（地区）］	0.0733	0.0803	0.0998	0.0954	0.1006	0.1112	0.1151
最大值［39 个国家（地区）］	0.3859	0.5461	0.8240	0.7681	0.8679	1.0366	1.0284
最小值［39 个国家（地区）］	0.0099	0.0102	0.0094	0.0110	0.0112	0.0109	0.0131
标准差［39 个国家（地区）］	0.0666	0.0885	0.1339	0.1271	0.1415	0.1666	0.1724
中位数［39 个国家（地区）］	0.0554	0.0548	0.0656	0.0593	0.0643	0.0698	0.0749

（九）服务产品净出口占 GDP 比重

如表 17、表 18 所示，从传统总值贸易统计的数据来看，服务产品净出口占

GDP 的比重都比较低，平均比重为 3.56%（2010 年，39 个国家（地区）的平均值），一些国家出现顺差，一些国家出现逆差。如 2010 年美国服务产品净出口占 GDP 的比重仅为 1.77%（顺差），2010 年法国服务产品净出口占 GDP 的比重为 -0.27%（逆差）。

表 17 主要国家（地区）的服务产品净出口占 GDP 的比重

国家（地区）	1995 年	1997 年	2000 年	2002 年	2005 年	2007 年	2010 年
法国	0.0037	0.0044	0.0032	0.0033	0.0016	-0.0018	-0.0027
德国	-0.0063	-0.0074	-0.0102	-0.0018	-0.0038	0.0007	0.0059
英国	0.0143	0.0204	0.0249	0.0286	0.0268	0.0384	0.0417
加拿大	-0.0090	-0.0030	0.0042	0.0049	0.0003	-0.0021	-0.0086
美国	0.0196	0.0202	0.0163	0.0136	0.0151	0.0190	0.0177
日本	0.0060	0.0077	0.0094	0.0068	0.0155	0.0168	0.0144
韩国	0.0191	0.0175	0.0149	0.0081	0.0045	0.0025	-0.0016
中国台湾	0.0018	-0.0050	-0.0123	-0.0084	-0.0159	-0.0180	-0.0240
巴西	-0.0049	-0.0053	-0.0076	-0.0052	-0.0056	-0.0057	-0.0080
俄罗斯	0.0811	0.0772	0.1406	0.1172	0.1077	0.0959	0.0979
印度	-0.0072	-0.0029	0.0082	0.0192	0.0380	0.0363	0.0374
印度尼西亚	-0.0091	-0.0186	-0.0332	-0.0209	-0.0224	-0.0201	-0.0108
澳大利亚	-0.0023	-0.0062	0.0058	0.0026	0.0038	-0.0009	-0.0014
中国*	0.0120	0.0263	0.0301	0.0349	0.0325	0.0245	0.0155
中国**	0.0030	0.0275	0.0254	0.0383	0.0285	0.0280	0.0245

注：*表示数据根据全球投入产出表计算而得。**表示数据根据中国历年投入产出表计算而得。其他数据都是根据全球投入产出表数据计算而得。

表 18 39 个国家（地区）服务产品净出口占 GDP 比重的统计描述

39 个国家（地区）统计性质	1995 年	1997 年	2000 年	2002 年	2005 年	2007 年	2010 年
欧盟欧元区平均值	0.0232	0.0221	0.0248	0.0256	0.0380	0.0466	0.0467
欧盟非欧元区平均值	0.0263	0.0313	0.0341	0.0394	0.0389	0.0452	0.0473
北美自由贸易区平均值	0.0163	0.0146	0.0205	0.0148	0.0160	0.0155	0.0090
东亚平均值	0.0089	0.0067	0.0040	0.0022	0.0014	0.0004	-0.0037
BRIIAT 平均值	0.0077	0.0058	0.0176	0.0168	0.0176	0.0140	0.0172
平均值［39 个国家（地区）］	0.0200	0.0202	0.0242	0.0252	0.0306	0.0353	0.0356
最大值［39 个国家（地区）］	0.2841	0.2719	0.3207	0.2763	0.3462	0.4056	0.4097

续表

39个国家（地区）统计性质	1995年	1997年	2000年	2002年	2005年	2007年	2010年
最小值[39个国家（地区）]	-0.0728	-0.0775	-0.1414	-0.1212	-0.0653	-0.0414	-0.0515
标准差[39个国家（地区）]	0.0546	0.0546	0.0683	0.0605	0.0657	0.0738	0.0773
中位数[39个国家（地区）]	0.0045	0.0077	0.0082	0.0081	0.0147	0.0168	0.0177

四、我国服务业发展主要指标预测

未来10~20年是我国服务业快速发展时期，服务业将保持平稳快速的增长态势，服务业增加值占GDP的比重将大幅提升。首先，经济结构转型升级需要服务业的快速发展。产业结构优化升级需要生产性服务业的快速发展，同时，人民生活水平的提高，对服务水平和质量的要求增多，促进生活性服务业快速发展。其次，我国经济进入中高速增长的新常态，工业（尤其是制造业）的增长态势放慢，国内外需求下降，工业品价格指数将在低位徘徊，进一步拉低了工业品在国民经济中的比重，也将促进服务业的比重进一步提高。

为了准确预测我国未来服务业的发展趋势，本研究将利用简单的趋势外推法对服务业的增加值和服务业占GDP的比重进行预测。同时为了预测服务业内部结构的变化趋势，本研究拟结合2012年中国投入产出表数据，利用使用法对中国生产性服务业、居民服务消费和政府服务消费等进行更为科学的预测，预测我国服务业增加值比重、就业比重、服务贸易规模、生产性服务业发展水平等。预测的第三产业增加值和相关占比如表19所示。

表19　服务强国的主要发展目标预测

年份	GDP（万亿元）	第三产业增加值（万亿元）	第三产业增加值占比	第三产业就业占比
2015	67.67080	34.17375	0.5050	0.4150
2020	92.71323	55.05094	0.5938	0.4749
2025	122.90459	82.12926	0.6682	0.5211
2030	160.63138	117.00037	0.7284	0.5559

（一）中国未来经济增长预测分析

在预测服务业增加值的水平值时，需要对中国整体经济形势（GDP及其增长）进行预测。本部分主要综合国内外机构对中国未来总体经济增长的预测数据，作为后续预测的基础数据。

1. 国际货币基金组织世界经济展望

国际货币基金组织 2016 年的世界经济展望（World Economic Outlook Database，WEO，April 2016），对中国到 2021 年的 GDP 进行了预测（见表 20）。WEO 对中国"十三五"期间的经济增长率预测平均为 6.12% 左右。

表 20　WEO 对中国经济增长预测（不变价）

年份	GDP（万亿元）	WEO（%）
2015	67.6708	6.9
2016	72.06263	6.49
2017	76.53052	6.2
2018	81.12235	6
2019	85.98969	6
2020	91.14907	6
2021	96.61802	6

资料来源：国际货币基金组织网站。

2. CGE 模型估计中国 GDP 增长率

作者利用 CGE 模型模拟分析，通过校准后（见表 21），我国 GDP 增长速度的预测分析大致为："十三五"为 6.4%；"十四五"为 5.8%；"十五五"为 5.4%。

表 21　CGE 模型校准的中国 GDP 增长率（不变价）

年份	GDP 增长率（%）
2015	6.9
2016	6.74
2017	6.57
2018	6.4
2019	6.22
2020	6.04
2021	5.93
2022	5.88
2023	5.82

续表

年份	GDP 增长率（%）
2024	5.77
2025	5.71
2026	5.62
2027	5.52
2028	5.43
2029	5.33
2030	5.23

3. 其他研究假定的中国 GDP 增长率

许宪春（2002）利用世界各国的 GDP 增长率比较数据，采用外推法预测中国 GDP 增长率。其预测中国的 GDP 增长率大致为：2016~2020 年为 6.5%，2021~2025 年为 5.5%，2026~2030 年为 5.5%。李京文等（1999）利用系统动力学、投入产出、经济计量三者结合的模型对 2000~2050 年经济增长的预测为：2000~2010 年为 8%，2010~2030 年为 6%，2030~2050 年为 4%~5%。

4. 本研究利用的 GDP 增长率预测指标

综合考虑各种因素，本研究在后续预测中假设：未来 GDP 增长率在 2015 年 6.9% 的情景下，每年递减 0.15%，到 2020 年 GDP 增长率为 6.1% 左右，即"十三五"时期年均增长率为 6.5% 左右。2021~2025 年的年均增长率为 5.8%，2026~2030 年的年均增长率为 5.5%（见表 22）。同时，我们也对相关参数的假设进行了敏感性分析。

表 22　基准情景下的中国 GDP 增长率和 GDP（不变价）

年份	GDP（万亿元）	GDP 增长率（%）
2015	67.6708	6.9
2016	72.34009	6.9
2017	77.18687	6.7
2018	82.20402	6.5
2019	87.38287	6.3
2020	92.71323	6.1
2021	98.27602	6.0
2022	104.0743	5.9
2023	110.1106	5.8

续表

年份	GDP（万亿元）	GDP 增长率（%）
2024	116.3869	5.7
2025	122.9046	5.6
2026	129.6643	5.5
2027	136.7959	5.5
2028	144.3197	5.5
2029	152.2572	5.5
2030	160.6314	5.5

（二）外推法预测服务业增加值和比重

1. "十二五"时期我国服务业增加值比重的变化趋势

根据国家统计局的初步核算，2015年第三产业增加值为34.1567万亿元，同比增长8.3%。按现价计算，第三产业增加值占国内生产总值比重达到50.5%，超过"十二五"规划确定的47%的预期目标。如表23所示，相对于2010年，2015年第三产业增加值比重提高了7.3个百分点，年均增长了1.46个百分点。且自2012年以来，第三产业增加值占GDP的比重提高速度加快，2013年比2012年增加了1.5个百分点，2014年相对于2013年增加了2.1个百分点，2015年第三产业增加值比重达50.5%，比2014年增加了2.3个百分点。服务业增加值占GDP比重保持较快增长速度。

表23 服务业增加值占国内生产总值比重

年份	第三产业增加值占 GDP 比重（%）	第二产业增加值占 GDP 比重（%）
2010	43.2	46.7
2011	43.4	46.6
2012	44.6	45.3
2013	46.1	43.9
2014	48.2	42.6
2015	50.5	40.5

资料来源：国家统计局网站。

2. 我国服务业增加值比重的外推法估计

根据"十二五"时期服务业增加值占比的变化情况，以及现阶段和未来我国经济发展趋势,我们设计了三种情景(见表24)。其中,中情景(基准情景)是最有可能发生的。

表24 服务业增加值占GDP比重的预测(趋势外推法)

年份	低情景(%)	中情景(%)	高情景(%)
2014	48.2	48.2	48.2
2015	50.5	50.5	50.5
2016	51.75	52.3	52.8
2017	53	54.1	55.1
2018	54.25	55.9	57.4
2019	55.5	57.7	59.7
2020	56.75	59.2	62
2021	57.95	60.7	63.8
2022	59.15	62.2	65.6
2023	60.35	63.7	67.4
2024	61.55	65.2	69.2
2025	62.75	66.7	71
2026	63.75	67.9	72.3
2027	64.75	69.1	73.6
2028	65.75	70.3	74.9
2029	66.75	71.5	76.2
2030	67.75	72.7	77.5

(1)低情景:在"十三五"时期,维持2011~2015年的平均增长速度,保守估计从2016年以来,年均增长将达1.25个百分点。也就是说,2020年,服务业增加值占GDP的比重达到56.75%。2021~2025年,假设服务业增加值占比的增长速度有所下降,年均增长为1.2个百分点,到2025年达到62.75%。2026~2030年服务业增加值占GDP比重的年均增长进一步下降为1个百分点,到2030年达到67.75%。

(2)中情景(基准情景):假设在"十三五"时期,维持2011~2015年的平均增长速度,即从2016年后,年均增长1.8个百分点,到2020年,服务业增加值占GDP比重达到59.2%。2021~2025年,假设服务业增加值占比的增长速度有所下降,年均增长为1.5个百分点,到2025年达到66.7%。2026~2030年服务业增加值占GDP比重的年均增长进一步下降为1.2个百分点,到2030年达到72.7%。

（3）高情景：基于2014年和2015年服务业增加值比重的变化趋势，假设"十三五"时期年均增长2.3个百分点，继续保持2015年的增长速度。到2020年，服务业增加值占GDP比重达到62%。2021~2025年，假设服务业增加值占比的增长速度有所下降，年均增长为1.8个百分点，到2025年达到71%。2026~2030年服务业增加值占GDP比重的年均增长进一步下降为1.3个百分点，到2030年达到77.5%。

表24是利用简单外推法对我国第三产业GDP占比的预测结果。从最有可能的情景（中情景）的预测结果来看，到2020年，我国服务业占GDP的比重将达到59.2%，达到中等服务业发展水平；到2025年服务业占GDP的比重达到66.7%，进入服务业强国的水平；到2030年，服务业增加值占GDP的比重达到72.7%，基本成为服务业强国中的中等水平。根据前述对我国GDP的预测结果，可以进一步计算服务业的增加值规模（见表25）。

表25　外推法预测第三产业增加值规模和占比（以2015年为基准价格）

年份	第三产业增加值（万亿元）	第三产业增加值占比（中情景）（%）
2015	34.1738	50.5
2020	54.8862	59.2
2025	81.9774	66.7
2030	116.7790	72.7

（三）服务业使用法预测方法——基于投入产出模型的分析

从服务业使用角度来看，服务可以分为中间使用和最终使用，中间使用也就是我们经常说的生产性服务，未来几年是我国生产性服务业发展的关键时期，所以要准确预测服务业发展水平，必须合理预测出生产性服务业的发展趋势，也就是要预测出中间服务业使用。服务业的最终使用主要包括居民服务消费、政府服务消费、固定资本形成总额中的服务部分以及服务净出口。由于我国统计局没有公布每年生产性服务业、居民服务消费、政府服务消费、固定资本形成总额中的服务部分以及服务净出口等具体数据，本研究拟利用投入产出表中有关的结构数据来推算"十三五"时期生产性服务业、居民服务消费和政府服务消费等的数据，进而预测我国服务业增加值比重、就业比重、服务贸易规模、生产性服务业发展水平等。

1. 估算理论

从服务业总产出的使用角度来看，服务的产出作为中间使用（生产性服务）

和最终使用——居民消费、政府消费和资本形成（包括存货）。在开放经济下，应增加一项净出口（出口减去进口）。于是我们可以得到以下关系式：

$$Y_{serv} = Int_{serv} + C_{serv} + G_{serv} + Inv_{serv} + EX_{serv} - Im_{serv} \tag{1}$$

其中，Y_{serv} 为服务业总产出；Int_{serv} 为中间使用的服务产品；C_{serv} 为居民消费的服务产品；G_{serv} 为政府消费的服务产品；Inv_{serv} 为资品形成中的服务产品；EX_{serv} 为服务产品出口；Im_{serv} 为服务产品进口。

从国民经济核算角度来看，服务业的总产出等于总投入，总投入由中间投入和增加值两部分组成，于是我们可以得到：

$$Va_{serv} = Y_{serv} \cdot Rva_{serv} \tag{2}$$

其中，Va_{serv} 为服务业增加值；Rva_{serv} 为服务业增加值率。

由（1）式可以变形得到：

$$Y_{serv} = \left(\frac{Int_{serv}}{GDP} + \frac{C_{serv}}{GDP} + \frac{G_{serv}}{GDP} + \frac{Inv_{serv}}{GDP} + \frac{EX_{serv}}{GDP} - \frac{Im_{serv}}{GDP} \right) \cdot GDP \tag{3}$$

记 $Rint_{serv} \equiv \frac{Int_{serv}}{GDP}$ 为中间使用的服务产品占 GDP 的比重；$Rc_{serv} \equiv \frac{C_{serv}}{GDP}$ 为居民消费的服务产品占 GDP 的比重；$Rg_{serv} \equiv \frac{G_{serv}}{GDP}$ 为政府消费的服务产品占 GDP 的比重；$Rinv_{serv} \equiv \frac{Inv_{serv}}{GDP}$ 为资本形成中的服务产品占 GDP 的比重；$Rex_{serv} \equiv \frac{EX_{serv}}{GDP}$ 为出口服务产品占 GDP 的比重；$Rim_{serv} \equiv \frac{Im_{serv}}{GDP}$ 为进口服务产品占 GDP 的比重。

于是我们可以得到：

$$Y_{serv} = (Rint_{serv} + Rc_{serv} + Rg_{serv} + Rinv_{serv} + Rex_{serv} - Rim_{serv}) \cdot GDP \tag{4}$$

由（2）式和（4）式可以得到：

$$Va_{serv} = (Rint_{serv} + Rc_{serv} + Rg_{serv} + Rinv_{serv} + Rex_{serv} - Rim_{serv}) \cdot GDP \cdot Rva_{serv} \tag{5}$$

于是可以得到服务业增加值占 GDP 的比重，记为 $Rvatgdp \equiv \frac{Va_{serv}}{GDP}$，可得：

$$Rvatgdp = \frac{Va_{serv}}{GDP} = (Rint_{serv} + Rc_{serv} + Rg_{serv} + Rinv_{serv} + Rex_{serv} - Rim_{serv}) \cdot Rva_{serv} \tag{6}$$

到此为止，如果我们能够预测 $Rint_{serv}$、Rc_{serv}、Rg_{serv}、$Rinv_{serv}$、Rex_{serv}、Rim_{serv}、Rva_{serv}，就可以预测服务业增加值占 GDP 的比重，如果进一步能预测 GDP 值，还可以预测生产性服务业、服务业出口、服务业进口、服务业贸易规模等变量水平值。

2. 国际服务业发展趋势和相关假设

从以上的预测理论来看，为了预测我国服务业发展趋势，需要对 2016 年后服务业使用结构参数做出合理假设。因此，为了科学论证结构参数的这种变化趋势，本研究根据 WIOD 项目的全球投入产出表数据，分析世界主要国家服务业变化趋势及相关结构参数变化，以为本研究预测假设提供经验证据支持。主要预测参数假设如表 26 所示。

表 26 主要预测参数假设

结构参数	对中国变化趋势的研判
服务业增加值占 GDP 的比重	中国服务业增加值占 GDP 比重的上升空间非常大
服务业增加值率	"十三五"期间，我国服务业增加值率不会出现大的增加，可能略有上升，基本维持在 56.5% 左右，进一步可以达到 58% 左右
中间服务产品消费占 GDP 的比重	未来 10 年，中国生产性服务将会得到快速发展，中间服务产品消费占 GDP 的比重将会逐步提升，年均增加 1 个百分点，到 2030 年达到 63% 左右
居民服务产品消费占 GDP 的比重	随着居民收入的增加，我国居民服务产品消费占 GDP 的比重将会稳步提高，"十三五"期间，该比重的年均增长将达到 0.5 个百分点以上，到 2030 年达到 39%
政府服务产品消费占 GDP 的比重	"十三五"期间，我国政府服务产品消费占 GDP 的比重仍将保持小幅上升，年均增加 0.4 个百分点左右，到 2030 年达到 18%
资本形成中服务产品投入占 GDP 的比重	"十三五"期间，我国资本形成中服务产品投入占 GDP 的比重略有上升，年均增加 0.1 个百分点左右，到 2030 年达到 6%
服务产品出口占 GDP 的比重	"十三五"期间，我国服务产品出口占 GDP 的比重略有上升，但幅度不会很大
服务产品进口占 GDP 的比重	"十三五"期间，我国服务产品进口占 GDP 的比重略有上升，但幅度不会很大

3. 服务业增加值占 GDP 的比重及相关变量的预测

根据以上理论模型和假设，我们预测 2016~2030 年服务业发展的主要经济变量。以下列出了一些主要预测结果[①]（见表 27）。

---

① 对于假设条件的敏感性分析，限于篇幅本研究没有列出。

表27 2015~2030年服务业占GDP比重的预测结果

年份	GDP（万亿元）	GDP增长率（%）	第三产业占GDP的比重（%）	第三产业GDP（万亿元）
2015	67.67080	6.9	50.50	34.17375
2016	72.34009	6.9	52.28	37.81616
2017	77.18687	6.7	54.05	41.72032
2018	82.20402	6.5	55.83	45.89170
2019	87.38287	6.3	57.60	50.33439
2020	92.71323	6.1	59.38	55.05094
2021	98.27602	6	60.87	59.81751
2022	104.07430	5.9	62.36	64.89660
2023	110.11061	5.8	63.85	70.30036
2024	116.38692	5.7	65.33	76.04070
2025	122.90459	5.6	66.82	82.12926
2026	129.66434	5.5	68.03	88.20603
2027	136.79588	5.5	69.23	94.70280
2028	144.31965	5.5	70.43	101.64739
2029	152.25723	5.5	71.63	109.06941
2030	160.63138	5.5	72.84	117.00037

注：由于预测经济增长率一般是不变价经济增长率，表中2015年后数据是以2015年为基准的不变价。

从表27可以看出，在本研究的假设条件下，到2020年时，中国第三产业增加值占GDP的比重能够提升到约59.38%。到2025年第三产业增加值占GDP的比重为66.82%，达到发达国家中下水平。到2030年，第三产业增加值占GDP的比重达到72.84%，达到发达国家的中等水平。

4. 2016~2030年服务业就业比重估计

鉴于就业弹性变化趋势，服务业的资本密集化程度加深，本研究假设自2014年后服务业的就业弹性为0.3，整个经济的就业弹性为0.04。根据服务业和整个经济的就业弹性，推算服务业的就业比重（见表28）。

表28 2015~2030年服务业就业比重预测

年份	全社会就业人数（万人）	服务业就业人数（万人）	服务业就业比重	服务业新增就业人数（万人）	全社会新增就业人数（万人）
2015	77466	32145	0.4150	—	—
2016	77680	33173	0.4270	214	1028

续表

年份	全社会就业人数（万人）	服务业就业人数（万人）	服务业就业比重	服务业新增就业人数（万人）	全社会新增就业人数（万人）
2017	77888	34200	0.4391	208	1027
2018	78091	35226	0.4511	203	1026
2019	78288	36249	0.4630	197	1023
2020	78479	37268	0.4749	191	1019
2021	78643	38075	0.4841	165	807
2022	78806	38883	0.4934	162	808
2023	78966	39693	0.5027	160	809
2024	79123	40503	0.5119	158	810
2025	79278	41314	0.5211	155	811
2026	79409	41925	0.5280	131	611
2027	79540	42543	0.5349	131	618
2028	79671	43166	0.5418	131	624
2029	79803	43797	0.5488	131	630
2030	79935	44434	0.5559	132	637

根据本研究的预测结果，由于服务业的就业弹性和增加值增长率都高于整个经济的就业弹性和增长率，服务业的就业比重稳步上升，到2020年，服务业就业比重达47.49%。服务业新增就业岗位远远大于全社会的新增就业岗位，也就是农业或工业在未来可能出现就业负增长。到2030年，服务业就业比重达到55.59%，达到发达国家中等水平。

5. 小结

综上所述，简单外推法和使用法预测的服务业增加值和占比基本一致。这里我们选取使用法，可以得到服务业增加值占GDP比重、服务业就业比重的预测结果。

（四）服务业开放预测

1. 服务业进出口总额预测

通过测算服务业进出口总额对GDP的弹性系数，再利用有关GDP增长率预测数乘以弹性系数，得到服务业进出口总额的增长率，进而可测算服务业进出口总额。同样的方法可以预测服务业出口。所得数据如表29所示。

表29 2015~2030年服务业进出口预测

年份	中国服务贸易进出口总额（亿美元）	服务业出口（亿美元）	服务业进口（亿美元）
2015	6523.373019	2392.303	4131.07
2016	7041.465988	2571.293	4470.173
2017	7586.600959	2758.823	4827.778
2018	8158.741608	2954.823	5203.918
2019	8756.725041	3158.845	5597.88
2020	9290.04944	3370.641	5919.408
2021	9845.551303	3573.202	6272.349
2022	10429.3057	3786.125	6643.181
2023	11041.36174	4009.434	7031.928
2024	11683.7702	4243.882	7439.888
2025	12356.48644	4489.459	7867.027
2026	13050.92098	4741.767	8309.154
2027	13771.33182	5003.513	8767.819
2028	14519.11514	5275.203	9243.912
2029	15292.98397	5556.372	9736.612
2030	16092.80703	5846.97	10245.84

2. 服务业 FDI 预测

利用服务业 FDI 对 GDP 的弹性系数进行预测（见表30）。

表30 2015~2030年服务业 FDI 预测

年份	FDI 增长率（%）	服务业 FDI（亿美元）
2015	10.60212	732.5178
2016	10.35627	808.3794
2017	10.09506	889.9858
2018	9.833851	977.5057
2019	9.557274	1070.929
2020	9.280697	1170.318
2021	7.332677	1256.134
2022	7.27085	1347.465
2023	7.196658	1444.438

续表

年份	FDI 增长率（%）	服务业 FDI（亿美元）
2024	7.134831	1547.496
2025	7.06064	1656.759
2026	5.82535	1753.271
2027	5.721696	1853.588
2028	5.628408	1957.916
2029	5.524754	2066.086
2030	5.421100	2178.09

五、服务业强国发展目标与时序选择

（一）服务业强国发展目标

在当今全球化经济发展背景下，服务业的作用日益重要，中国实现从经济大国到经济强国的转变，成功跨越"中等收入陷阱"，一定程度上就是中国从服务业大国成为服务业强国。这是与服务业在创造价值中的作用密不可分的。服务业在协调价值链活动和增加制造产品的附加值方面发挥着重要的作用。物流、信息传输服务业、商务服务是全球价值链顺畅运行的基本要素，促进了货物、信息的跨境流动，协调了世界各地价值链上的生产活动。从一定意义上来说，如果没有运行良好的信息传输、计算机软件服务、物流、金融、保险、商务服务以及后勤服务等服务行业来协调和支撑工业生产和贸易，全球价值链将不可能存在。随着对服务业研究的深入，逐步认识到服务业的作用不仅仅是中间投入，并从中间投入作用深入到价值创造活动。近年来服务科学（Service Science）的兴起就是明证（Dermirkan 等，2011）。

对于中国来说，虽然近几年服务业发展较快，服务业发展水平明显提高，但是与经济社会发展水平和人民生活需求相比，还是存在一些突出的矛盾和问题，与国外主要发达国家甚至发展中国家的服务业发展水平差距也较大。例如，我国服务业增加值占 GDP 的比重相对较低，还有很大差距；内部结构不尽合理；服务业的区域、行业发展不平衡，生产性服务业占比较低。因此，要建设中国服务业强国还存在很多问题，任重道远。根据中国服务业发展的实际情况和国际发展趋势，利用前文的预测分析，本研究对中国建设服务业强国的发展目标进行了预测和展望。

1. 服务业规模及其比重

从国际经验来看，凡是服务业相对强大的国家，服务业增加值占GDP的比重都相对较大，大部分超过了70%。故本研究认为中国完全进入服务业强国，其服务业增加值占GDP的比重需超过70%。这是中国建设服务业强国的一个首要发展目标。根据本研究有关服务业增加值和服务业占GDP比重的预测结果，到2030年，中国服务业增加值为117万亿元，占GDP的比重约为72%。

2. 服务业就业比重和生产性服务业占比

国际经验表明，随着人均国内生产总值上升和城镇化进程加快，服务业（第三产业）将成为吸收劳动就业的主渠道。国际上大多数国家和地区的第三产业就业人员远多于第二产业就业人员，即使中高等收入国家的第三产业就业人员也是第二产业的2～3倍。美国服务业占GDP的80%，美国人口的80%就职于服务行业。2013年我国服务业比重首次超过第二产业，成为吸收社会就业的主要渠道。考虑到中国人口规模庞大和老龄化趋势，中国服务业就业比重会进一步快速提升，但是其就业比重仍然远低于美国、日本等发达国家的水平。到2030年，中国服务业就业比重大致为56%。因此，从服务业就业比重来看，中国要达到美日等国家的水平相对困难，即使到2030年服务业强国水平基本实现，也是低水平的。

生产性服务业是指为保持工业生产过程的连续性、促进工业技术进步、产业升级和提高生产效率而提供保障服务的服务行业。它是与制造业直接相关的配套服务业，是从制造业内部生产服务部门而独立发展起来的新兴产业，本身并不向消费者提供直接的、独立的服务效用。它依附于制造业企业而存在，贯穿于企业生产的上游、中游和下游诸环节中，以人力资本和知识资本作为主要投入品，把日益专业化的人力资本和知识资本引进制造业，是二、三产业加速融合的关键环节。因此，将生产性服务业作为中间投入的服务业来衡量，相对科学合理。

未来15年，中国生产性服务业将会得到快速发展，中间服务产品消费占GDP的比重将逐步提升，年均增加1个百分点，到2030年达到63%左右。

3. 服务业进口额及其比重

全球经济活动中近2/3是由服务业构成。然而，按传统总值贸易统计数据中的国际收支平衡数据，服务贸易只占全球贸易中的少部分，大致为1/4或1/5。但是，从增加值贸易视角来看，根据TiVA数据库测算，服务业大致占到全球出口贸易的50%。增加值贸易方法非常有助于揭示服务业的重要性，但是还不能完全俘获服务活动，如制造业企业内部的服务活动（内置服务）。进一步，服务业不但经由服务企业出口，而且也通过制造业间接出口（Kelle，2013）。制造业企业通常经由其附属组织出口研发服务、总部服务业，同时也出口物质产品销售后的服务，如安装、保养和维修等服务。实质上，以上制造业企业中间隐含的服务业就是制造服务化（Servitization），企业试图围绕已有产品提供全生命周期的价值创造服务（Vandermerwe 和 Rada，1988）。因此，服务业强国必须有强大的服务贸易。从前面的预测来看，未来中国服务业的进出口都会出现大幅的提升，到 2030 年，服务业进出口总额达 16092.81 亿美元，服务业出口达 5846.97 亿美元，进口达 10245.84 亿美元。服务业可能出现逆差，但是服务业出口和逆差占 GDP 的比重不会很大。

4. 服务业 FDI

在经济全球化和区域经济一体化的国际背景下，自 20 世纪 90 年代以来，流入服务领域的全球外国直接投资明显增加。根据《世界投资报告》的数据，在 20 世纪 70 年代初期，世界服务业部门的外国直接投资（FDI）存量仅占全世界外国直接投资存量的 25%，1990 年这一比例还不到 50%，2004 年全球服务业领域的 FDI 已经占据全部 FDI 的 64% 左右，目前则已经上升至 70% 左右。这说明，全球外商直接投资的重点已从原来的制造业明显转向服务业。我国自改革开放以来，服务领域开放逐步扩大，我国外商直接投资得到了前所未有的迅速发展。尤其是近年来，随着我国加入 WTO 后对具体承诺的实施，服务业已成为我国对外资开放程度最大的投资领域，这必将引致外商对服务业投资的大幅增加。

服务业实际使用 FDI 由 1997 年的 120.6 亿美元增加到 2011 年的 552.43 亿美元，占实际使用外资总额的 47%。服务业 FDI 是服务业开放和发展的重要指标。未来中国服务业 FDI 将保持快速增长，到 2030 年预计达 2178.09 亿美元。

（二）服务业强国的时序选择

随着我国经济发展进入到以服务经济为主导的新时期，加快发展服务业，提高服务业在三次产业结构中的比重，尽快使服务业成为国民经济的主导产业，是推进经济结构调整、加快转变经济增长方式、适应对外开放新形势的必由之路。应在现有政策基础上，从宏观层面到微观层面做好服务业的体制改革与创新，通过细化和清理以前服务业发展政策，制定一些新的政策措施，为服务业发展提供良好的政策支持。考虑到我国服务业发展的现实情况和问题，中国正式进入服务业强国大致需要经历四个阶段：一是夯实基础阶段（2016~2020 年）；二是攻坚阶段（2021~2025 年）；三是初步实现阶段（2026~2030 年）；四是基本建成阶段（2031~2050 年）。

1. 夯实基础阶段（2016~2020 年）

这一阶段是中国服务业快速发展阶段，服务业规模和增加值比重都得到快速增加，到2020年，服务业增加值达到55.05万亿元，占GDP的比重达59.38%。服务业成为第一大产业，增加值比重超过第二产业的地位完全确定。与此同时，第三产业就业成为中国就业的主力军，到2020年第三产业就业比重达到47.49%。我国服务业的主导地位基本确立，快步向服务经济时代迈进。

2. 攻坚阶段（2021~2025年）

这一阶段，中国服务业就业比重超过50%，服务业增加值和就业比重都超过50%。到2025年，服务业增加值和就业比重分别达到66.82%和52.11%。服务业在经济中的主导地位正式确立，中国正式进入服务经济时代。但是这一阶段，我国服务业的发展水平仍然低于发达国家，离服务业强国还存在一定的距离。

3. 初步实现阶段（2026~2030年）

这一阶段，我国服务业进一步发展，各项发展指标初步达到服务业强国要求。到2030年，服务业增加值占GDP的比重达到72.84%，基本上达到中上等发达国家水平前列。服务业就业比重进一步提高，到2030年达到56%。服务业内部结构进一步优化，生产性服务业快速发展，到2030年生产性服务业占GDP的比重达到63%。到这一阶段，我国基本达到服务业强国的中上等水平。

4. 基本建成阶段（2031~2050年）

在这一阶段，我国服务业规模和质量将迈上新的台阶，服务业发展、开放主要指标量均达到发达国家水平。服务业功能更加强大，对产业升级、民生改善起着关键性作用，将建成4~6个全球服务业中心城市，将其打造为全球高端服务业集聚中心，主导和引领全球价值链，经济控制力显著增强。在这一阶段，我国将处在世界最发达服务业强国行列。

六、服务业中心城市建设：服务业强国战略的必由之路

（一）服务业中心城市建设的重要性

2007年，原建设部上报国务院的《全国城镇体系规划（2006~2020年）》中首次提出"国家中心城市"的概念。在其名词解释中指出：国家中心城市是中国金融、贸易、管理、文化中心和交通枢纽，同时也是发展外向型经济和推动国际文化交流的对外门户，表现为全国层次的中心性和一定范围的国际性两大基本特征。由此推演开来，国家服务业中心城市是我国参与服务业全球竞争的核心地域、国际交往的国家门户，同时也是对所在区域（跨省地区）具有强大服务

能力和辐射影响力的城市。其中,中心性至关重要,体现在市场中心和网络中心两个方面;国际性是加分因素,体现在国际门户、创新中心等方面。作为全国服务业空间网络的"顶端"城市,国家服务业中心城市空间布局事关我国服务业的对外开放及城镇化的健康可持续发展,事关产业结构优化升级和区域创新转型,说它是建设服务业强国的必由之路一点也不为过。

综观世界服务业发达国家,都形成了世界著名的服务业中心城市,如纽约、东京、伦敦、巴黎等。我国要建设服务业强国,同样要在建设能级强大的服务业中心城市上做文章。未来一定是服务业中心城市支撑起服务业强国的战略目标。我国区域大、人口多、地区和城市之间发展不平衡现象比较突出,建设服务业中心城市一定是多元和梯度的。

(二) 服务业中心城市的综合评价指标设置

本部分将从新经济地理学关于产业集聚形成的基本原理出发,通过衡量服务业集聚中心形成所需的本地市场效应、消费成本效应和挤出效应,并添加促进服务业集聚的政府作用以及载体建设、公共服务、人力资本等潜变量,构建城市服务业竞争力综合分析指标体系。根据各个指标的表现,得出全国105个城市服务业发展综合竞争力的排名与分项指标竞争力排名,针对105个城市设计的这套服务业集聚中心竞争力评价指标体系,能够从发展的需求结构、质量和效益等不同角度解释服务业集聚形成的竞争力水平,能够准确把握区域服务业的发展状况,并有针对性地衡量政府的引导作用。指标选择符合以下原则:①科学性与可行性。指标概念明确,指标名称、定义和计算方法有科学依据,选取的指标易于量化,便于计算。②完备性。指标体系作为一个完整的系统,兼顾服务业发展的方方面面,在满足完备性的前提下,指标体系要力求简洁。③动态性与静态性结合。动态指标反映的是研究对象的发展速度和变化趋势等特征,而静态指标则反映了研究对象的发展规模和结构等特征。④区域性与可比性。指标的选择既考虑各地区的特征,又考虑到地区间的可比性;既反映当前的发展状况,又考虑指标的历史延续性。

指标体系的设计着重考虑了城市服务业发展的质量和潜力,特别是将服务业发展的载体空间、发展成本、融通能力等纳入指标体系进行统一考核。根据服务业集聚的原理,按照科学性、系统性、导向性、可操作性的原则,综合评价模型将国家服务业中心城市的竞争力分解为本地消费规模、制造业中间需求、发展成本、外部需求、业态先进性、载体支撑、融资支撑、公共服务支撑、地区创新环境和地方政府行为10类一级指标,并在一级指标框架基础上细化出22个二级指标。后根据因变量之间不相关、因变量与自变量强相关、自变量与自变量强相关三个原则进行两两偏相关系数分析,剔除了1个一级指标和1个二级指标,最终形成了9个一级指标、21个二级指标的服务业集聚中心竞争力分析指标体系，如表31所示。

表31 城市服务业竞争力评价指标体系

一级指标	二级指标	计算方法
本地消费规模	市辖区人口密度	市辖区总人口/建成区土地面积
	居民支付能力	在岗职工平均工资
制造业中间需求	工业总产值	工业总产值
	劳动生产率	全员劳动生产率
	企业在价值链的位置	规模以上工业企业利税额
	企业服务外包需求	规模以上工业企业平均产值的倒数
发展成本	商业用地地价	商业用地地价
外部需求	客运总量	客运总量
	房地产开发投资完成额	房地产开发投资完成额
	货运总量	货运总量
业态先进性	第三产业增加值占比	第三产业增加值占比
	支持性服务业占比	支持性服务业从业人数占比
载体支撑	国有新增建设用地面积	国有新增建设用地面积
	商服用地占比	商服用地占新增国有建设用地面积的比重
公共服务支撑	软环境	剧场、影剧院数
	公共服务	医院卫生院人均床位数
地区创新环境	高等学校普通本、专科在校学生数	高等学校普通本、专科在校学生数
	信息服务	人均电信业务收入
	第一知识基	科学支出
地方政府行为	GDP增速×服务业占比交互项	GDP增长率×第三产业增加值占比
	地方财政能力	人均地方财政一般预算内收入

（三）计量方法

采用主成分分析法，即利用降维的思想将多个变量通过线性变换以选出较少数量重要变量的多元统计分析方法。通过少数几个主成分来揭示多个变量间的内部结构，设法将原来众多的具有一定相关性的指标重新组合成一组新的互相无关的综合指标来代替原来的指标。也就是说，从原始变量中导出少数几个主成分，使它们尽可能多地保留原始变量的信息，且彼此间互不相关。

（四）中国城市服务业集聚竞争力分析

1. 服务业集聚中心综合竞争力分析成分提取

应用上述指标体系，采用主成分分析法，对2014年全国105个城市进行服务业集聚竞争力分析，共提取出5个主成分，信息丢失较少，基本符合主成分分析法的要求（见表32）。

表32 主成分提取结果

成分	合计	方差贡献率（%）	累计方差贡献率（%）
1	8.751	41.673	41.673
2	2.265	10.784	52.457
3	1.457	6.939	59.396
4	1.451	6.910	66.306
5	1.114	5.305	71.611

同时，得到旋转后的因子载荷矩阵。第一个主成分在居民支付能力、工业发展规模和层次、发展成本、外部需求、业态先进性、公共服务支撑、地区创新环境等绝大多数变量上具有较高的载荷，故命名为"发展条件"；第二个主成分在劳动生产率、人力资本支撑等变量上具有较高的载荷，故命名为"发展效率"；第三个主成分在市辖区人口密度、商服用地占比、第一知识基等变量上具有较高的载荷，故命名为"要素支撑"；第四个主成分在企业服务外包需求上具有较高的载荷，故命名为"需求支撑"；第五个主成分在地方服务业发展意愿、支持性服务业占比等变量上具有较高的载荷，故命名为"政策环境"（见表33）。

表33 因子载荷矩阵

	成分				
	F1	F2	F3	F4	F5
S1	-0.188	0.322	0.557	0.490	0.263
S2	0.842	-0.132	0.040	-0.103	0.198
S3	0.814	0.058	0.346	-0.123	-0.062
S4	-0.263	0.354	0.317	-0.588	0.320
S5	0.834	0.137	0.361	-0.145	-0.003
S6	-0.280	-0.308	0.071	0.517	-0.406
S7	0.769	-0.346	0.023	0.046	-0.063
S8	0.676	0.298	-0.109	0.219	-0.220
S9	0.903	0.254	0.006	0.119	-0.083
S10	0.692	0.378	0.089	0.064	-0.219

续表

	成分				
	F1	F2	F3	F4	F5
S11	0.667	-0.248	-0.301	0.195	0.202
S12	0.718	-0.222	-0.161	-0.221	0.214
S13	0.116	0.269	-0.353	-0.145	-0.183
S14	-0.042	-0.346	0.620	0.048	-0.235
S15	0.699	0.101	-0.050	0.010	0.089
S16	0.775	0.470	0.036	0.138	-0.140
S17	0.711	0.395	-0.306	0.095	0.002
S18	0.554	-0.687	-0.056	-0.017	-0.016
S19	0.841	-0.046	0.185	-0.043	0.016
S20	0.113	-0.028	-0.040	0.570	0.651
S21	0.748	-0.566	0.092	-0.131	0.027

注：提取方法为主成分分析法。

2. 城市服务业综合竞争力分析结果

分析得出各个主成分的值 F1、F2、F3、F4、F5，以各个主成分的方差贡献率作为权数加权，可以得到综合得分、分项得分以及综合排名（见表34）、分项排名（见表35）。

表34 全国各城市服务业分项得分及总排名情况

城市	F1得分	F2得分	F3得分	F4得分	F5得分	综合得分	综合排名
北京市	12.66775	-0.05361	-0.38559	0.131712	1.592018	5.34	1
上海市	12.33304	-0.33796	3.160195	-0.1778	-0.62089	5.28	2
广州市	8.351345	1.588187	-1.01164	1.098388	-1.62439	3.57	3
重庆市	6.065732	5.503346	0.904935	3.215618	-2.81662	3.26	4
天津市	5.793539	1.495962	1.862404	-0.97185	0.561569	2.67	5
深圳市	7.994546	-8.07548	1.147174	-1.65903	-0.25594	2.41	6
武汉市	4.832223	2.253179	-0.82222	0.263823	0.038911	2.22	7
杭州市	4.493992	-0.21803	-0.19637	0.719257	0.015296	1.89	8
南京市	4.465539	-0.01682	-0.73729	-0.59859	1.303211	1.84	9
苏州市	4.400188	-0.72308	1.219788	-0.21207	-0.8864	1.78	10
成都市	3.594455	1.433936	-0.91482	0.807975	-0.41342	1.62	11
西安市	2.626959	1.409085	-1.69655	1.374915	0.584593	1.25	12
郑州市	2.197129	1.934189	-0.34799	0.609797	0.053991	1.14	13

续表

城市	F1 得分	F2 得分	F3 得分	F4 得分	F5 得分	综合得分	综合排名
宁波市	2.925664	-0.85945	0.422942	-0.13996	-0.62177	1.11	14
沈阳市	2.083617	1.75623	0.418561	-0.81562	0.440636	1.05	15
青岛市	2.237152	-0.03418	-0.10846	-0.59701	0.100035	0.89	16
长沙市	1.938193	1.075911	-0.12695	-0.45405	0.177452	0.89	17
大连市	2.103782	0.085821	-0.24496	-0.84557	-0.08913	0.81	18
佛山市	0.841906	-0.32521	5.447828	1.401436	-0.46816	0.77	19
贵阳市	1.740296	0.266967	-1.73691	1.343749	-0.24499	0.71	20
无锡市	1.998651	-1.13982	0.282102	-0.52053	0.095192	0.7	21
合肥市	2.003287	3.097279	-4.25807	-1.72763	-1.88399	0.65	22
济南市	1.508584	0.137425	-1.62027	0.326099	0.782755	0.6	23
昆明市	1.693326	-0.24563	-1.45933	0.429537	-0.24876	0.59	24
福州市	1.459497	-0.32362	-0.87693	0.020426	0.025366	0.52	25
哈尔滨市	0.881594	0.62865	-1.1135	1.326722	0.033636	0.45	26
南通市	0.852081	-0.21335	1.326643	-0.33937	0.329305	0.42	27
厦门市	2.139305	-4.14027	-0.7667	0.21468	-0.19162	0.4	28
长春市	0.937812	0.977913	-0.68679	-1.42392	0.686092	0.39	29
石家庄市	0.165326	1.852018	0.65713	-0.22508	0.878497	0.35	30
徐州市	-0.15754	1.508696	1.954817	-0.91165	0.749555	0.21	31
常州市	0.312424	-0.60163	0.925936	-0.50702	0.850407	0.14	32
烟台市	0.354316	0.738165	0.025437	-1.52398	0.137381	0.13	33
南宁市	0.168753	0.449603	-1.22555	0.228131	0.365422	0.07	34
潍坊市	-0.40895	1.298848	1.032945	-0.70373	0.000186	-0.01	35
东莞市	1.413139	-3.90151	-1.86949	-0.31723	-0.73373	-0.02	36
唐山市	-0.62044	1.541117	1.957608	-1.30107	0.160606	-0.04	37
太原市	0.207378	-0.31505	-1.54218	-0.04893	0.373409	-0.04	38
汕头市	-2.07683	-0.37471	0.767691	7.006407	5.909322	-0.05	39
南昌市	-0.01425	0.05771	-1.25324	-0.22508	0.293361	-0.09	40
扬州市	-0.65445	0.084032	1.302482	0.001646	1.310055	-0.1	41
兰州市	-0.24234	0.152448	-1.58882	-0.14473	1.752176	-0.11	42
珠海市	0.291466	-2.36198	-0.1088	-0.03881	0.394116	-0.12	43
泉州市	-0.08224	-0.06412	-0.58569	-0.01694	-1.14422	-0.14	44
临沂市	-0.93169	1.175119	0.846203	0.22023	0.018384	-0.19	45

续表

城市	F1 得分	F2 得分	F3 得分	F4 得分	F5 得分	综合得分	综合排名
中山市	-0.03692	-2.47036	0.167491	1.078302	-0.15779	-0.2	46
乌鲁木齐市	-0.10892	-1.1766	-0.67259	-0.89342	1.378279	-0.21	47
嘉兴市	-0.18609	-1.34813	-0.03482	0.680128	-0.86674	-0.22	48
温州市	-0.16651	-1.62319	-0.66029	2.053602	-1.94725	-0.25	49
呼和浩特市	-0.13953	-0.92517	-1.55598	-0.88786	1.239921	-0.26	50
淄博市	-0.83318	0.571771	0.726536	-1.34961	0.769858	-0.29	51
海口市	-0.50087	-1.90025	-1.06403	1.462966	0.855239	-0.34	52
包头市	-0.55589	-0.40556	-0.86628	-0.79921	0.627161	-0.36	53
芜湖市	-0.96985	0.15044	1.134686	-0.63489	-0.53377	-0.38	54
邯郸市	-1.51091	1.692187	0.586738	-0.18955	0.061286	-0.42	55
洛阳市	-1.09789	0.647513	-0.27535	-0.32454	0.23864	-0.42	56
湛江市	-1.47182	0.962832	0.492096	0.629747	0.220709	-0.42	57
保定市	-0.94383	0.516927	-0.54397	-0.11287	-0.80651	-0.43	58
济宁市	-1.07164	0.384932	-0.06455	-0.42256	-0.57946	-0.47	59
襄樊市	-1.59362	0.895049	0.532053	1.022821	-0.51487	-0.49	60
廊坊市	-1.26229	-0.09484	-0.26622	0.037643	0.599715	-0.52	61
大庆市	-1.03263	0.537041	1.115504	-4.5818	1.639295	-0.52	62
银川市	-0.83251	-0.84555	-0.99148	-0.87826	0.596	-0.54	63
大同市	-1.63881	0.243934	0.230764	0.116898	0.9348	-0.58	64
湖州市	-1.28122	-1.00588	-0.06089	0.6192	-0.19356	-0.61	65
泰安市	-1.75628	0.532673	0.631667	-0.28035	0.721768	-0.61	66
岳阳市	-1.80981	1.131341	0.51171	-0.5693	0.255009	-0.62	67
株洲市	-1.40871	-0.03241	-0.53042	0.277941	-0.5428	-0.64	68
西宁市	-1.40169	-0.69428	-0.70183	-0.05942	1.272616	-0.64	69
鞍山市	-1.32072	-0.19266	-0.96415	-0.0801	-0.17674	-0.65	70
柳州市	-1.32126	0.068251	-0.82682	-1.38795	0.370759	-0.68	71
蚌埠市	-1.78219	0.704763	0.163285	-0.58327	-0.34647	-0.71	72
牡丹江市	-1.68863	-0.37337	-0.38399	0.48895	-0.15496	-0.74	73
平顶山市	-2.10054	0.599517	0.312615	0.666912	-0.0374	-0.74	74
九江市	-1.66099	0.351494	-0.43203	-1.05999	0.087261	-0.75	75
宜昌市	-1.60893	0.131384	-0.52037	-0.32262	-0.62808	-0.75	76
拉萨市	-1.09896	-3.75608	-0.38617	2.115273	-0.22642	-0.76	77

续表

城市	F1 得分	F2 得分	F3 得分	F4 得分	F5 得分	综合得分	综合排名
秦皇岛市	-1.5752	-0.40111	-0.97471	-0.14815	0.191172	-0.77	78
锦州市	-2.04265	-0.46015	3.011153	-0.98028	-0.33732	-0.78	79
淮南市	-2.18945	0.3476	0.635664	0.494152	-0.05075	-0.8	80
衡阳市	-1.81121	0.41477	-1.08269	0.246052	-0.97972	-0.82	81
新乡市	-2.08662	0.685645	-0.33249	0.256975	-0.62031	-0.83	82
安阳市	-2.21134	0.458171	0.127647	-0.24571	-0.00627	-0.88	83
枣庄市	-2.50007	0.240921	1.089826	0.400564	0.330217	-0.89	84
吉林市	-1.91215	0.031392	-0.88372	-0.51688	-0.12857	-0.9	85
荆州市	-2.50698	0.611424	0.267978	1.371044	-0.59262	-0.9	86
宜宾市	-2.51018	0.716783	0.559892	0.56761	-0.0923	-0.9	87
齐齐哈尔市	-2.05407	-0.19265	-0.63125	0.526009	-0.52946	-0.91	88
南充市	-2.6791	0.751527	1.441621	0.646162	-0.27212	-0.91	89
抚顺市	-2.16964	0.020016	0.376477	-1.28062	0.643716	-0.93	90
焦作市	-2.23442	0.523251	0.021257	-0.68063	-0.28787	-0.94	91
淮北市	-2.51591	-0.17018	2.249191	-0.30195	-0.37713	-0.95	92
湘潭市	-2.32169	0.137956	-0.05491	-0.25357	0.299934	-0.96	93
本溪市	-2.08415	-0.43721	-0.16507	-0.99562	0.228492	-0.98	94
辽阳市	-2.16554	-0.31725	0.338461	-1.01634	-0.12199	-0.99	95
丹东市	-2.64762	-0.23143	0.292475	1.041239	-0.39783	-1.06	96
北海市	-2.51847	0.485844	-0.1377	-1.92917	1.1711	-1.08	97
张家口市	-2.62773	-0.04787	-0.01603	0.095106	-0.40479	-1.12	98
开封市	-2.62383	-0.12448	-0.68952	1.151243	-1.52591	-1.16	99
黄石市	-2.80718	0.152116	-0.64731	-0.02973	-0.30278	-1.22	100
佳木斯市	-2.83079	-0.20626	-0.16214	-0.35833	-0.06894	-1.24	101
鸡西市	-2.93579	-0.36488	-0.44317	0.290673	-0.77818	-1.31	102
阜新市	-3.06735	-0.19501	0.456623	-0.59066	-0.319	-1.33	103
鹤岗市	-3.53736	-1.62181	2.128814	1.101344	-2.84661	-1.58	104
伊春市	-3.52518	-2.26113	0.043039	1.013281	-3.74855	-1.84	105

表35 全国各城市服务业综合及分项排名

城市	F1	F2	F3	F4	F5	综合排名
北京市	1	61	65	41	4	1
天津市	6	11	8	91	25	5
石家庄市	36	5	23	60	12	30

续表

城市	F1	F2	F3	F4	F5	综合排名
唐山市	49	9	6	97	41	37
秦皇岛市	68	82	89	56	39	78
邯郸市	67	7	26	58	46	55
保定市	54	34	71	53	94	58
张家口市	97	60	47	43	79	98
廊坊市	60	63	60	44	22	61
太原市	34	74	98	50	28	37
大同市	71	43	40	42	11	64
呼和浩特市	41	91	99	88	9	50
包头市	48	83	84	84	21	53
沈阳市	18	6	33	85	26	15
大连市	17	51	59	86	58	18
鞍山市	62	67	88	52	64	70
抚顺市	86	56	34	96	20	90
本溪市	82	84	57	93	37	94
丹东市	98	72	37	15	78	96
锦州市	79	85	3	92	75	79
阜新市	103	68	31	78	74	103
辽阳市	85	75	35	94	60	95
长春市	27	18	77	100	19	29
吉林市	78	55	86	74	61	85
哈尔滨市	28	27	94	10	49	26
齐齐哈尔市	80	66	73	27	83	88
鸡西市	102	79	68	33	93	102
鹤岗市	105	96	5	12	104	104
大庆市	56	31	15	105	3	61
伊春市	104	99	44	17	105	105
佳木斯市	101	69	56	70	57	101
牡丹江市	73	80	64	29	62	73
上海市	2	78	2	57	89	2
南京市	9	57	80	80	7	9
无锡市	20	93	38	75	44	21

续表

城市	F1	F2	F3	F4	F5	综合排名
徐州市	42	10	7	90	17	31
常州市	32	86	18	73	14	32
苏州市	10	88	12	59	96	10
南通市	29	70	10	69	32	27
扬州市	50	52	11	46	6	41
杭州市	8	71	58	19	52	8
宁波市	12	90	32	54	90	14
温州市	43	97	75	4	102	49
嘉兴市	44	95	48	20	95	48
湖州市	61	92	50	24	66	65
合肥市	19	2	105	103	101	22
芜湖市	55	47	14	81	84	54
蚌埠市	75	24	42	77	76	72
淮南市	87	41	24	28	56	80
淮北市	94	65	4	65	77	92
福州市	25	76	85	45	50	25
厦门市	16	104	81	40	65	28
泉州市	39	62	72	47	98	44
南昌市	37	54	96	61	34	40
九江市	72	40	67	95	45	75
济南市	24	49	101	32	15	23
青岛市	14	59	52	79	43	16
淄博市	52	30	22	98	16	51
枣庄市	91	44	16	31	31	84
烟台市	31	22	45	101	42	33
潍坊市	46	14	17	83	53	35
济宁市	57	39	51	71	86	59
泰安市	74	32	25	64	18	65
临沂市	53	15	20	39	51	45
郑州市	15	4	63	25	47	13
开封市	96	64	78	11	99	99
洛阳市	58	26	61	68	36	55

续表

城市	F1	F2	F3	F4	F5	综合排名
平顶山市	84	29	36	21	55	73
安阳市	88	36	43	62	54	83
新乡市	83	25	62	36	88	82
焦作市	89	33	46	82	72	91
武汉市	7	3	82	35	48	7
黄石市	100	46	74	48	73	100
宜昌市	70	50	69	67	91	75
襄樊市	69	20	28	16	82	60
荆州市	92	28	39	8	87	85
长沙市	21	17	54	72	40	16
株洲市	65	58	70	34	85	68
湘潭市	90	48	49	63	33	93
衡阳市	77	38	93	37	97	81
岳阳市	76	16	29	76	35	67
广州市	3	8	91	13	100	3
深圳市	4	105	13	102	70	6
珠海市	33	100	53	49	27	43
汕头市	81	81	21	1	1	39
佛山市	30	77	1	6	81	19
湛江市	66	19	30	23	38	55
东莞市	26	103	104	66	92	36
中山市	38	101	41	14	63	46
南宁市	35	37	95	38	30	34
柳州市	63	53	83	99	29	71
北海市	95	35	55	104	10	97
海口市	47	98	92	5	13	52
重庆市	5	1	19	2	103	4
成都市	11	12	87	18	80	11
南充市	99	21	9	22	71	88
宜宾市	93	23	27	26	59	85
贵阳市	22	42	103	9	68	20
昆明市	23	73	97	30	69	24

续表

城市	F1	F2	F3	F4	F5	综合排名
拉萨市	59	102	66	3	67	77
西安市	13	13	102	7	24	12
兰州市	45	45	100	55	2	42
西宁市	64	87	79	51	8	68
银川市	51	89	90	87	23	63
乌鲁木齐市	40	94	76	89	5	47

从城市综合得分来看，北京、上海的得分均在5分以上，同后续城市拉开了较大差距，故应依托北京和上海建设世界服务业中心城市。在国家服务业中心城市的选择上，依据排名结果，广州、重庆、天津、深圳、武汉、杭州、南京、苏州、成都、西安、郑州、宁波、沈阳、青岛和长沙分别居于3~17位，综合得分在0.89以上，昆明和乌鲁木齐分别居于24位和47位。

（五）中国多层次服务业中心城市选择：功能分析法视角

1. 从经济格局演进看我国服务业中心城市选择

从历史渊源上看，无论是大一统时期，还是分裂对峙时期，国家重要的中心城市始终表现出多中心发展态势。通过经济、政治、文化、军事、交通和人口等方面指标综合分析，我国古代中央王朝统一时期，具有跨区域影响力的城市始终保持在8~12个。

改革开放以来，国家出口导向战略下的沿海工业化、城镇化打破了计划经济时期的封闭式经济体系，跨区域的产业经济联系加强，北京、上海等中心城市也从计划经济时代的工业经济中心与交通枢纽，转向拥有全国性的高端生产服务职能、国际门户职能和高端消费服务职能的国家服务业中心城市。2008年以来，我国加强内需市场培育，各类开放政策也逐步向内陆地区倾斜，一些经济实力较强的城市通过交通枢纽、空港建设，极大提升了其在全国的枢纽地位和全球中的开放地位，国家区域经济格局逐步走向相对均衡发展。

未来10年，从服务业发展的外部环境看，随着全球化的深入推进、我国经济总量的增长和国际地位的进一步提升，特别是"一带一路"战略和各项多边双边自由贸易安排的实施，客观上会为北京、上海等国家级服务业中心城市在更大空间范围内配置各种要素提供有利条件，使其在文化、科技、创新服务、高端消费等国际性职能方面有更大突破，逐渐向全球城市服务业网络体系顶端移动。北京、上海这两大世界服务业中心城市的打造，将在不断提高我国服务业集聚度的同时，整体提升我国在世界服务网络中的引领和控制能力。

在国家服务业中心城市的选择上，杭州、成都、南京、西安、广州是历史悠久的国家历史文化名城，也是具有跨省域范围中心职能的城市，主要体现在交通枢纽、科技教育、文化交流等方面。由于其兼具历史文化名城和区域性中心的优势，在这类条件下形成的国家服务业中心城市的成长路径应尤其突出国家文化交流中心和品质宜居两大功能。加之未来10年是国家全面推进产业结构调整、推动"大众创业、万众创新"关键时期，上述科研实力较强的内地城市，加上深圳、武汉等，有望适应国际产业研发转移趋势，在新技术成果的孵化与市场交易上、产业经济价值链的延伸与市场化上形成具有较强科技能力的国际创新服务中心。

武汉、长沙、沈阳、郑州这四座城市在近现代中国发展史上都具有举足轻重的地位，分别是中国长江中游地区、东北地区和黄河中游地区传统意义上的经济中心和交通枢纽城市。更为重要的是，这四座城市是我国推进《中国制造2025》战略的重镇，区域经济的可持续发展离不开生产性服务业的全面扩展及其对制造业转型升级的支撑。加之未来10年，随着长江中游地区、黄河中下游地区、成渝地区等区域在"十三五"形成新的人口集聚中心，由此带来的商贸物流、教育文化、健康服务、休闲旅游等服务需求也将引发生活服务业在郑州、武汉、长沙等地的集中布局。

国际空港、陆港门户和能源设施的兴建，加之相对均衡城镇化发展战略的实施、内陆开放型经济试验区的获批以及战略性互联互通等重大项目的启动，将引导服务要素、创新要素和信息要素在这些区域集中，一方面，有利于面向新亚欧大陆桥、中蒙俄、中国—中亚—西亚、湄公河次区域等国际次区域的边境省区中心城市如乌鲁木齐、昆明等，在"一带一路"战略引领下，在国际贸易、科技与文化交流、国际门户职能发展方面有所作为，培育成为新的交通枢纽和贸易中心；另一方面，国际经济合作走廊上的海港、空港、陆港门户城市如重庆、天津、郑州、青岛等，是我国服务业深化对外开放功能、寻求贸易创新发展的核心城市，有望形成新的国际商贸物流网络中心。上述变化都将使得未来10年服务业在高端集聚的同时，形成沿海与内地、发达与欠发达地区平衡协调、纵深联动的服务业增长格局。

2. 综合分析结果

综合考虑历史地位、服务业竞争力、战略导向、地域平衡等多方面因素，北京、上海是我国打造世界服务业中心城市的不二选择；深圳、重庆、天津、广州、杭州、沈阳、南京、武汉、成都、西安、青岛、长沙、郑州、昆明和乌鲁木齐十五大城市，目前最有希望成为具有金融、贸易、科技创新、商务服务枢纽和文化交流门户等综合服务或专业化服务功能的国家服务业中心城市。

当然，我们在强调加强服务业中心城市建设的同时，也要重视增强中小城市和小城镇的服务功能，既包括承接大中城市服务转移的功能，也包括服务本地企业和居民的功能，以及辐射农村农业农民的功能。积极促进中小城市与区域中心城市产业对接，重视利用中心城市服务资源改造提升传统服务业，打造区域物流枢纽和制造业配套协作服务中心，主动承接中心城市旅游、休闲、健康、养老等服务需求。支持具有独特资源、区位优势的小城镇建设休闲旅游、商贸物流、科技教育、民俗文化等特色镇。

七、建设服务业强国的实现路径

（一）深化服务业改革，释放服务业发展活力

我国服务业制度建设相对滞后，体制机制僵化，市场化程度不高，社会分工程度较低，部门服务业行政垄断严重，市场准入门槛高，定价机制不合理。深化改革，是解决这些深层次矛盾的根本出路。推进服务业改革，构筑有利于服务业发展的体制机制，要从以下六个方面发力：

一是以着力解决服务业发展面临的深层次问题为重点，全面推进服务业领域供给侧结构性改革，破除体制机制障碍，激发市场活力。面向社会资本扩大服务业市场准入，加快开放电力、民航、铁路、石油、能源、邮政、市政等行业竞争性业务。扩大政府购买服务范围，形成政府主导、社会参与、公办民办并举的公共服务供给模式。有序推进服务业综合改革，开展新一轮国家服务业试点示范工作，先行先试，积累经验，积极有序推进。重点加强对现代物流、休闲旅游、会展、商务服务、房地产等行业的服务标准和服务规范体系建设。

二是打破垄断和市场管制，放宽服务业市场准入，引进竞争机制。行政垄断和市场管制是当前制约服务业发展的突出难题。国有企业在教育、文化传媒、医疗卫生、金融、交通运输和公用事业等领域的投资占比超过2/3。要改变这些状况，就必须大胆地进行制度创新，参照国际通行的做法，以市场准入负面清单为核心，建立服务领域平等规范、公开透明的准入标准，并适时动态调整。除对少数垄断行业及关系到国家安全的重点服务业制定"否定"或"限制"行业目录外，其他的一概实施"非禁即入"的准入制度，切实打破垄断经营，形成多元竞争的大格局。

三是改革投资审批体制。我国现有的投资审批体制仍对服务业有着较多的限制。例如，对铁路、高速公路、快递、房地产等诸多服务行业的投资方面，仍存

在着大量的政府审批现象。现有的投资审批体制是一种对市场投资决策的扭曲，因为投资审批者并不对投资结果负责任，而审批的标准、原则、程序等又不够透明。这也是造成服务业投资效率低下和官员腐败的重要原因。要对现有的投资审批体制进行全面清理，尽量减少审批事项，优化审批流程，规范审批行为。清理规范各类前置审批和事中事后管理事项，明确确需保留事项的审批主体、审批程序和审批时限，并向社会公开。继续推进商事制度改革，认真落实注册资本认缴登记制，营造有利于服务业发展的制度环境。

四是加强社会诚信制度建设。服务品无形的特点以及越来越多的服务网上交易，决定了服务交易更具信息不对称和道德风险的可能性。应采取切实有效措施，完善企业、社会和个人信用环境体系建设，推进信用信息共享，打破数据孤岛，健全激励惩戒机制，提高全社会诚信水平。建立企业和个人信用档案，增强交易透明度，加大对"违信"的处罚力度，确保服务业发展的正常市场秩序。

五是顺应新经济新服务的要求，不断创新政府治理。顺应服务经济发展新趋势，更新监管理念、创新治理方式，构建统一高效、开放包容、多元共治的监管体系。创新新业态新模式监管方式，坚持、守住底线，适应服务经济新业态新模式特点，坚持底线思维和审慎监管的原则，包容创新试错，允许草根成长，避免过度监管，充分发挥平台型企业的自我约束和行业（企业）自律的作用，建立健全"互联网+"、平台经济、分享经济等的监管模式。完善社会治理体系，创新治理方式，强化法治意识和服务意识，形成有效的市场和有为的政府在服务业领域的高效率协同。充分运用现代科学技术改进治理手段，推进政府治理精细化、服务化。充分发挥社会组织作用，推动实施分类登记制度，形成政社分开、权责明确的法人治理结构。健全信息发布制度，促进公众参与，保障权益和化解矛盾，完善政府治理考核问责机制。

六是深化服务业价格改革。服务业的异质性决定了它有不同的价格形成机制。所以，服务业价格改革的关键是分类指导。竞争性领域的定价要尽可能放开，加快完善主要由市场决定价格的机制。即便是公共服务领域，也要合力界定基本需求和非基本需求，对具备竞争条件的客货运输、邮政服务价格也要逐渐放开。公用事业和公益性服务价格采取政府指导和市场调节相结合的办法。深化教育、医疗、养老等领域价格改革，营利性机构提供的服务实行经营者依法自主定价。教育、医疗、养老等领域的公共属性或者保底线部分的定价由政府负责。

（二）大力推进服务创新，以创新引领服务业强国建设

牢牢把握新技术向新服务转化的大趋势，加快实施创新驱动发展战略，以市场需求为核心打造价值链，从技术维度的单一创新转向以"新行业、新业态、新模式"为代表的服务集成创新。着力推动服务理念、商业模式和服务技术创新，

培育服务创新主体，将科技创新成果真正落实到服务业发展上。

推进技术手段创新，带动服务方式革新和服务内涵提升。以新市场需求为依托，以物联网、云计算、大数据、移动互联网、人工智能等新一代信息技术在服务领域的创新应用为基础，推动创意设计、网络视听、数字娱乐、互联网金融、电子商务、知识产权服务、人力资源服务、征信服务、检验检测、精准营销、远程医疗、智慧社区等引发产业体系变革的新兴服务行业迅速成长，创造更高的服务价值，推动服务与技术的深度融合和迭代创新。

推动服务理念创新，大力发展供应链管理、企业流程再造和精益服务，加快由单一服务环节向提供全过程服务转变，由提供一般服务向多层次、综合性服务转变。打破垂直分布的产业链及价值链，推动交叉领域多点突破、融合互动和跨界发展，鼓励通过平台经济、共享经济、并购整合、跨界应用、异业联盟、集成创新、迭代平移等方式，实现服务要素的重新高效组合和协同创新。以培育网络化、智能化、协同化的服务新业态为抓手，鼓励传统服务领域通过产业链整合、供应链集成、价值链提升及生态链维护，衍生叠加出新的服务环节和服务活动，推动协同设计、众包、众筹、解决方案、需求管理、系统流程服务、生命周期管理等生产性服务新业态的发展。

推动商业模式创新，引导企业科学细分需求市场，积极开拓个性化的专业服务产品。适应消费结构升级，鼓励服务企业开展体验式消费服务、群体共享式消费服务、个性需求定制服务，推动形成多层次、多形式的服务市场。支持发展综合型、特色型服务在线平台，全方位提升服务能力和用户体验。鼓励生活性服务企业利用闲置资源，依托已有电商平台或自有服务平台，积极开展共享经济实践和线上线下融合创新。推进社会服务业创新发展，加快形成基于健康物联网和可穿戴设备的综合健康养老服务体系。创新教育服务模式，建设大规模智慧学习平台，推广慕课、虚拟大学等新型教育方式，实现优质教育资源的共享。

培育服务创新主体，推动组织创新和管理创新。引导服务企业运用现代科技信息技术，以培育自主知识产权和自主品牌为重点，加大研发投入，推进服务企业技术创新和管理创新。支持服务企业利用新技术推动组织结构优化和业务流程再造，建设学习型、敏捷型服务企业，提升市场竞争力。重点培育一批理念新、水平高、前景好的定制服务提供商、技术服务运营商、内容提供商和整体方案解决商，带动服务业新领域的拓展和新业态的成长。支持服务企业建立客户大数据库，开展用户消费行为分析，推动服务企业利用微信、微博、客户端等建立营销体系，提升精准营销、精细服务水平。

建立联盟、基地、基金、人才"四位一体"的创新机制，统筹服务创新资源，集聚创新合力。实施国家服务创新计划，积极支持服务企业围绕产业链、价值链、创新链开展协作，促进群体加速创新、消费者参与创新、分工与合作创新、基于商业生态的创新。鼓励服务企业与园区、高校、科研机构共建研发和科技成果转化基金、创新型平台、新兴服务业创新中心，发展开源社区、社会实验室、创新工场等创新孵化平台。构建由龙头企业、中小企业、科研机构组成的创新联盟，培育创新团队和创新人才，构建服务创新生态圈。健全以企业为主体的协同创新机制，加快协同创新服务平台建设，推动服务企业挖掘、吸引、融合及利用内外部创新资源，鼓励龙头企业利用创新大会提升协同创新能力。尊重企业家精神和服务企业及园区的探索实践，鼓励微创新、草根创新、共享式创新。

围绕创新链配置公共资源，引导形成有利于服务业创新发展的环境。主动顺应新兴服务业的生命周期特点，创新政策支持方式，由设定鼓励领域和资金扶持转变为引导服务创新方向，引导资金重点投向以企业化经营为主的公共服务平台。推动简政放权，放宽融合性服务市场准入，着力破解科技创新资源配置、管理中存在的体制机制瓶颈。在信息技术架构、融资、信用等方面为服务创新提供系统支撑，引导服务企业和合作高校使用"创新券"购买科研相关服务。建立跨部门、跨行业大数据协同机制，推进服务资源与服务数据联网共享，加强对新兴服务业统计制度的研究和实施。围绕激发创新主体、创业人才的动力、活力和能力，破除制约创新的体制机制瓶颈，培育支持创新创业的生态环境，打造包容开放的创新氛围。

（三）构建支持服务业发展的政策体系

1. 鼓励服务要素更多地投向实体经济

2008年国际金融危机爆发后，学界普遍认为是美国以及欧洲部分国家的经济发展脱离了实体经济。德国在这次金融危机中受到的冲击相对较小，这与其强大的实体经济支撑是分不开的。为此，国际上很多声音强调要更加注重发展实体经济。这里需要明晰的是，服务业既有实体经济属性的部分，也有虚拟经济属性的部分。当服务业脱离实体经济进行过度自我服务且在国民经济中的比例增加到一定程度时，就会导致产业空心化现象的出现，不仅会影响经济发展，扩大社会贫富差距，还会增加甚至放大经济金融风险和社会风险。2011年12月召开的中央经济工作会议就提出了"要牢牢把握发展实体经济这一坚实基础"，实质上是给出了未来服务产业的发展方向。如果服务业的发展逐渐失去实体经济的支撑，完全自我循环，整个社会经济发展本质上就形成一种看似繁荣实则"体虚"的状况，服务业也最终成为无源之水而衰退，难以实现可持续发展。因此，要鼓励服务要素更多地投向实体经济。

2. 实施公平和普惠的财税政策

合理界定政府与市场发展服务业的边界是实施公平和普惠的财税政策的基本前提。政府或国有资本要逐渐退出竞争性服务业领域，要着力支持公共基础设施、市场诚信体系、标准体系以及公共服务平台等服务业发展薄弱环节建设。全面实施"营改增"税收新政，不断完善"营改增"政策细则，简化税制和税率档次，适当降低税率，以鼓励制造业与服务业的高度专业分工，从分工合作中寻求制造业和服务业的"双赢"，切实减轻企业税负。对研发设计、检验检测认证、节能环保等科技型、创新型生产性服务业企业，应实施税收激励政策，允许其按照高新技术企业的待遇享受15%的企业所得税优惠税率。继续对小微型服务业企业实施税收优惠政策。小微型服务企业负担比较重，盈利空间有限，需要采取比较灵活的税收政策和措施促进其发展，对其缴纳企业所得税给予特殊课税规定，赋予小型公司选择不同的纳税方式的权利，特别要鼓励这些中小型服务业企业的创新行为，如其研发投入享受企业所得税扣除等优惠政策。

3. 创新金融政策体系，冲破资金瓶颈

服务业企业的核心资产是人力资本，没有多少可以抵押的实物资产，迫切需要金融提供适合的融资方式助其起步和发展。可构建多层次、多元化融资服务体系以及多层次资本市场体系，满足不同类型服务业的融资需求。例如，鼓励发展天使投资、创业投资，支持融资性担保机构发展，通过放宽现代服务业企业贷款抵押、质押及担保的种类和范围，加大金融对服务业的支持力度。还可以借鉴一些发达国家的经验，设立"服务业特别基金"，为符合国家产业政策的小型微型服务企业发展提供资金支持，破解融资瓶颈。也可以通过积极发展中小企业集合债券、短期融资券、中期票据等各类债务融资工具，为现代服务业企业提供灵活的融资方式。金融是服务业的重要组成部分，既支持服务业生产（供应）企业，也可以通过金融创新，如消费金融业务让人们提前消费，扩大服务消费需求。例如，通过开展各种形式的"倒按揭"业务推动养老服务业发展，就是一个很好的启发。

4. 完善土地政策，破解服务业用地难题

现代服务业主要在大中城市发展，而大中城市又是土地最为紧张的地区，随着经济建设规模越来越大和城市化进程越来越快，发展现代服务业与土地紧缺的矛盾日益凸显。这就需要创新一些新的土地管理政策，为服务业发展提供基本的载体。要依据不同服务门类特性及产业政策导向，有针对性地制定土地政策。探索对知识密集型服务业实行年租制、"先租赁后出让"等弹性供地制度。依法支持利用工业、仓储等用房用地发展符合规划的服务业。创新适应新产业、新业态特点的建设用地用途归类方式。

（四）强化服务业与制造业和农业的深度融合，在"产业共赢"中建设服务业强国

建设服务业强国，不是简单地提高服务业占比，更不是挤占工业（尤其是制

造业）和农业的空间。建设现代产业体系是一个系统工程，是一个全局性的战略。三大产业界限日益模糊，彼此渗透和影响，是现代产业发展的重要趋势。服务业，尤其是生产性服务业涉及农业、工业等产业的多个环节，具有专业性强、创新活跃、产业融合度高、带动作用显著等特点，促进生产性服务业向专业化和价值链高端延伸，强化服务业，特别是生产性服务业与制造业、农业的深度融合，是构建现代产业体系的重要支撑，也是建设服务业强国的必由之路。

1. 推动服务业与制造业互动融合，促进制造业转型升级

随着服务业分工深化与服务创新，服务业领域不断拓宽，服务业与制造业之间的界限日趋模糊，推进两者的互动融合发展日渐重要。两者融合发展，既可以为生产性服务业发展拓展更广阔的空间，又可以为制造业转型升级提供"催化剂"。

推动制造业延伸产业链，实现服务化经营。加快制造与服务的协同发展，推进商业模式创新和业态创新，推动生产型制造向服务型制造转变，促进企业由提供产品为中心向提供服务为中心转变，推广"以客户为中心"的制造服务业发展模式。鼓励制造企业发展集成服务。支持有条件的企业由提供设备向提供系统集成总承包服务、由提供产品向提供整体解决方案转型。加快基于智能制造的个性化定制服务、柔性制造、全生命周期管理、网络精准营销和在线支持服务等新型制造服务化模式推广应用。加强制造业服务化发展的标准和规范建设。支持装备制造企业和其他大型骨干企业采用一体化模式开展总集成总承包服务。

推动制造业分离发展服务业，实现生产性服务环节专业化、社会化发展。支持制造企业将生产流程中的非核心但具有相当比较优势的原料采购、研发设计、咨询管理、物流运输、品牌运营、产品销售、设备安装、售后维修、检验检测等服务环节从原企业中分离出来，设立独立的生产性服务法人机构，向社会提供第三方专业化生产服务，壮大第三方服务主体。鼓励制造企业将不具有比较优势的薄弱服务环节进行外包，向社会释放服务需求，促进第三方生产性服务市场发展。

推动制造业和生产性服务业在园区内融合发展。加快产业园区发展转型，积极试点园区制造业和生产性服务业一体化发展的体制机制，大力推进"产城融合、园城互动"的发展模式，通过融合发展提升园区可持续发展能力。促进园区内的企业基于业务流程合作，主动实现为上下游客户提供生产性服务和服务性生产，协同创造价值。

推动服务外包高端发展，创新服务外包模式。把握全球服务外包发展新趋势，积极承接国际离岸服务外包业务，提高服务外包层级。鼓励服务模块化外包，不断创新服务外包模式。引导社会资本积极发展信息技术外包、业务流程外包和知识流程外包服务业务，为产业转型升级提供支撑。支持企业购买专业化服

务，构建数字化服务平台，实现包括产品设计、工艺流程、生产规划、生产制造和售后服务在内的全过程管理。

2. 激励生产性服务业与农业的深度融合，助推农业现代化

实现传统农业迈向农业现代化，不能仅在"种植业"上下功夫，还要特别关注农业产前、产后问题，这基本上属于生产性服务业的范畴。发展服务于农业的生产性服务业，健全农业产业化服务体系，是实现农业现代化、低碳化和可持续发展的重要手段。要建立起强大、高效、高附加值的现代化农业，就必须有与之匹配的农业生产性服务业体系，包括农村金融、农业科技、涉农物流、动植物疫病防控、农产品质量安全监管、农村劳动力培训、农机租赁等，以现代服务业促进农业现代化。生产性服务业与农业的深度融合，同样是"双赢"的选择，既为生产性服务业发展寻找到新的市场和渠道，更为农业现代化注入新的活力和要素。

我国既有的农业服务体系非常薄弱，与现代农业的要求格格不入，突出表现在：传统农业服务提供商提供的服务水平较低，农户交易成本高、交易风险大；龙头企业由于综合服务体系不足，规模化、专业化程度低，自身发展面临瓶颈，无法有效带动农户；服务要素与资源主要聚集在城市，特别是大中城市，城市专业化服务提供商面对分散的农业服务需求和低效回报，缺乏提供服务的积极性。为了改变这种状况，有些地方政府运用"政府推动、市场牵动、龙头带动"的手段，探索"城市延伸、农村靠拢、专业组织衔接"的农业与城市服务业融合发展的创新模式，取得了初步效果。

政府推动，就是以政策措施形成"双向推力"——积极推动城市服务提供商向农村提供金融、物流、营销、信息、技术推广等专业服务；推动农村生产要素向龙头企业（专业化合作组织）集中，提高农业生产组织化经营程度。市场牵动，是指用收入的提高引导农民放弃目前分散经营的生产方式，走向组织化、规模化；用成本的降低和质量的提高来吸引专业组织购买城市专业化服务，形成城市服务商和专业化组织的主动对接。龙头带动，是指政府积极扶持龙头企业（专业化合作组织），使龙头企业成为连接城市专业化服务和农户的纽带。

3. 加快形成"互联网＋"生产服务体系

牢牢把握"互联网＋"背景下由数字化时代进入智能化时代的趋势，注重"互联网＋"在生产性服务领域的渗透，把互联网全面融入研发设计、生产、流通、管理、人力资源开发、售后服务等各个环节，发展数字化设计、网络协同研发、现代化供应链管理、个性化定制、在线检测、远程诊断和维护等基于互联网和信息技术的服务功能创新，加快形成"互联网＋"生产服务体系，促进生产模式和组织方式变革，形成网络化、智能化、服务化、协同化的产业发展新形态。

支持"互联网+"在农业领域的创新应用。发展农作物良种繁育、农业生产动态监测、环境监控等信息技术服务,提高农业生产的信息化水平。运用互联网、大数据等信息技术,推动农特产品供需双方的直接对接,助推农业实现个性化生产与集约化生产相结合。鼓励利用移动互联网、大数据、云计算、物联网等新一代信息技术,与农业跨界融合,实时提供农业生产信息及技术指导,实现农业生产的精准化与智慧化。鼓励以"互联网+"促进农村一二三产业之间的融合渗透和交叉重组,实现一体化经营,带动农村经济集约化发展。推进基于互联网、物联网的农产品质量溯源体系建设。

推动"互联网+"协同制造,推进制造过程数据化、网络化、智能化、一体化,依托移动互联网终端等智能设备实现产供销一体化整合。引进机器人、智能控制技术、互联网技术等,实现从自动化工厂到智能化工厂的转型。推进工业互联网发展,深化制造企业与互联网企业的战略合作,制定制造业与互联网融合发展的实施方案和路线图。积极发展基于互联网的协同创新模式,加快完善重点领域的产业链协同创新体系。支持建设一批网络化协同制造平台,建设完善重点行业和领域的"工业云"公共服务平台、大数据中心,推动软件与服务、设计与制造资源、关键技术与标准的开放共享。鼓励云制造、云设计等新模式创新发展,支持建设中小企业云制造平台,积极推进工业大数据应用。

通过互联网促进能源系统扁平化,推进能源生产与消费模式革命,提高能源利用效率,推动节能减排。加强分布式能源网络建设,提高可再生能源占比,促进能源利用结构优化。加快发电设施、用电设施和电网智能化改造,提高电力系统的安全性、稳定性和可靠性。

(五)扩大服务业开放,提升服务业开放水平

1. 加快外资管理体制改革,扩大服务业对内对外开放

世界上70多个国家采用准入前国民待遇加负面清单的外资管理模式,这一模式有利于构建既符合我国实际情况又顺应国际投资规则的外资管理新体制和新机制,并且与当前我国简政放权、深化行政审批管理体制改革方向相契合,将从根本上改变我国现有的以外商投资指导目录和行政审批为特征的外商投资管理方式,有利于更好地适应国际产业竞争新形势,激发服务业发展活力,创造良好的外部环境。

建议以上海自由贸易试验区探索试验准入前负面清单管理模式为契机,借鉴国际上高水平自贸协定的经验,在互惠互利基础上推动我国与贸易伙伴国家之间的贸易投资自由化和便利化,提升国际服务业产业转移层次,鼓励更多有实力的服务业企业拓展海外市场。加大力度清除隐形市场壁垒,鼓励各类服务要素跨地区自由流动。进一步优化服务贸易结构,适当扩大新兴生产性服务要素进口,充

分发挥技术和知识溢出效应,改善服务业供给结构。借助自由贸易试验区打造更高层次的服务出口产业集群,为中国制造"走出去"提供服务支持。

2. 推动服务贸易平衡发展,提升服务业国际竞争力

我国服务贸易规模急剧上升,服务贸易地位不断提升,但服务贸易逆差巨大,近几年都在1000亿美元以上,服务贸易结构层次较低,传统服务贸易占比居高不下,服务贸易国际竞争力较弱。如何实现服务贸易平衡发展,不断提升服务业国际竞争力,是迈向服务业强国必须回答和解决的难题之一。建议从以下四个方面着手:一是要确立重点行业。作为世界制造业大国,我国生产性服务业发展有重要依托,同时新常态下,要提升我国在全球产业链、价值链中的地位,制造业亟须转型升级,生产性服务业是重要支撑。我国重点服务行业选择应包括:能够优化生产和制造环节的服务业,如研发、设计、维修、金融、运输、电信等生产性服务业;高技术、高附加值服务行业,如知识产权相关服务业。二是要不断夯实产业基础。加大服务业市场化改革,实现对内对外开放,让市场在资源配置中起决定性作用;加强公共服务建设,包括物流和网络基础设施、人力资本以及公共服务平台;完善政府管理,建立健全服务法律法规,完善行业中介组织等。三是促进服务贸易领域创新,提高服务出口的专业化水平和能力。新兴业态的发展和商业模式的创新促进了服务内容的创新,拓展了服务贸易的发展空间。加强服务贸易领域应用物联网、云计算等新一代信息技术实现服务模式创新和跨越式发展的新路径实践。把握服务贸易各领域新兴业态、交易内容、交易方式等方面的发展趋势,引导和推动服务贸易企业提高自主创新能力,提升服务出口的专业化水平和能力,增强中国在服务贸易领域的国际竞争力。四是建立分行业的服务贸易政策体系。从我国各个服务行业来看,发展水平和市场环境差别较大,需要构建有差别的服务贸易政策体系。如旅游、娱乐、教育等生活性服务业,其重点在于加大供给侧改革,根据国际消费需求,改善产品和服务质量。生产性服务业出口,除了自身能力提升外,更应关注境外市场准入壁垒,利用全球贸易投资规则重构和我国高标准自贸区网络建设的机遇,为我国服务企业"走出去"创造条件。

3. 拓展服务外包市场,提升服务外包水平

服务外包是我国服务业对外开放的重要渠道,这几年保持了较高速的增长态势。但总体看,我国服务外包还处在较低层次,面临"大而不强"的发展瓶颈。要解决这个瓶颈问题,必须调整思路,转变发展方式:一是要适应泛信息化和泛服务化趋势,培育和壮大市场主体,全面提升服务外包企业的技术水平、全球交付能力、集成解决方案能力和国际竞争力。二是要适应全球服务业加速转移趋势,在继续深耕美欧日市场的同时,围绕国家新战略,进一步拓展"一带一路"沿线国家市场,寻找市场机会、挖掘市场潜力,构建多元化市场格局。三是立足

巨大的内需市场,在鼓励企业转变观念、购买专业服务的同时,鼓励政府部门、事业单位购买专业服务,加强管理创新,构建数字化服务平台。四是将"中国服务外包"的整体形象嵌入到全球服务外包产业链,整合政府、服务外包企业、行业研究机构等的力量,强化国际市场品牌宣传意识,树立中国服务外包整体形象,发布中国服务外包企业的技术与质量信息,获得国际市场的关注与信任。

4. 平等对待服务业对内对外开放

完整意义上的开放,还包括对内开放的问题,两者必须兼顾,不能"厚外薄内"。目前,服务业对内开放比较薄弱。对内开放程度低的一个重要原因就是国有垄断和地区垄断,许多高利润服务企业不允许民营资本进入,服务业要素地区之间流动受到种种限制。对内开放的核心就是要打破"垄断",切实贯彻"非禁即入"的政策,推进垄断行业改革,取消对非国有资本或者非本地要素的不平等做法,凡国家法律法规未明令禁入的服务业领域,要向外资、社会资本开放,并实行内外资、内外地企业同等待遇。

参考文献

[1] 国民经济和社会发展第十三个五年规划纲要[M]. 北京:人民出版社,2016.

[2] 中国制造 2025(国发〔2015〕28 号).

[3] 关于推进农村一二三产业融合发展的指导意见(国办发〔2015〕93 号).

[4] 国家发改委. 服务经济创新发展大纲(2016~2020)(征求意见稿),2016.

[5] 李培林,蔡昉. 2020:走向全面小康社会 "十三五"规划研究报告[M]. 北京:社会科学文献出版社,2015.

[6] 许宪春. 中国未来经济增长及其国际经济地位展望[J]. 经济研究,2002(3).

[7] 李京文,李军. 当代中国宏观经济模型与经济发展[J]. 中国社会科学院研究生院学报,2000(2).

[8] 马化腾等. 互联网+:国家战略行动路线图[M]. 北京:中信出版社,2015.

[9] 宋海岩,刘淄楠,蒋萍. 改革时期中国总投资决定因素的分析[J]. 世界经济文汇,2003(1).

[10] 李勇坚,夏杰长. 制度变革与服务业增长[M]. 北京:中国经济出版社,2009.

[11] 夏杰长. 为服务业发展注入新动力[N]. 经济日报(理论版),2014-04-29.

[12] 夏杰长. 生产性服务业是打造中国产业升级版的"利器"[N]. 光明日报(理论版),2013-09-06.

[13] 夏杰长,王海成. 2016 年第二季度服务业发展形势与展望[M]//中国社会科学院财经战略研究院. NAES 宏观经济形势分析. 北京:中国社会科学文献出版社,2016.

[14] 夏杰长,王海成. 2016 年第三季度服务业发展形势与展望[M]//中国社会科学院财经战略研究院. NAES 宏观经济形势分析. 北京:中国社会科学文献出版社,2016.

[15] 夏杰长,倪红福. 服务业还是工业:中国经济增长的主导产业?[J]. 南京大学学报(哲学社科版),2016(3).

[16] 刘奕, 夏杰长. 以服务业促进农业现代化: 思路之辩与路径选择[J]. 宏观经济研究, 2014 (5).

[17] 汤婧, 夏杰长. 我国服务贸易发展现状、问题和对策建议[J]. 国际贸易, 2016 (10).

[18] 杰里米·里夫金 (Jeremy Rifkin). 第三次工业革命: 新经济模式如何改变世界[M]. 北京: 中信出版社, 2012.

[19] Francois J. and B. Hoekman. Services Trade and Policy [J]. Journal of Economic Literature, 2010: 642-692.

[20] Johnson Robert C. and Noguera Guillermo. Accounting for Intermediates: Production Sharing and Trade in Value Added [J]. Journal of International Economics, Elsevier, 2012, 86 (2): 224-236.

专题报告

专题一　国家经济控制力：建设服务业强国的理论基础

李文秀

摘　要：传统上，关于经济控制力的研究主要是基于工业基础的商品主导逻辑，很难解释服务经济时代经济控制力的来源与成因，对第三次科技革命背景下全球价值链的利益分配机制和经济控制力也难以把握。服务业发展之要义，不是简单的服务业规模扩张，而是要找到其恰当的发展方式，既有助于服务业自身的扩张和发展，也有助于相关产业的发展和国家经济竞争力、控制力的提升。推进制造业服务化、制造业和服务业的深度融合、发展服务外包和高端服务业，是转变服务业发展方式的重要内容，与国家经济控制力提升有着非常紧密的关系。应借鉴发达国家的有关经验，立足中国国情，从把握服务业的"架构控制权"、"标准制定权"、"资源整合权"以及"优势产业组合"等方面发力，不断创新服务业发展方式，增强国家经济控制力。

关键词：服务业发展方式；国际分工；国家经济控制力；全球价值链

一、引言

第三次科技革命的发展和全球化使更大范围内企业可以便利地嵌入到全球生产网络中，使技术和管理等的溢出效应在全球价值链中更容易扩散，产业间融合更容易深化，全球价值链分工呈现出新的变化与特征，而这些变化与特征在重新塑造各国（区域）间相互依存与相互联动关系的同时，也对一国经济控制力的提升提出了挑战。而且，"你中有我、我中有你"的全球生产网络使得全球价值链上的价值创造不再拘泥于"价值环节"而是"价值集成"，即"价值共创"。由此产生的价值利益分配机制也发生了改变，并不是只有处于价值链高端环节的企业或产业才能获得更多的利益分配，"架构控制权"、"标准制定权"、"资源整合权"等才意味着更多的利益分配。这种利益分配机制的改变必然对传统国家经济控制力的内涵提出重大挑战。国家经济控制力不再仅仅是能否参与全球价值链并向全球价值链高端转移，更重要的是采取何种方式参与全球价值链来破解发达国家对全球价值链的主导与控制以及获得主导与控制权。

目前，我国面临着中等收入阶段的增长瓶颈，要跨越中等收入陷阱，提升制造业的国际分工地位和服务业国际竞争力尤为关键，可无论是制造业的转型升级及其国际分工地位的提升，还是服务业国际竞争力的提升，都离不开服务业发展方式的转变。发展滞后的服务业不仅使我国出现了连续 20 年服务贸易逆差，而且使得我国的贸易增加值率、出口中国内增加值比重和国际分工地位处于较低的水平。因此，只有在大力推进服务业发展的同时，不断转变和优化服务业发展方式，加大制造业的服务投入水平，促进制造业和服务业的产业融合，改变服务外包方式和水平，以及在高端服务业方面有关键性突破，才能真正提升我国在全球价值链中的分工地位，获得更多的利益分配，提升国家经济控制力。

二、相关文献综述

（一）国际学术界对经济控制力的不同分析视角

一是从国际贸易理论的角度探讨经济控制力。最早可追溯到 Adam Smith（1776）的绝对成本理论、David Richard（1817）的比较优势理论和 Ohlin（1931）提出的生产要素禀赋理论等。国际分工理论认为参与国际分工贸易的国家能够从中普遍受益，但以 A. Dixit（1977）和 Paul R. Krugman（1981）、K. Lancaster（1996）等为代表的西方学者对国际分工提出质疑，认为从长期来看，即使能获得比较利益，也未必能保证产业具有国际竞争力，一国单纯以要素禀赋来确定自己的国际贸易结构，就会掉入"比较利益的陷阱"。

二是从全球价值链角度探讨经济控制力。如 Jones 和 Kierzkowski（1990）认为，全球价值链分工利益来源于比较优势和规模报酬递增因素推动了生产过程的"零散化生产"；Deardorff（1998）分析了全球价值链分工带来的利益分配问题；Kaplinsky（2001）认为，发达国家领导公司对价值链的治理能力通常依赖于其所掌握的无形竞争力资源（研发、设计、品牌和营销等）；Gereffi、Humphrey 和 Sturgeon（2003）从全球价值链治理的角度讨论了在不同价值链治理模式下经济控制力的来源问题；Schmitz（2004）认为，全球价值链的代工体系有助于发中国家实现起飞或低端阶段的工业化进程，但是在进行到高端工业化进程中却广泛地出现了被"俘获"现象；等等。

三是从产业控制力角度探讨国家经济控制力。如 Hymer 和 Kindleberge (1960) 从产业组织理论的角度提出，对外直接投资的关键在于控制企业，国际投资者要求对企业的控制权的原因是为了排斥东道国当地企业的竞争，确立垄断优势。

四是从产业安全角度探讨经济控制力。如美国学者 Timothy W. Stanley 等 (1987) 通过对一些产业的案例分析指出，一些产业本身由于竞争力低导致外国商品的大量进口，外国可以通过限制这些重要产品出口到美国来影响美国国家安全；John N. Ellison 和 Jeffrey W. Frumkin (1988) 等从国际贸易角度也认为进口商品的冲击会引起国内产业的不安全；Bonald D. Lee (2005) 分析了跨国并购对本国产业安全将产生怎样的影响，进而判断其是否有利于本国经济发展；Alan P. Larson 和 David M. (2006) 研究了 FDI 与国家安全之间的内在关系；James K. Jackson (2007) 在对产业安全的研究中认为，外商直接投资会导致本国对产业发展失去控制力；Robert W. Crandall 和 John D. Graham (2010) 认为，使用能源经济规制政策势必会提高汽车产业的竞争力，从而占领更大的全球市场；等等。

五是从服务业发展角度探讨经济控制力。如 Riddle (1986) 强调，服务业在经济发展中并不是一个被动的角色，它对一个国家或地区经济的影响力、辐射力、控制力具有重要意义，特别是对全球城市而言，高端服务业是其获得全球经济控制力的利器；Porter (1985)、Kogut (1986) 等从全球价值链分工的角度对高端服务业与竞争优势之间的关系问题进行了研究；Czarnitzki 和 Spielkamp (2000) 探讨了知识密集型高端服务业对经济增长的作用；Sassen (2001, 2005) 通过实际调研指出，全球城市正在呈现出一种金字塔形结构，少数城市在高端服务业方面占据了绝对优势地位，而其他城市在服务业发展方面受到了压制，最重要的是，这些全球城市中的高端服务业对全球经济具有无与伦比的控制力；Koschatzky 和 Stahlecker (2006) 也指出，发展知识密集型高端服务业对经济现代化和竞争性的贡献很大，且对地区创新能力具有积极影响（Garcia Quevedo 和 Mas Verdu, 2008）；Thomas L. Friedman (2007) 在《世界是平的》一书中在对服务业外包以及由此带来的服务业分级问题进行研究时发现，由于服务外包浪潮，产生了一个经济体对另一个经济体控制的问题；Wood 和 Peter (2007) 也指出，大多数中心城市仍然没有真正具备能够服务于国内以及国际贸易市场的高端服务业，从而不具备完全适应未来变化的能力；Musolesi 和 Hulban (2009) 在分析知识来源、创新和生产力三者关系时发现，知识密集型高端服务业对提升产业竞争力具有强烈而积极的作用。

（二）国内学术界对经济控制力的不同分析视角

一是从贸易角度探讨了这一主题。如张二震（2004）认为，"要素分工"促进了国际间贸易分工利益总量的提高，发达国家多以资本、技术和知识参与分工，在利益分配中处于主导地位，而发展中国家常以劳动力、土地等要素参与分工，在利益分配中处于不利地位，并且发达国家的跨国公司还会通过转移价格进一步剥夺发展中国家的利益。

二是从全球价值链角度探讨国家经济控制力。如吴敬琏（2002）指出，当代经济全球化不断深化的特点之一就是跨国公司把产品不同生产环节分配到全球最适当地区的产业转移；赵文丁（2003）提出在经济全球化背景下，国家或地区国际分工地位的提升表现在产业链条所处地位及增值能力的提升上；卢锋（2004）用比较优势和规模经济图解了全球"产品内分工"产生的利益，得出了全球"产品内分工"利益建立在比较优势和规模经济两大基础上的结论；曹明福（2005）认为，全球价值链分工的利益来源除了比较优势、规模经济之外，主导价值链分工的发达国家还获得了价值链交换上的价格倾斜优势；裴长洪（2005）从转变外贸增长方式角度分析了全球价值链分工对我国由贸易大国向贸易强国迈进的重要意义，指出我国应该在保持中低产品或生产环节国际竞争力的同时，提高和实现在中高端产品或生产环节上的国际竞争力；曹福明和李树民（2006）的研究认为全球价值链已经使得产业分工从依据国家比较优势过渡到了依据全球比较优势；刘志彪和张杰（2007）分析了全球价值链体系下发展中国家本土企业被俘获的原因，认为发展中国家摆脱全球价值链背景下被俘获关系的出路在于国内市场空间的国内价值链的培育；卢福财（2007）认为，低端锁定使中国的产业升级和经济增长方式转变变得十分艰难，只有加快转变经济发展方式，推动产业结构优化与升级，走中国特色新兴工业化道路，才能突破"低端锁定"；曹明福（2007）对全球价值链分工的基础、利益分离、利益分配格局、发展中国家在全球价值链分工中的利益提升等问题做了系列的分析；等等。

三是从产业控制力角度进行了研究。如徐林（2004）指出，每个企业都生存在一个坐标系中，每个企业对其所处产业链的控制力将主要取决于该企业在这个坐标系中的相对位置；张学（2005）认为产业链的控制力来源于产业链关键节点；曾剑秋（2007）从产业链角度分析指出，产业控制力是指产业链上某个企业实体控制自身及产业链上下游环节实体的能力；等等。部分学者从产业安全角度研究经济控制力。如张立（2002）提出，产业安全是指一国在对外开放的条件下，在国际竞争的发展进程中，具有保持民族产业持续生存和发展的能力，始终保持着本国资本对本国产业主体的控制；李孟刚（2006）认为，产业控制力是指外资对东道国产业的控制能力，以及对东道国产业控制力的削弱能力和由此影响产业安全的程度,其实质是外资产业控制力和东道国产业控制力两种力量的对决能力;王苏生等(2008)认为,产业控制力是产业是否安全最为重要的外在表象;潘颖、王兰和蒋丽(2008)认为,产业安全是指在市场开放条件下,经济发展保持较强的竞争力,本国产业在参与国际竞争中具有竞争力,并能够持续发展;徐婧(2008)认为,新的产业安全应是指一国重要国民产业在经济全球化背景下,保持控制力和竞争力,亦即拥有生存权和发展权,从而使本国产业在对外竞争中免受危害的状态和能力;赵元铭(2009)指出,产业控制力是产业安全的重要边界与核心,是产业安全的最高层次;王小平(2010)认为,外商投资对东道国产业安全的影响主要是通过产业控制实现的;等等。

四是也有部分学者关注服务业发展与经济控制提升问题的研究。如王廉(2009)指出,高端服务业是当代经济发展的皇冠和发动机,也是现代服务业的龙头和话语权经济;徐伟金(2009)等指出,高端服务业是经济转型升级的战略动力;王小平(2010)在分析服务业的发展规律时指出,高端服务业是当今经济发展的发动机,是转变经济发展方式的突破口,是产业结构优化升级的先导口;陈艳莹和原毅军等(2011)指出,高端服务业具有较强的外溢效应,能够有效带动服务业和制造业升级,提高经济整体竞争力;等等。

通过上面对学术界相关研究的梳理,就会发现:

第一,关于经济控制力的相关研究仍停留在制造业时代,无论是贸易角度还是全球价值链角度和产业安全角度的分析,其主导逻辑仍然是基于工业基础的商品主导逻辑。事实上,随着第三次科技革命的发展和服务经济时代的到来,服务业发展不仅通过自身竞争力的提升影响一国在全球价值网络中的利益分配,还通过对制造业嵌入、融合提升一国制造业在全球分工中的地位。

第二,现有研究成果较少将信息技术进步与全球化带来的新的国际分工形式等因素考虑进去,尚未考虑基于第三次科技革命的全球价值链上的国际分工与利益分配新趋势。但国家经济控制力与全球价值链上的利益分配是息息相关的,而全球价值链上的利益分配机制又与国际分工方式紧密相连。因此,当技术变革使国际分工方式发生变化时,国家经济控制力的成因与决定机制也必然发生改变。

基于这些考量,本研究将从新技术背景下国家经济控制力的内涵出发,分析第三次科技革命背景下国际分工的新趋势,进而探讨服务业发展,尤其是服务业发展方式的转变与国家经济控制力的关系,然后给出相应的治理对策。

三、基于第三次科技革命的全球价值链分工新趋势

技术创新及变革为价值链带来三种影响：开拓一个新的业务领域，改变现有的竞争规则以及支持、保护、维持以及扩展现有的业务活动（V. K. Narayanan，2002）。当今世界的科学技术发展呈现出多点群发突破的态势，在产生一批新的重大理论和技术创新的同时，一批新兴交叉前沿方向和领域正在涌现，将生产过程中供应、制造、销售的信息数据化和智慧化，并最终实现快速、高效和个性化的产品供应。在此过程中，传统的行业界限将逐步消失，一些新兴业态和合作形式逐步出现，全球价值链上的分工形式发生改变，全球要素市场配置方式与生产体系出现革命性变化，全球价值链上的利益分配也呈现出新的格局，引发全球财富的流动。

（一）从"全球生产网络"向"智慧化生产网络"转变

随着大数据、云计算、物联网等技术不断发展，推动传统价值链结构的整合重组，使得以用户为中心的精准分工成为可能，提高了采购、生产、运输、仓储等环节的附加值。同时，全球生产从独立走向整合，全球生产网络快速形成，全球价值链增值空间发生变化，全球价值链上的分工地位也发生改变。但智能制造技术的快速发展，使得全球生产网络向智能化生产网络转变，实现产业链分工高度有效精准对接。一方面，技术的智能化实现了人机一体化，能够汇集当今许多前沿领域的技术以及分析、推理、判断、构思和决策等智能活动；另一方面，智能化生产网络对全球价值链的参与者提出更高的要求，如果一国的企业在技术能力和设施联通上不能与先进的智能化生产网络对接，那么它将被排除在智能化全球生产网络之外。因此，随着"全球生产网络"向"智慧化生产网络"的转变，全球价值链上的分工也发生了改变。

（二）从"价值环节"向"价值共创"转变

全球价值链主要包括研发、生产和营销三个环节，其中，研发和营销环节处于"微笑曲线"的两端，创造的附加值较高；生产环节处于"微笑曲线"的底部，创造的附加值较低。一般来讲，掌握着产品设计研发、关键零部件供应和售后服务等高端环节的企业或国家在全球价值链中处于较高的分工地位。因此，要提高在全球价值链中的地位，就必须向"微笑曲线"的两端移动。但技术变革带来的全球价值链上合作宽度和深度的拓展改变了全球价值链上参与各方竞争与

合作的方式与结果,也使得全球价值链上的价值创造与分配机制发生了改变。"你中有我、我中有你"的全球生产网络使得全球价值链上的价值创造不再拘泥于"价值环节"而是"价值集成",即"价值共创"。因此,从全球化竞争趋势来看,企业间竞争的焦点已从企业层面逐步转移到产业链控制力层面。近年来,顶尖跨国公司不再仅仅关注"微笑曲线"两端,而是不断提升产业链控制力与端对端的整合力,以巩固在全球产业竞争中的主导地位。

(三) 从"外包"向"众包"转变

由于新技术的推动,商业模式也有了更大的创新空间。随着制造业向软性制造的方向发展,模式创新也从制造环节延伸到服务环节,从而实现产品研发、生产、物流、营销和管理等全价值链的智能化,价值链参与主体更加多元化。早期,全球价值链分工不断细化,使得外包逐渐成为一种常见的业务方式,这是缘于外包可以更好地利用全球资源并降低成本。但是当前的产品创新越来越注重以用户需求为中心,让用户参与创新过程。由此,上下游合作伙伴共同参与的开放式、协同式的众筹、众设以及众包等商业模式应运而生。众包的出现将对全球价值链上的分工产生深远的影响,甚至颠覆传统产业结构。它与外包单纯向高度专业化的方向发展不同,它还强调联合非专业、跨专业的创新潜力,大众消费者也能够通过自媒体营销参与到价值链网络,由被动的"接受者"变成主动的"参与者",众包甚至可以向全球价值链上一大批业余爱好者、发烧友和兼职者开放,极大降低企业成本和改变创新方式,进而改变全球价值链上的分工方式。

四、服务业发展方式与国家经济控制力提升的关系

(一) 国家经济控制力的内涵

控制力到底是什么,业内尚没有统一的定义。生产制造者将控制力描述为某个设备对另一个或几个设备的影响力,组织行为学家用控制力形容人的自制力、影响力等,企业家们经常用控制力来形容一个企业对其他企业或一个部门对其他部门的影响程度。以此逻辑,国家经济控制力就是一个国家对其他国家或地区的影响程度。从历史上来看,霸权与强权的演进除了自身的努力之外,还与其对外部资源的控制与权力扩张紧密相关。也就是说,一国经济控制力来源于自身的物质基础和其对外部资源的控制与权力扩张。历史上,对外扩张的手段历经了从军事占领、市场占领到金融控制的演进过程,这种演进过程也与一国发展的物质基

础与特定历史条件相适应,因此这一过程的内在逻辑可以说是对资源控制与权力扩张的经济诠释。但在当今世界,第三次科技革命使得全球价值链上的分工形式发生改变,全球要素市场配置方式与生产体系也发生革命性变化。因此,国家经济控制力依赖的资源与权力也会发生相应的改变,产生新的全球财富流动机制。

(二)转变服务业发展方式与国家经济控制力提升的关系

服务业发展之要义,不是简单的服务业规模扩张,而是要找到其恰当的发展方式,既有助于服务业自身的扩张和发展,更有助于相关产业的发展和国家经济竞争力、控制力的提升。推进制造业服务化、制造业和服务业的深度融合、发展服务外包和高端服务业,是转变服务业发展方式的重要内容,与国家经济控制力提升有着非常紧密的关系。

1. 制造业服务化与国家经济控制力提升

随着生产过程自动化、智能化程度的提高以及大型装备复杂化程度的加深,制造环节在整个价值链中的比重日趋下降,产品的研发设计、交付、安装、维护和服务等各环节需求及所占价值愈加提升。目前,在以互联网与制造业深度融合为代表的第三次科技革命推动下,全球制造业正面临着市场需求从产品导向向产品服务系统转变、高价值环节从制造环节为主向服务环节为主转变、竞争优势从规模化供给能力向个性化供给能力转变和客户交易从一次性短期交易方式向长期交易方式转变,越来越多的制造企业围绕产品全生命周期的各个环节,通过提供附加服务模式、创新产品交易便捷化模式促进制造业效益提升,根据客户需求打造专业服务模式等,不断融入能够带来商业价值的增值服务。

"互联网+"的融入,使得服务形态也进一步创新,涌现出众包设计、网络协同研发、基于工业云的供应链管理、工业互联网等新型服务模式和服务业态,实现从提供单一产品向提供产品和服务系统转变,完成"全球生产网络"向"智慧化生产网络"转变。从国家层面来讲,服务业发展带来的服务创新的价值往往不低于技术创新,有时甚至超过技术创新。如芬兰部署创新制造(SISU2010)、创新服务(Serve)、创新运营模式(Concept of Operations)三项工作计划,欧盟将发展"高附加值的欧洲制造"和"知识为基础的工厂"放在制造业创新的突出位置,取得了较好的效果。因此,大力发展服务业,以服务化引领高端化已经成为我国实现制造强国目标的必由之路,也是我国在新科技革命背景下获得更多的国家经济控制力的关键。

2. 制造业和服务业的深度融合与国家经济控制力提升

建立在工业经济的假设和模型基础上的商品主导逻辑强调的是商品与服务的明确区分(Vargo 和 Lusch,2004),即生产者和消费者在整个价值链过程中扮演着彼此分离的不同角色,生产者在生产过程中创造价值,并通过最终的市场价格来体现价值，消费者则是商品的使用者，位于价值创造活动之外，是价值消亡的执行者（Lusch等，2010）。但随着信息技术的进步和全球化的不断深入，商品和服务品的明确区分不仅相当困难，而且成为一种负担（Gummesson，2008）。基于此，Vargo和Lusch（2004）建议用服务主导逻辑来代替商品主导逻辑，将研究的中心从单位产出和价格转移到服务过程上。在该逻辑下，服务不再简单地被看成一种产品，而是为了其他实体的利益而使用某人（企业、机构等）的资源和能力的过程，无论是商品（Goods）还是服务品（Services）都是间接和直接提供服务的一种工具（Vargo和Lusch，2008）。

服务是一切经济交换的根本性基础，消费者不再是价值的毁灭者，生产者和消费者共同创造价值。所有参与者都是资源整合者，共同组成服务价值网络。也就是说，在服务逻辑的视角下，企业、供应商、分销商、顾客、员工等共同形成了价值链上各项活动的主体，他们积极互动、相互协作、共享知识和技术、共同解决问题，形成了一种创新而有活力的商业生态环境，即"价值共创"。事实上，第三次科技革命不仅影响了人们的思维习惯和生活方式，形成的全球网络化互联的信息高速公路还缩短了人类时间和空间上的距离。

面对客户个性化的需求，传统的工业化形式已经不适应现代制造业的发展，构建融合生产性服务与服务型生产的价值共创模式的服务型制造系统，才是解决我国目前制造业困境的重要途径。即通过制造业和服务业的深度融合，制造企业可以获取本企业无法提供的服务能力，使得企业自身价值创造最大化，同时令客户的感知价值最大化。世界上许多跨国集团成功地从制造领域转型到"产品+服务"领域，如通用电气（GE）现在是世界上最大的集科技、媒体、咨询和金融于一体的服务公司，在广阔的服务领域内为全球客户解决世界上最棘手的问题并提供整体解决方案，是一家名副其实的专业服务跨国集团。

因此，大力发展服务业尤其是生产性服务业，促进制造业和服务业深度融合，产生服务型制造企业、目标供应商和目标客户所构成的价值共创网络才是各利益相关方获取价值的关键所在。就中国而言，在全球性金融危机和技术环境日新月异的影响下，面对人口红利、资源红利和改革红利优势慢慢丧失的情况，依靠传统廉价劳动力和优惠政策优势的"中国制造"模式面临严峻挑战，只有通过制造业和服务业的融合发展促使制造企业由传统提供产品和部分服务向提供服务系统的整体解决方案转型，才有可能在全球价值共创网络中获得更多的利益分配，进而提高其在全球的经济控制力。

3. 服务外包与国家经济控制力提升

随着制造业将向服务型制造的转变，外包成为一种比企业更合理的资源组织方式而被市场接受。如果说外包是指一个服务企业外包另一个企业的业务，那么以云计算、物联网、大数据为代表的新一代信息技术与现代服务业的融合创新，使得当今的服务外包演变成一群企业与另一群企业在众多维度进行的彼此纵横交错的外包，即众包。本质上来讲，众包就是一个服务价值网络，它强调突破企业的资本专用性边界，跨组织共享信息资源、配置实体资源，即利用网络将全球资源都纳入其中，任何有兴趣的个体和群体都能参与，从而实现全球范围内的资源优化配置。同时众包资源突破了时间和地域的限制，强调在社区网络的每一个节点上，发挥草根个体的能动性和创造性，将分布于世界各角落的资源通过众包模式加以整合，实现无界化时空内的资源整合。众包的发展既可以是服务企业通过研发创意众包，鼓励企业与研发机构等通过网络平台将部分设计、研发任务分发和交付，促进成本降低和提质增效，推动产品技术的跨学科融合创新，也可以通过实施制造运维众包，支持有能力的大中型制造企业通过互联网众包平台聚集跨区域标准化产能，满足大规模标准化产品订单的制造需求，或鼓励中小制造企业通过众包模式构筑产品服务运维体系，提升用户体验，降低运维成本等。由此可以看出，众包的发展使得全球价值链上的利益分配并不是按照价值链环节的高低来进行的，在整个服务价值网络中任何一个节点的企业都有可能通过构建平台整合资源获得更多的利益分配。因此，大力发展服务外包，构建更多的众包服务平台，突破跨国公司高端控制、低端锁定，是中国目前在全球价值网络中寻求更多利益分配的关键，也是第三次科技革命给中国获得更多的国家经济控制力带来的新契机。

4. 高端服务业发展与经济控制力提升

一方面，全球价值链的形成使得越来越多的跨国公司开始按照价值链进行生产活动的全球布局，旨在把不同国家和地区的区位优势转化为企业特定价值链环节的竞争优势。而一些发展中国家的企业借此机会通过各种形式嵌入到全球价值链中，希望通过跨国公司的技术溢出实现价值链上的攀升，获取更多的分工收益。但严酷的事实是，生产的分散化并没有伴随着收益的分散化（Kaplinsky, 2000）。按照Kought（1985）的观点，国家的比较优势决定了整个价值链各环节在国家和地区之间如何进行分配，想通过在全球价值链中的嵌入提升全球经济控制力是非常有限的。

另一方面，全球生产网络的形成使得竞争的胜败将不仅取决于一个企业与另一个企业的竞争结果，更取决于一条产业链和另一条产业链的竞争结果，即单个企业竞争形态转变为产业链竞争。而且，产业链的裂变使得各环节的专业分工更为复杂和细化，具体环节的技术壁垒和规模壁垒使得运营商直接涉足各个环节、通吃产业链上下游的目标难以实现，即产业链复杂度的提高使得加强产业链控制力比通吃产业链好。于是，新一轮的国际分工导致了比较优势重构，发达国家在诸如金融、信息、研发、商务等高端服务业方面具有比较优势，因而在国际分工合作中发达国家主要承担附加值较高、资本或技术密集型的环节（如研发设计服务等），成为多数产业链的"治理者"；而发展中国家的资源如劳动力、原材料等价格低廉，关税成本较低，具有比较优势，因而在全球化的国际分工链中主要承担附加值低、要素（劳动等）密集型产品的生产和加工，成为多数产业链中的"被领导者"。

也就是说，产业国际竞争力的来源不再是传统资源禀赋而是在产业链上话语权地位的确立。因此，各个参与分工的主体之间不单纯是一种利润分配关系，更重要的是一种控制关系。但本质上讲，要素的国际流动并不改变要素的所有权属性，决定全球价值链分工利益分配的基础是一国拥有的高级要素的数量（张幼文，2008）。即在全球价值链分工中，国际分工贸易利益不再取决于企业产权和产品的产地，而是取决于参与国际分工的要素的数量和质量。决定一国在国际分工交换中所获利益的，不再是进口什么、出口什么，而是参与了什么层次的国际分工，以什么样的要素、什么层次的要素参与了国际分工，对整个价值链的控制能力有多少。如美国是世界上贸易逆差最大的国家，但这丝毫没动摇美国的世界经济霸主地位；中国每年都有着大量的贸易顺差，但这也没有改变中国在国际分工中的被动局面。一国只有拥有相对丰富的高收益要素，才能维持在国际分工中的优势地位。即分工利益的分配已不像传统国际贸易分工时代那样界限分明，这种相互嵌入的分工格局导致全球价值链上的利益主要集中在发达国家的跨国公司里。发展中国家想要在全球价值链中获取更多的利益分配，就必须实现产业升级，即通过一系列手段使产业由低技术水平、低附加值状态向高技术、高附加值状态演变。

国际研究也表明，当人类社会进入后工业社会后，经济结构将从以制造业为主转向以服务业为主，同时服务业呈现出从传统服务业向高端服务业、低层次服务业向高层次服务业、最终消费向中间消费演进的发展趋势。而随着信息技术的进步以及全球虚拟经济规模的急剧扩张，全球经济控制力在很大程度上与高端服务业联系在一起。原因是高端服务业所包含的服务环节基本上是高要素环节，且包含高端生产要素的高端服务业具有极强的集聚辐射力、较高的开放度和国际化程度，能够在全球范围内集聚资源和辐射能量，且其最重要的价值不在于对增加值或就业的影响，而在于其带来的经济控制力。因此，在世界经济由制造经济转向服务经济时代时，中国通过发展高端服务业增加本国的高级生产要素供给，实现从国际分工和产业转移的被动参与者变成积极塑造者，在全球价值链分工中才有更大的话语权或经济控制力，才能逐步扭转本国在全球价值链分工中的被动地位，进而提升国家经济控制力。

五、全球价值链视角下提升国家经济控制力的主要途径

经济全球化不断深化,促使国际生产活动由一国内部或区域间的分工转变成全球范围内的分工,这种新的国际化生产过程形成了全球价值链。全球价值链是指一个产品的形成过程经历了研发设计、原材料选配、生产加工、营销物流等若干阶段,经过了国内外市场的多个环节,这些环节前后有序的承接关系形成了链条,每一个环节都有价值创造和利润分配。科学技术是第一生产力,技术的变革总是会促使社会产生新的产品和新的产业部门,同时使劳动过程和生产工艺不断变革,从而使社会分工和国际分工发生变化。而新的分工模式又会产生新的价值创造过程,进而带来价值链革命,而由此产生的价值利益分配机制也发生了改变,并不是只有处于价值链高端环节的企业或产业才能获得更多的利益分配,"架构控制权"、"标准制定权"、"资源整合权"以及"优势产业组合"等才意味着更多的财富分配、更多的经济控制力。

(一)掌控产业链的"架构控制权"

早期基于产品功能分解的模块化生产使核心模块在价值链中的功能日益突出,成为控制整个价值链的重要手段。发达国家只要控制着"微笑曲线"的两端,打通全产业链,就对产业有着绝对控制力。而在全球价值链分工下,垄断价格不是表现为整体产品价格而是产品模块的价格,厂商的垄断基础表现为技术保护的专利池及授权费用,后发国家或企业要想突破核心技术非常困难。但技术进步使全球价值链上的合作宽度和深度得到拓展,进而改变了参与全球价值链上各方竞争与合作的方式和结果,也使得全球价值链上的价值创造与分配机制发生了改变。"你中有我、我中有你"的全球生产网络使得全球价值链上的价值创造不再拘泥于"价值环节"而是"价值集成",即"价值共创"。由此产生的价值利益分配机制也发生了改变,基于"价值链环节贡献"和"地区单元贡献"来分配利益的传统全球价值链假设基础发生了变化,价值的创造同时涉及多条价值链或本身就是一个价值创造网络,一国(或地区)出口价值可能更多地来自他国的价值创造,即并不是只有处于价值链高端环节的企业或产业才能获得更多的利益分配。因此,在新的技术背景下,要想获得整个产业链的架构控制权不再仅仅局限于"高端控制"了,一些国家或企业可以通过"模块化"分工将产业链(有时甚至是产品)分解为许多模块,许多以往在该产业处于劣势的厂商通过参

与某一模块或环节的研发、生产，对该产业的某一环节甚至是整个产业获得一定的控制力，进而获取整个产业链条的"架构控制权"，也可以在全球范围内建立一个"开放平台"，通过平台优势来获得产业的"架构控制权"，进而获得更多的利益分配。

（二）掌控标准

生产与服务日益标准化进而国际化，国际产业标准与产品标准成为世界经济运行的"指挥棒"。跨国公司的出现是国际分工体系变动的直接结果，由发达国家跨国公司主导的全球生产体系依赖于新的市场规则与产业产品标准，超越了民族国家疆界的限制，在全球范围内获取资源和财富。跨国公司"以世界为工厂，以各国为车间"，编织了一张张无形的和难以挣脱的生产、贸易、金融网络，跨国公司成为全球生产体系的核心节点，在各自主导领域发起了产业技术标准和市场规则的制定，技术专利和标准控制已经成为重要的国际竞争工具，掌控标准代表着掌控科技、掌控产业的进一步发展。如以新能源汽车为例，来自德国和美国的八家汽车厂商（奥迪、宝马、克莱斯勒、戴姆勒、福特、通用、保时捷和大众）宣布未来将采用统一的充电接口标准，这就意味着进入该产业的所有企业或国家都将受这一标准的制约。因此，在全球价值链背景下，全球产业链中标准的巨大利益和作用凸显出来，成为各个国家乃至众多企业瞩目的焦点。一些先发国家凭借其掌握的核心技术，制定全球产业竞争标准，通过标准竞争获得的产业领先能力可以转化为产业持久的"比较优势"，影响到上下游产业的竞争绩效，成为全球产业链的控制者。如美国因在先进制造业方面（如宇航服务、信息技术、生物制药、汽车制造等）和高端服务业方面（金融、研发、信息服务等）居全球之首，就可以通过制定标准操纵"游戏规则"，控制着产业链中的关键性环节和模块，进而控制整个产业，获得更多的利益分配。

（三）掌控资源整合权

传统产业国际竞争力衡量的重点是贸易量与贸易结构，而全球价值链的核心是价值创造与价值分配。第三次产业革命的到来，使得世界贸易体系日渐演化为网络时代"全球化枢纽"的互动式分工结构，其最核心的力量在于使用数字技术通过互联网络的信息传递和交流，渗透到产业链或整个产业体系。因此，全球价值链上分工模式的改变必然改变全球价值链上的利益分配机制。发展中国家面临的将不再仅仅是能否参与全球价值链并向全球价值链高端转移的问题，更重要的是采取何种方式参与全球价值链来破解发达国家对全球价值链的主导与控制以及获得主导与控制权。目前发达国家掌控全球价值链核心环节的具体模式主要表现为掌控技术开发与产品设计、掌控高端的渠道整合以及掌控战略资源三种。其中，在高端的研发设计环节上，发达国家的跨国公司通过资本和技术的融合，掌控了产品研发和核心部件生产等高附加值环节；在高端的渠道整合环节上，发达国家的跨国公司通过资本优势整合营销渠道，建立全球采购、运输、营销网络、销售和售后服务体系，整合全球供应链来获得高附加值；在战略资源的控制环节上，发达国家的跨国公司利用投资、合资、并购等手段，从纵向和横向两个方面掌控了石油、铁矿石、有色金属等整个供应源、贸易渠道和运输物流，从而获得了全球战略资源的话语权和定价权。鉴于全球价值链发展现状及发达国家在全球价值链上的霸主地位，我们想通过上述三种方式与发达国家竞争来获取更多的利益分配已不可能，但我们可以借用现代科技革命通过商业模式创新来获取资源整合权，利用资源整合权来越过上述障碍获得产业链的控制权，从而在全球价值链上获得更多的利益分配。如 Facebook 就是在信息技术和互联网快速发展的条件下，设计一个能跨越时空、超越交易人数限制并能使顾客参与、满足顾客灵活而多变需求的服务平台。通过互联网聚合的空间将存在无数差异化的需求，在利用自己的资源整合优势为众多提供不同服务的企业提供了新的生存空间的同时，也创造了自己的利润空间。一个企业如此，一个国家或地区亦如此，借助开放平台的各种运作手段，对分解的价值环节进行全球供应链整合，通过产业资本、商业资本和金融资本的融合来实现对全球供应链的治理和控制，可以获得更多的利益分配。

（四）优势产业组合

对于一个后发国家来说，要想在很多产业的技术升级方面赶上或超越先发国家是很难的或者是做不到的，因此，就需要重新诠释全球价值链上利益分配的基本逻辑，从单纯强调"高端产业"向"优势产业组合"转变。按照比较优势理论的基本推论，转型升级的基本逻辑就是追求"高端"、放弃"低端"（刘林青，2012）。由于生产和出口不同的商品与服务需要不同的、专业化的资源或能力，即一个国家不可能在所有产业都取得成功（Porter，1990），但这并不意味着主动放弃那些低技术级别的传统优势产业，因为产业转型升级不仅与技术强度相关，还与出口复杂度有关。尤其是科技革命已将国际分工方式从"规模化生产"向"规模化定制"、从关注"价值环节"向"价值共创"转变，更加需要多个产业的组合才能真正制造出客户所需产品，而"全球生产网络"向"智慧化生产网络"、"外包"向"众包"的转变又使之成为可能。这就意味着，一国提升其在全球价值链中地位的过程中应该在"做大做强"的同时"不放弃"，从单纯强调"高端产业"向"优势产业组合"转变，具有国际竞争力的产业组合是一个国家核心能力的体现。即国家不仅不会主动放弃已有的低技术级别的核心能力，反而应努力增加该技术级别的优势产业数量，同时通过增强产业组合能力提升其在全球价值网中的地位,获得一些产业的话语权,进而获得更多的利益分配。

参考文献

[1] Adrian J. Slywotzky. Value Migration: How to Think Several Moves Ahead of the Competition [M]. Boston, MA: Harvard Business School Press, 1996.

[2] Andrew Davies, Tim Brady and Michael Hobday. Organizing for Solutions: Systems Sellers vs. Systems Integration [J]. Industrial Marketing Management, 2006, 36 (2): 183 – 193.

[3] Andrew Davies. Moving Base into High – value Integrated Solutions: A Value Stream Approach [J]. Industrial and Corporate Change, 2004, 13 (5): 727 – 756.

[4] Ahn J., A. Khandelwal, S. J. Wei. The Role of Intermediaries in Facilitating Trade [J]. Journal of International Economics, 2011, 84 (1): 73 – 85.

[5] Antràs P., Davin Chor, Thibault Fally and Russell Hillberry. Measuring the Upstreamness of Production and Trade Flows [J]. American Economic Review: Papers & Proceedings, 2012, 102 (3): 412 – 416.

[6] Backer K. D. and Miroudot S. Mapping Global Value Chains [R]//Banga R. Measuring Value in Global Value Chams. Background Paper, RVC – 8, 2013.

[7] Bryson J. R. and Daniels P. W. (Eds.). Service Worlds: The "Services Duality" and the Rise of the "Manuservice" Economy [M]. New York: Springer, 2010.

[8] Bowen D. E., Siehl C. and Schneider B. A Framework for Analyzing Customer Service Orientations in Manufacturing [J]. Academy of Management Review, 1989, 14 (1): 75 – 95.

[9] Cova B. and Salle R. Marketing Solutions in Accordance with the S – D Logic: Co – creating Value with Customer Network Actors [J]. Industrial Marketing Management, 2008, 37 (3): 270 – 277.

[10] Chandru Krishnamurthy, Juliet E. Johansson and Henry E. Schlissberg. Solutions Selling: Is the Pain Worth the Gain? [J]. McKinsey Marketing Solutions, 2003 (1): 1 – 13.

[11] Davies A., van Dierdonck R. and van Looy B. Organizing for Solutions: Systems Sellers vs. Systems Integration [J]. Industrial Marketing Management, 2006 (36): 183 – 193.

[12] Fredrik Nordin and Christian Kowalkowski. Solutions Offerings: A Critical Review and Reconceptualisation [J]. Journal of Service Management, 2010, 21 (4): 441 – 459.

[13] Fang E., Palmatier R. W. and Steenkamp J. B. E. M. Effect of Service Transition Strategies on Firm Value [J]. Journal of Marketing, 2008, 72 (5): 1 – 14.

[14] Frédéric Bastiat. Harmonies of Political Economy [M]. London: J. Murray, 1860.

[15] Gary S. Becker. Irrational Behavior and Economic Theory [J]. The Journal of Political Economy, 1962 (70): 1 – 13.

[16] Gary G. and Olga M. The Global Apparel Value Chain: What Prospects for Upgrading by Developing Countries? [Z]. UNIDO, 2003.

[17] Grossman G. M. and Rossi – Hansberg E. Trading Tasks: A Simple Theory of Offshoring? [J]. American Economic Review, 2008, 98 (5): 1978.

[18] Gummesson E., Lusch R. F. and Vargo S. L. Transitioning from Service Management to Service – dominant Logic: Observations and Recommendations [J]. International Journal of Quality and Service Sciences, 2010, 2 (1): 8 – 22.

[19] Hummels D., J. Ishii and K. M. Yi. The Nature and Growth of Vertical Specialization in World Trade [J]. Journal of International Economics, 2001, 54 (1): 75 – 96.

[20] Homburg C., Hoyer W. D. and Fassnacht M. Service Orientation of a Retailer's Business Strategy: Dimensions, Antecedents, and Performance Outcomes [J]. Journal of Marketing, 2002, 66 (4): 86 – 101.

[21] Heiko Gebauer and Elgar Fleisch. An Investigation of the Relationship between Behavioural Processes, Motivation, Investments in the Service Business and Service Revenue [J]. Industrial Marketing Management, 2007, 36 (3): 337 – 348.

[22] Heiko Gebauer, Bo Edvardsson, Anders Gustafsson and Lars Witell. Match or Mismatch: Strategy – Structure Configurations in the Service Business of Manufacturing Companies [J]. Journal of Service Research, 2010, 13 (2): 198 – 215.

[23] Ida Gremyr, Nina Lofberg, Lars Witell. Service Innovations in Manufacturing Firms [J]. Managing Service Quality, 2010, 20 (2): 161 – 175.

[24] Johnsto S., Dainty A. and Wilkinson A. Integrating Products and Services through Life: An Aerospace Experience [J]. International Journal of Operations & Production Management, 2009, 29 (5): 520 – 538.

[25] Joost P. M. Wouters. Customer Service Strategy Options: A Multiple Case Study in a B2B Setting [J]. Industrial Marketing Management, 2004, 33 (7): 583 – 592.

[26] Heiko Gebauer, Thomas Friedli and Elgar Fleisch. Success Factors for Achieving High Service Revenues in Manufacturing Companies [J]. Benchmarking: An International Journal, 2006, 13 (3): 374 – 386.

[27] Lenzen M., Moran D., Kanemoto K., Geschke A. Building Eora: A Global Multi – regional Input – Output Database at High Country and Sector Resolution [J]. Economic Systems Research, 2013, 25 (1): 20 – 49.

[28] Lusch R. F., Vargo S. L. and Tanniru M. Service, Value Networks and Learning [J]. Journal of the Academy of Marketing Science, 2010, 38 (1): 19 – 31.

[29] Lofberg N., Witell L. and Gustafsson A. Service Strategies in a Supply Chain [J]. Journal of Service Management, 2010, 21 (4): 427 – 440.

[30] Maurer A. and Degain C. Globalization and Trade Flows: What You See is Not What You Get! [J]. Journal of International Commerce, Economics and Policy, 2012, 3 (3).

[31] Miroudot S., Lanz R. and Ragoussis A. Trade in Intermediate Goods and Services [R]. OECD Publishing, 2009.

[32] Margareta Bjurklo, Bo Edvardsson and Heiko Gebauer. The Role of Competence in Initiating the Transition from Products to Service [J]. Managing Service Quality, 2009, 19 (5): 493 – 510.

[33] Neffke, Frank, Martin Henning and Ron Boschma. How Do Regions Diversify over Time? Industry Relatedness and the Development of New Growth Paths in Regions [J]. Economic Geography, 2011, 87 (3): 237 - 265.

[34] Nina Löfberg, Lars Witell, Anders Gustafsson. Service Strategies in a Supply Chain [J]. Journal of Service Management, 2010, 21 (4): 427 - 440.

[35] Oksana Mont. Drivers & Barriers for Shifting Towards More Service - oriented Business: Analysis of the PSS Field & Contributions from Sweden [J]. Journal of Sustainnable Product Design, 2002 (2): 89 - 103.

[36] Oliva R. and Kallenberg R. Managing the Transition from Products to Services [J]. International Journal of Service Industry Management, 2003, 14 (2): 160 - 172.

[37] Paul Matthyssens and Koen Vandenbempt. Moving from Basic Offerings to Value - added Solutions: Strategies, Barriers and Alignment [J]. Industrial Marketing Management, 2008, 37 (3): 316 - 328.

[38] Richard Normann. Reframing Business: When the Map Change the Landscape [M]. Chichester, NS: Wiley, 2001.

[39] Roberta Sebastiani and Marco Paiola. Rethinking Service Innovation Four Pathways to Evolution [J]. International Journal of Quality and Service Sciences, 2010, 2 (1): 79 - 94.

[40] Richard Wise and Peter Baumgartner. Go Downstream—The New Profit Imperative in Manufacturing [J]. Harvard Business Review, 1999, 77 (5): 133 - 141.

[41] Richard Normann and Rafael Ramírez. From Value Chain to Value Constellation: Designing Interactive Strategy [J]. Harvard Business Review, 1993, 71 (4): 65 - 77.

[42] Ramirez R. Value co - production: Intellectual Origins and Implications for Practice and Research [J]. Strategic Management Journal, 1999, 20 (1): 49 - 65.

[43] Sandra Vandermerwe, Juan Rada. Servitization of Business: Adding Value by Adding Services [J]. European Management Journal, 1998, 6 (4): 315 - 324.

[44] Stephen L. Vargo and Robert F. Lusch, Service - dominant Logic: Continuing the Evolution [J]. Journal of the Academy of Marketing Science, 2008, 36 (1): 1 - 10.

[45] Saara Brax. A Manufacturer Becoming Service Provider: Challenges and a Paradox [J]. Manufacturing Service Quality, 2005, 15 (2): 142 - 156.

[46] Stephen L. Vargo and Robert F. Lusch. Evolving to a New Dominant Logic for Marketing [J]. Journal of Marketing, 2004, 68 (1): 1 - 17.

[47] T. S. Baines, H. W. Lightfoot, O. Benedettini and J. M. Kay. The Servitization of Manufacturing: A Review of Literature and Reflection on Future Challenges [J]. Journal of Manufacturing Technology Management, 2009, 20 (5): 547 - 567.

[48] Tsai Chi Kuo, Hsin - Yi Ma, Samuel H. Huang, Allen H. Hu and Ching Shu Huang. Barrier Analysis for Product Service System Using Interpretive Structural Model [J]. International Journal of Advanced Manufacturing Technology, 2010, 49 (1 - 4): 407 - 417.

[49] Valerie Mathieu. Service Strategies within the Manufacturing Sector: Benefits, Costs and

Partnership [J]. International Journal of Service Industry Management, 2001 (12): 451 – 475.

[50] Valarie A. Zeithaml, A. Parasuraman and Leonard L. Berry. Problems and Strategies in Service Marketing [J]. Journal of Marketing, 1985, 49 (3): 33 – 46.

[51] Windahl C. and Lakemond N. Developing Integrated Solutions: The Importance of Relationships within the Network [J]. Industrial Marketing Management, 2006, 35 (7): 806 – 818.

[52] 陈洁雄. 制造业服务化与经营绩效的实证检验[J]. 商业经济与管理, 2010 (4).

[53] 戴翔. 中国制造业竞争力——基于贸易附加值的测算[J]. 中国工业经济, 2012 (1).

[54] 冯艳丽. 略论全球价值链外包体系与中国产业升级的动态关系 [J]. 经济问题, 2009 (7): 27 – 29.

[55] 冯泰文, 孙林岩, 何哲, 张颖. 制造与服务的融合: 服务型制造[J]. 科学学研究, 2009 (6).

[56] 顾国达, 周蕾. 全球价值链角度下我国生产性服务贸易的发展水平研究——基于投入产出方法[J]. 国际贸易问题, 2010 (5): 61 – 69.

[57] 郭跃进. 论制造业的服务化经营趋势[J]. 中国工业经济, 1999 (3): 64 – 67.

[58] 何哲, 孙林岩, 朱春燕. 服务型制造的概念、问题和前瞻[J]. 科学学研究, 2010 (1).

[59] 金碚, 李鹏飞, 廖建辉. 中国产业国际竞争力现状及演变趋势: 基于出口商品的分析[J]. 中国工业经济, 2013 (5): 5 – 17.

[60] 江静, 刘志彪. 生产性服务发展与制造业在全球价值链中的升级——以长三角地区为例[J]. 南方经济, 2009 (11): 36 – 44.

[61] 李昕, 徐滇庆. 中国外贸依存度和失衡度的重新估算[J]. 中国社会科学, 2013 (1): 29 – 55.

[62] 刘林青, 谭力文, 施冠群. 租金、力量和绩效——全球价值链背景下对竞争优势的思考[J]. 中国工业经济, 2008 (1): 50 – 58.

[63] 刘林青, 雷昊, 谭力文. 从商品主导逻辑到服务主导逻辑——以苹果公司为例[J]. 中国工业经济, 2010 (9).

[64] 刘林青, 周潞. 比较优势、FDI与中国农产品产业国际竞争力——基于全球价值链背景下的思考[J]. 国际贸易问题, 2011 (12): 39 – 54.

[65] 刘林青, 黄起海, 闫志山. 国家空间里的能力加值比赛: 基于产业国际竞争力的结构观[J]. 中国工业经济, 2013 (4): 17 – 29.

[66] 刘伟全, 张宏. FDI行业间技术溢出效应的实证研究——基于全球价值链的视角[J]. 世界经济研究, 2008 (10): 56 – 62, 89.

[67] 林毅夫. 新结构经济学[M]. 北京: 北京大学出版社, 2010.

[68] 刘志彪, 张杰. 从融入全球价值链到构建国家价值链: 中国产业升级的战略思考[J]. 学术月刊, 2009 (9): 59 – 68.

[69] 刘继国, 李江帆. 国外制造业服务化问题研究综述[J]. 经济学家, 2007 (3).

[70] 刘继国. 制造业企业投入服务化战略的影响因素及其绩效: 理论框架与实证研究[J]. 管理学报, 2008 (2).

[71] 来有为. "制造企业服务化"的发展路径和典型模式[J]. 中国发展观察, 2009

(3).

[72] 刘世锦, 任兴洲, 王微. 关于服务经济发展的若干认识[J]. 科学发展, 2010 (8): 3-17.

[73] 梁军. 全球价值链框架下发展中国家产业升级研究[J]. 天津社会科学, 2007 (4): 86-92.

[74] 李建军. 金融危机后中国加工贸易产业转型升级问题研究——基于全球价值链视角[J]. 特区经济, 2010 (5): 222-224.

[75] 蔺雷, 吴贵生. 我国制造企业服务增强差异化机制的实证研究[J]. 管理世界, 2007 (6).

[76] 蔺雷, 吴贵生. 制造企业服务增强的质量弥补: 基于资源配置视角的实证研究[J]. 管理科学学报, 2009 (3).

[77] 林文进, 江志斌, 李娜. 服务型制造理论研究综述[J]. 工业工程与管理, 2009 (6).

[78] 梅丽霞, 王缉慈. 权力集中化、生产片断化与全球价值链下本土产业的升级[J]. 人文地理, 2009 (4): 32-37.

[79] 宋高歌, 黄培清, 帅萍. 基于产品服务化的循环经济发展模式研究[J]. 中国工业经济, 2005 (5): 13-20.

[80] 孙林岩, 李刚, 江志斌, 郑力, 何哲. 21世纪的先进制造模式——服务型制造[J]. 中国机械工程, 2007 (19): 2307-2312.

[81] 唐东波. 贸易政策与产业发展: 基于全球价值链视角的分析[J]. 管理世界, 2012 (12).

[82] 汪斌, 侯茂章. 经济全球化条件下的全球价值链理论研究[J]. 国际贸易问题, 2007 (3): 92-97.

[83] 翁智刚, 王萍. 服务扩展对公司价值影响研究[J]. 财贸经济, 2010 (2): 117-123.

[84] 吴解生. 论中国企业的全球价值链"低环嵌入"与"链节提升"[J]. 国际贸易问题, 2007 (5): 108-112.

[85] 王岚, 盛斌. 全球价值链分工背景下的中美增加值贸易与双边贸易利益[J]. 财经研究, 2014.

[86] 王永贵, 卢俊义. 顾客知识转移与创新绩效的关系研究: 基于服务主导范式中联合创造价值视角的理论综述和模型构建[R]. 2009 JMS 中国营销科学学术年会暨博士生论坛, 2009: 419-428.

[87] 姚洋, 张晔. 中国出口品国内技术含量升级的动态研究[J]. 中国社会科学, 2008 (2): 67-82.

[88] 张杰, 刘志彪. 需求因素与全球价值链形成——兼论发展中国家的"结构封锁型"障碍与突破[J]. 财贸研究, 2007 (6): 1-10.

[89] 张咏华. 中国制造业增加值出口与中美贸易失衡[J]. 财经研究, 2013 (2): 15-25.

[90] 曾铮, 张路路. 全球生产网络体系下中美贸易利益分配的界定——基于中国制造业贸易附加值的研究[J]. 世界经济研究, 2008 (1): 36-43.

[91] 张辉. 全球价值链动力机制与产业发展策略[J]. 中国工业经济, 2006 (1): 40 - 48.

[92] 张文宣. 以全球价值链视角看我国的产业升级[J]. 商业时代, 2007 (33): 96 - 98.

[93] 张向阳, 朱有为. 基于全球价值链视角的产业升级研究[J]. 外国经济与管理, 2005 (5): 21 - 27.

[94] 张少军, 刘志彪. 全球价值链模式的产业转移——动力、影响与对中国产业升级和区域协调发展的启示[J]. 中国工业经济, 2009 (11): 5 - 15.

[95] 张岩贵, 陈晓燕. 全球价值链与中国制造[J]. 世界经济研究, 2009 (10): 8 - 13, 87.

[96] 周晓艳, 黄永明. 全球价值链下产业升级的微观机理分析——以台湾地区PC产业为例[J]. 中南财经政法大学学报, 2008 (2): 21 - 26, 142 - 143.

[97] 周艳春, 赵守国. 制造企业服务化的理论依据及动因分析[J]. 科技管理研究, 2010 (3).

[98] 诸雪峰, 贺远琼, 田志龙. 制造型企业服务战略与企业绩效的关系研究[J]. 湖北经济学院学报, 2010 (3): 101 - 105.

[99] 郑吉昌. 产品服务增殖与现代制造企业竞争优势[J]. 商业经济与管理, 2003 (8).

专题二 对服务业和工业地位的再认识：基于全球投入产出表的分析

夏杰长 倪红福

摘 要：基于全球价值链分析服务业、利用增加值贸易分解方法解释服务业在国际贸易中的作用等多维视角的研究发现，服务业和工业自身特点发生了根本变化，服务业与工业的界限日益模糊，形成了"你中有我，我中有你"的格局，服务业在协调和支撑全球价值链方面发挥着重要作用，在国际贸易中的作用日益突出。未来较长一段时间，中国经济增长应该是服务业和工业的"双轮驱动"，不是谁主导谁。应避免从过去片面强调工业主导地位转向现在单纯强调服务业主导地位，要树立从传统产业或行业的市场干预（产品补贴、关税、投资补贴、税收和补贴）转向水平型措施（平台、网络、制度）的新产业政策思路。

关键词：工业；服务业；双轮驱动；全球投入产出表

一、引言

2014年，我国第三产业增加值占 GDP 的比重为 48.2%，比第二产业增加值占 GDP 的比重（42.7%）高 5.5 个百分点，第三产业增加值增速为 8.1%，比第二产业增加值增速（7.4%）高 0.7 个百分点，第三产业已成为我国国民经济中第一大产业。于是，一些专家认为我国将进入服务经济主导的时代，服务业将成为我国经济增长的主导产业，如迟福林指出："我国经济增长的动力机制正在发生历史性变化，服务业开始成为我国经济增长的主要推动力。到 2020 年，我国将成为服务业主导的经济结构。"同时也存在一些相反的观点，基于不变价视角，李钢研究表明，到 2020 年中国经济增长的主要动力产业仍旧是第二产业，第三产业难以成为中国经济增长的动力产业。李钢等认为，工业特别是制造业是国民经济的基础和支柱,对于大多数发达国家和发展中国家,制造业的主导地位和基础作用是其他产业所无法替代的,美国等早已进入后工业社会的国家也在深刻反思并吸取教训,提出"再工业化"、"本土回归"、"重振制造业"的战略思路。

围绕"服务业还是工业是未来我国经济的主导产业"这一问题,学界和政界一直没有达成一致意见,各自基本上从产业的就业和增加值比重、生产率和技术进步、国际贸易贡献等方面,并与西方发达国家(美国、日本、英国和德国等)的相似发展阶段进行类比,以论证未来我国经济增长的主导产业和动力来源。当今全球生产网络体系中,生产过程日益碎片化和专业化,我国凭借劳动力成本优势迅速渗透到全球价值链体系中的组装和制造环节,成为名副其实的"世界制造工厂",处于价值链的低端环节,而西方发达国家控制着价值链上游(如研发、设计)和下游(如市场营销、品牌)的高端环节。随着全球价值链的深入发展,全球服务业和工业已经表现出与以前明显不同的本质特征。为了清楚认识我国未来经济增长的动力,需要突破传统的产品定义和统计分类体系,从新方法和新视角重新认识服务业和工业的新本质特性。一是工业中制造业不仅是过去生产有形物质产品的行业,制造业产品中内含大量服务价值,并渗透到上游的研发、设计和下游的销售、售后服务等服务业产业链,也就是制造业服务化;二是制造业的竞争力与无形服务业活动(如研究、设计、售后服务、供应链管理等)日益紧密,无形资本或知识资本已成为制造业竞争力的主要来源之一,对经济发展的重要性日益突出;三是服务行业也越来越像制造业,随着科学技术尤其是信息通信技术的高速发展,服务产品的标准化、批量化已成为可能,服务业制造化趋势明显。在制造业和服务业边界日益模糊的趋势下,在产业跨界发展日益频繁的背景下,简单断言服务业将主导中国未来经济增长或者简单抱着工业依然主导中国未来经济增长的观点,都是失之偏颇的。

二、工业成为中国经济的主导产业的传统标准

自改革开放以来,尤其是20世纪末期,我国工业得到飞速发展,已成为世界第一制造业大国和"世界制造工厂",2013年我国制造业增加值占全球制造业增加值的比重达1/4。工业一直是中国经济增长的主导产业。自1978年到1985年,轻工业是主导产业,随后,逐步转向以石化、钢铁、电子、汽车等重工业为主导产业。罗斯托对主导(Leading)产业的定义是:在一定的经济发展阶段内具有持续引进技术的创新能力,该部门的增长率比国民经济总增长率高出许多,并且对其他产业产生较强的关联带动作用。基于该定义,后续学者提出了不同的

判断标准,但主要都是从生产率、产业关联和带动效应、技术进步和创新、国际贸易中的贡献以及产业产值或就业比重等标准来选择。以下我们主要结合中国第二产业(尤其是工业中制造业)的变化特点,对认为工业是中国经济的主导产业的判断标准逐一分析。

1. 工业是生产率增长的主要动力产业吗?

生产率增长是长期经济增长和人均收入提高的基本条件。大量实证研究表明,工业部门对整个经济的生产率贡献最大,即使工业增加值占GDP比重处于下降阶段,工业部门的技术进步速度也大于服务业。中国劳动生产率增长的主要贡献来自工业,这也是判断工业是中国经济的主导产业的最主要依据。以下按现价计算了三大产业的劳动生产率,并就三大产业对整个经济劳动生产率增长的贡献率进行了分解分析。

总体上来看,三次产业的劳动生产率都呈现大幅上升趋势。第三产业的劳动生产率从1978年的0.18万元/人上升到2013年的9.31万元/人,提高了约50倍。第二产业的劳动生产率从1978年的0.25万元/人上升到2013年的11.84万元/人,提高了约40倍。从第二、第三产业比较来看,1978~2013年,第二产业的劳动生产率大于第三产业,但是,从第二、第三产业的相对差距变化来看,近10年来,第三产业劳动生产率的增长速度与第二产业相差不大,甚至略高于第二产业,第二产业与第三产业劳动生产率比值呈下降趋势。

2. 从产业关联度来看,工业对经济的带动作用大于服务业

主导产业选择理论认为,成为主导产业的一个重要标准是该产业对经济有广泛影响,也就是具有较强的前后向产业关联。我们利用中国2010年42个部门投入产出表计算中国各部门的影响力系数,发现制造业的影响力系数明显高于服务业,第二产业中有22个部门的影响力系数大于3,而第三产业中只有两个部门的影响力系数大于3。以行业总产出占比为权重计算的三次产业影响力系数显示,第二产业的影响力系数(3.59)明显大于第三产业(2.36),也就是说,第二产业最终需求增加1个单位,可以拉动整个经济的总产出增加3.59个单位,而第三产业最终需求增加1个单位,只拉动整个经济的总产出增加2.36个单位。因此,从产业关联的角度来看,工业部门对经济的拉动效应要大于服务业。

3. 工业部门是研发投入和创新的主要来源产业

工业部门,尤其是制造业一直被认为是技术创新的主要来源产业,同时也是研发投入的主要产业。从我国三次产业的研发投入数据来看,2008~2012年,第二产业的研发投入占全国的比重一直保持在93%左右。大部分OECD国家60%以上的R&D投入来自于制造业企业。近年来,随着服务业研发投入的增加、研发外包给专业实验室和对服务业R&D统计制度的完善,制造业的研发投入份额有所下降,但是制造业的研发投入和专利产出占绝对比重的格局仍然没有改变。

4. 工业制成品仍然在对外贸易中占绝对比重

自 2014 年以来，我国已成为世界第一大贸易国，其中制造业贸易的贡献最大。按传统总值贸易统计方法，2012 年我国工业制成品出口为 19481.56 亿美元，是服务出口（1904.04 亿美元）的 10.23 倍，1990～2012 年，工业制成品出口与服务出口的比值平均在 8 以上。2012 年我国工业制成品进口为 11834.71 亿美元，是服务进口（2801.40 亿美元）的 4.22 倍，1990～2012 年，工业制成品进口与服务进口的比值平均在 6 以上。此外，从贸易顺差来看，我国总贸易顺差完全由工业品贸易顺差带来，服务贸易基本上处于逆差，而且逆差的绝对值在不断增加。制造业在全球经济一体化中发挥着重要的作用。由于服务产品的无形性和不可储存性，再加上文化和语言的差异，使得服务产品难以运输和贸易，许多服务产品需要面对面进行。尽管近年来服务贸易迅速增加，但相对于制造业贸易，服务贸易仍然很少。

5. 按不变价计算，第二产业增加值比重大于第三产业

认为我国将进入服务业主导经济结构的专家，基本上以现价服务业增加值占 GDP 的比重和劳动力就业人数占全社会就业人数的比重作为判断标准。按照现价计算，2014 年中国第三产业增加值占 GDP 的比重达 48.2%，超过第二产业 5.5 个百分点，已连续三年超过第二产业的比重。从劳动就业来看，早在 2011 年，我国服务业劳动就业占比就超过农业成为第一大就业部门，当年全国 7.6 亿从业人员中，服务业就业人数占比为 35.7%，而农业就业人员占比为 34.8%，服务业首次超过农业而成为中国就业主渠道。到 2013 年，服务业就业人员占全社会就业人数的比重达 38.5%，超过第二产业 8.4 个百分点。但如果考虑到价格上涨和统计核算因素，按不变价计算，我国服务业增加值比重和对增长的贡献可能远低于第二产业。这也是李钢（2013）反对服务业成为中国经济的主导产业的基本论据。他计算了以 1978 年为基准的不变价三次产业结构，以 2009 年中国产业结构为例，2009 年中国三次产业结构将从 10.3∶46.3∶43.4（当年价）改变为 5.4∶65.6∶29（不变价），从 1978 年到 2009 年三次产业对经济增长的贡献分别占到 2.5%、68.8%、28.7%，说明从 1978 年到 2009 年中国经济增长的主要驱动力是第二产业（特别是工业）。

按照不变价计算的三次产业增加值具有一定的合理性，但是以 1978 年为基准价格计算不变价是存在较多问题的。一个很明显的现象是，世界各国在公布以不变价统计的数据时，一般是 5 年或 10 年换一个基准年份，这背后具有其科学和合理的逻辑。主要因为使用长时期以前的基准价格，产品之间的相对效用或相对成本发生了质的变化，产品的质量也发生了变化，那么这个长序列的不变价序列就不是最优的，不能正确反映经济现实，不能反映真实经济结构。也就是说，随着时间的推移，基期相对价格模式与近期经济环境的相关性会越来越差，继续使用这样的基期相对价格来测度让人难以接受。对于长期序列而言，对很久以前的时期使用最新权重，对当前时期使用很久以前的权重，二者都不恰当。因此，在计算不变价三次产业的增加值和贡献率时，利用上期或前5年之内的年份为价格基准，可能是更合理的，这也是为什么国际上在衡量产业结构时一般以现价为计算标准。为了清楚认识不变价基准选择对计算三次产业结构的影响，我们选取了不同年份为基准价格计算了中国三次产业结构和贡献，发现选取的基准年份越近，第三产业的增加值比重越高，对经济增长的贡献越大。如以2005年为基准，2013年第三产业增加值比重为51.09%，比以1978年为基准的第三产业比重（29.50%）高21.59个百分点；若以2005年为基准年份，2001~2013年第三产业对经济增长的贡献率达56.81%，高于第二产业（30.45%）26.36个百分点。

三、变化中服务业的新本质特征

以服务业增加值和就业比重为标准，判断我国是否进入服务业主导的经济结构，直观且具有一定的合理性。但服务业是否成为中国经济的主导产业，不能单从两个比重维度来审视，还需进一步考察服务业现阶段一些本质特征的变化。

1. 现代服务业呈现出高生产率特征

政策讨论中重点强调制造业在生产率（经济持续增长的源泉）、创新性（生产率增长的源泉）和国际贸易中贡献的优势，而传统上认为服务业是"非进步的"。服务业的扩展将会导致增长停滞。服务业被认为是低技术、低工资、低生产率、低创新性、低学习效应和低溢出效应的行业。可是，当今社会已处于"服务业革命"时代，服务业已成为一个富有活力的现代部门。实际上，随着科学技术特别是信息技术的发展，服务业自身正在发生急剧的变革，技术创新和商业模式的变化已经深深地改变了部分服务业的特性。所谓的3T（Technology, Transportability and Tradability）带来了大量的进步服务业细分行业，这些行业一般被称为现代服务业（Modern Services）。现代服务业的高生产率特征已被大量实证研究证实，Triplett和Bosworth研究表明，1995年后，美国服务业生产率得到显著提高且不限于一两个细分服务行业，并宣称"Baumol成本病"[①]已不存在。Verma利用增长核算方法表明印度服务业全要素生产率（TFP）的增长率快于第二

[①] Baumol W. J. Macroeconomic of Unbalanced Growth: The Anatomy of Urban Crisis [J]. American Economic Review, 1967, 57 (3): 415-426（Baumol成本病假说：由于服务部门自身内在的特点，服务部门的生产率提高速度一般慢于制造业部门）。

产业和第一产业，服务业增加值增长主要是由 TFP 贡献的，1980~2005 年服务业的 TFP 增长率为 3.27%，对服务业增加值增长的贡献率为 45.4%；工业的 TFP 增长率为 1.29%，对工业增加值增长的贡献率为 20.7%。进一步建立三部门的动态一般均衡模型，通过模拟表明服务业 TFP 增长是印度经济增长和服务比重提高的主要原因。

我国现代服务业也表现出了高生产率特征。由于细分服务行业数据的缺乏，难以准确得知细分服务行业的全要素生产率，本研究只计算了细分服务行业劳动生产率。现代服务业的劳动生产率相对较高，且大于第二产业的劳动生产率。现代服务业中交通运输、仓储业和邮政业（13.28 万元/人），信息传输、软件和信息技术服务业（13.20 万元/人），金融业（46.80 万元/人）和房地产业（32.84 万元/人）的劳动生产率都高于第二产业劳动生产率（最大为 11.08 万元/人）。且各细分服务行业的劳动生产率都呈现增加趋势，如金融业的劳动生产率从 2004 年的 14.6 万元/人上升到 2012 年的 46.8 万元/人。

2. 服务业与制造业的界限日益模糊

随着制造业和服务业本质特点的变化，使得服务业与制造业之间的界限日益模糊。一是制造业服务化。现在许多大型跨国公司很少拥有制造环节，大部分被外包给其他企业，如苹果（APPLE）、戴森（DYSON，吸尘器公司），许多制造业公司逐步转型为服务公司。如 IBM 向服务型企业转型，IBM 从一个硬件制造商逐步转型为服务供给商，2012 年 IBM 已成为全球最大的 IT 服务提供商、咨询提供商和产品支持服务公司，其服务收入占总收入的 83%，利润占 94.9%。二是制造业企业不再只销售物质产品，而是出售包含设计、营销服务和售后服务的产品。消费者购买的产品很难明确区分购买的是货物还是服务。例如，Xerox 已经转型为"方案解决"公司，提供先进的打印系统和文件管理与咨询服务，实际服务产品收入已经占到公司总收入的 40% 以上。此外，制造业企业中从事生产的工人的比例减少，而与服务有关的职员（管理、设计、财务、会计和法律）的比例在上升。在 OECD 国家，制造业企业中与服务活动有关的工作人员比例平均达 40% 以上。三是服务业制造化，如服务产业链逐步向制造业延伸，形成全产业链。一些在全球价值链上处于领导地位的服务企业，凭借其研发、设计、管理、销售渠道等优势，通过贴牌生产、连锁经营等方式嵌入制造企业共同为消费者提供服务。又如，研发企业拥有自己的发明专利、设计机构拥有自主创新设计、物流公司拥有自己的网络等，这些企业为了寻求全产业价值链的增值，利用自身在产业链高端的控制力，建立起自己的制造工厂。总之，企业的内部结构都在变化，制造业企业不是只进行纯制造活动，服务企业也不是只进行服务活动。

3. 服务业在全球价值链体系和国际贸易中发挥着越来越重要的作用

服务业在协调价值链活动和增加制造产品的附加值方面发挥了重要的作用。物流、信息传输服务业、商务服务是全球价值链顺畅运行的基本要素，促使了货物、信息的跨境流动，协调世界各地的价值链生产活动。为了实现 GVC 中无存货生产，就需要高效、可靠的运输和物流服务，同时也需要技术认证和检测、法律服务和信息技术的支撑服务等。从一定意义上来说，如果没有服务业运行良好的信息传输、计算机软件服务、物流、金融、保险、商务服务以及后勤服务等来协调和支撑工业生产和贸易，全球价值链将不可能存在。与此同时，中间贸易中服务产品日益增加，OECD 国家中服务业产品的约 40% 以上作为其他行业的中间投入。国际贸易中货物贸易占主导地位，70%~80% 的跨境交易都是货物贸易，但是全球价值链体系下，总值贸易统计实际上低估了服务业在国家中的角色。一是有形物质产品价值有很大一部分来自服务业。随着服务外包的增加，服务功能的成本可能占了大部分制造业企业成本的 70%~80%。二是服务业增加值出口很大一部分隐含在制造业产品贸易中，尤其是一些不可贸易的服务产品主要是通过制造业、农业或采矿业产品而间接出口，如本国法律咨询服务，一般很难直接跨境提供服务，而法律咨询服务被国内其他行业的出口企业广泛使用，法律服务增加值就可以通过这些企业而间接出口。按照总值贸易统计方法，这些隐含服务业增加值出口都被统计在制造业等其他产品出口中，大大低估了服务业增加值出口。最近有关贸易增加值（TIVA）的测算研究表明，OECD 国家的增加值出口中近 45% 来自服务业，而总值贸易统计中，服务业出口只占到 25%。接下来，本研究基于全球价值链视角，利用全球投入产出模型来全面分析服务业在国际贸易中的作用。

四、全球价值链视角下服务业在国际贸易中的作用

根据传统的总值贸易统计，服务贸易只占到全球跨境贸易的 25% 左右，显著低估了服务贸易的作用，它没有反映以出口为目的的制造业货物中的服务业中间投入，也没有反映跨国公司的附属机构销售服务的重要性。本研究利用 1997~2011 年的全球投入产出表（WIOT），重点测算了中国隐含在全球贸易中的服务增加值，并进行了国际比较。这样做不但体现了服务业对出口增加值的直接和间接贡献，而且包含了第三方国家的服务业增加值对生产和贸易的贡献。因此，可以准确认识到服务业在国际贸易中的重要作用。

1. 基于全球投入产出模型的计算方法

过去的几十年，在经济全球化影响下，生产过程的一个显著特征是片段化、垂

直专业化，生产更加倾向于在不同国家（区域）间进行。许多零部件生产被外包给特定专业化的企业，导致了全球甚至一国之内的中间品贸易。传统总值贸易统计方法存在重复计算，不能真实地体现出口中隐含的增加值，也就是不能客观地反映各国（地区）在全球生产网络中的竞争力和国际地位。于是增加值贸易测算成为大家广泛关注的问题。R. Koopman、Z. Wang 和 S. J. Wei（KWW）提出的总出口的增加值分解公式是全球价值链宏观测度的巅峰之作，把以前 Hummels、Ishii 和 Yi、Yi、Daudin 等，Johnson 和 Noguera 等提出的垂直专业化测度方法统一在一个逻辑框架下。紧接着，Zhi Wang、Shang - Jin Wei、Kunfu Zhu（WWZ）进一步把总出口增加值分解公式拓展为双边分行业出口的增加值分解公式。到此为止，笔者认为，利用投入产出模型，从宏观角度上测度全球价值链的方法基本上达到完善阶段。本研究主要利用 WWZ 的总出口增加值分解公式进行测算。

出口贸易流量可以分解为增加值出口、返回的国内增加值、外国增加值和纯重复计算的中间品贸易四大组成部分，这四大组成部分可以进一步细分为 16 项[1]。①最终被国外吸收的国内增加值（DVA）。②返回的国内增加值。这一部分国内增加值先被出口至国外，但又隐含在本国从其他国家的进口中返回国内并最终在国内被消费（RDV）（虽然这部分增加值不构成一国的增加值出口，但却是出口国 GDP 隐含于出口中的一部分）。③用于生产本国出口的外国增加值（FVA）。④中间品贸易的纯重复计算部分（PDC）。这是由于中间产品贸易多次跨越国界引起的。这些中间贸易交易值不构成任何国家的 GDP 或最终需求，类似于用一种中间投入品生产另一种中间投入品的国内产业间交易。由于所有的跨国贸易交易都会被各国海关当局记录，因此这一部分重复计算包含于总贸易统计中。而国内中间投入品贸易则不同，在通过行业统计来核算 GDP 时，所有中间投入品的价值都必须从总产出中扣除以避免重复计算。

WWZ（2013）的总出口分解公式[2]，实质是一种后向联系的分解。这与基于

---

[1] 16 项为：a. 最终产品出口的国内增加值；b. 直接被进口国生产国内最终需求产品且被吸收的中间出口产品中隐含的国内增加值；c. 被进口国出口至第三国并被第三国生产国内最终需求产品且被吸收的中间产品出口中隐含的国内增加值；d. 被进口国生产最终出口至第三国吸收的中间产品出口中隐含的国内增加值；e. 被进口国生产中间出口至第三国生产最终产品后被最终进口返回第二国（直接进口国）吸收的中间产品出口中隐含的国内增加值；f. 被进口国生产最终产品并出口返回国内吸收的中间出口产品中隐含的国内增加值；g. 被进口国生产中间产品出口至第三国生产最终产品并最终进口返回国内吸收的中间产品出口中隐含的国内增加值；h. 被进口国生产中间产品出口返回国内生产国内最终需求并吸收的中间产品出口中隐含的国内增加值；i. 被进口国生产中间产品出口返回国内生产最终产品并出口吸收的中间产品出口中隐含的国内增加值（中间出口与最终出口的重复计算）；j. 被进口国生产中间产品出口返回国内生产中间产品出口的中间产品出口中隐含的国内增加值（中间出口与中间出口的重复计算）；k. 最终出口产品的进口国增加值；l. 中间出口产品的进口国增加值；m. 中间出口的进口国价值重复计算部分；n. 最终出口的第三国增加值；o. 中间出口的第三国增加值；p. 中间出口的第三国价值重复计算部分。

[2] 详细推导过程可参见 WWZ（2013）。

产业后向联系计算的增加值出口（VAX_B）基本上一致（包括了隐含于给定部门出口中的一国所有部门的增加值）。相反，基于产业部门前向联系计算的增加值出口（VAX_F）包括了一个给定部门增加值通过隐含于本国其他部门出口而进行的间接出口。

在三个或三个以上国家的模型中，被国外吸收的国内增加值、基于产业部门前向联系的增加值出口和基于产业部门后向联系的增加值出口，这三个指标在双边和部门层面一般是互不相等的，只有在汇总到一国总出口时三者才完全相等。VAX_F 和 VAX_B 在汇总到双边总出口时是相等的，而 DVA 和 VAX_B 在汇总到一国部门总出口时是相等的（本研究以下主要分析一国部门总出口，此时，DVA 等于 VAX_B）。基于产业部门前向联系计算的间接增加值出口为隐含于其他部门出口中该部门的增加值被国外吸收的部分，这与本部门出口并没有关系。如果想了解一国的部门总出口中反映本国国内增加值的部分，应该估计该部门的 VAX_B，这一指标可以应用我们对总出口的分解公式来计算：DVA = 总出口 - FVA - PDC - RDV。如果希望了解该国某一部门的所有增加值在该国总出口中所做的贡献，就应该估计该部门的 VAX_F，通过用列昂惕夫逆阵乘以最终需求阵然后去对角化计算。

2. 中国三次产业出口增加值分解

为了得到第二产业和服务业之间的相对变化关系，本研究把 WIOT 中 35 个部门合并为三大产业部门进行计算，表 1 列出了 1997 年、2002 年、2007 年、2011 年的计算结果。

表 1　中国三大产业的增加值出口分解

（单位：百万美元，现价）

年份	产业	总值出口	DVA	RDV	FVA	PDC	VAX_F
			与总出口的比值（%）				
1997	第一产业	5133	93.06	1.06	4.67	1.21	422.68
	第二产业	167929	86.27	0.47	11.68	1.57	64.53
	第三产业	34177	91.48	0.50	6.62	1.40	148.82
	合计	207239	87.30	0.49	10.68	1.53	87.30
2002	第一产业	5695	91.28	1.82	5.28	1.62	490.88
	第二产业	284941	82.28	0.90	14.26	2.57	61.54
	第三产业	74768	89.86	1.09	7.02	2.03	138.47
	合计	365404	83.97	0.95	12.64	2.44	83.97

续表

年份	产业	总值出口	DVA	RDV	FVA	PDC	VAX_F
			与总出口的比值（%）				
2007	第一产业	10722	88.70	2.06	6.89	2.35	851.46
	第二产业	1148392	75.63	1.19	18.76	4.42	54.84
	第三产业	182893	87.02	1.52	8.58	2.88	172.87
	合计	1342007	77.29	1.24	17.28	4.20	77.29
2011	第一产业	17752	89.62	2.02	6.68	1.67	761.54
	第二产业	1778042	77.21	1.86	16.86	4.06	55.35
	第三产业	290369	87.99	2.27	7.32	2.42	180.80
	合计	2086163	78.82	1.92	15.45	3.81	78.82

注：作者根据 WIOT 计算。

从中国贸易总出口的增加值分解来看，1997～2011年，中国的总出口和分产业的国内增加值比例（VAX_F-ratio）总体上呈下降趋势，总出口中国内增加值比重从1997年的87.3%下降到2011年的78.82%，但2007年经济危机后有所回升，说明中国迅速渗透到全球价值分工体系。从后向联系的分产业DVA来看，服务业DVA与其出口的比值总体上高于第二产业，2011年服务业DVA/服务业出口为87.99%，比第二产业（77.21%）高10.78个百分点，反映了经由服务业渠道出口的国内增加值的能力强于第二产业。从前向联系分产业的VAX_F来看，服务业VAX_F与出口的比重大于1，且远超第二产业，也就是说相当部分服务业增加值是隐含在其他产业部门（工业）而间接出口的，如2011年服务业的VAX_F/服务业总出口为180.80%，而第二产业的相应比值为55.35%。

由于服务业大部分增加值出口是隐含在其他产业部门出口中而间接出口的，若以传统总值贸易统计数来衡量各国产业在出口中的贡献显然会低估服务业的贡献。以下我们计算中国的传统总值贸易出口、前向联系的国内增加值出口和后向联系的国内增加值出口的分产业比重情况（见表2）。以2011年为例，从传统总值贸易统计数据来看，中国总出口中第二产业占绝对比重，高达85.23%，而服务业出口比重只有13.92%，但是，从国内增加值出口（前向联系）的三大产业结构来看，服务业增加值出口占国内增加值出口的比重达31.93%，比传统总值贸易统计计算的服务业比重（13.92%）高18.01个百分点；第二产业增加值出口占国内增加值出口的比重为59.85%，比传统总值贸易统计计算的第二产业比重（85.23%）低了25.38个百分点。也就是说，传统总值贸易统计方法大大低估了服务业的贡献。

从1997～2011年的传统总值贸易结构变化来看，自20世纪90年代以来，总体上我国制造业的出口大幅增加,第二产业的总值出口比重呈上升趋势,而第三产业的出口比重呈下降趋势。与此相反,从增加值出口的三大产业结构变化趋势来看,服务业增加值出口的比重(VAX_F/国内增加值出口)呈上升趋势,从1997年的28.11%上升到2011年的31.93%,上升了3.82个百分点,而第二产业的增加值出口比重几乎稳定在59.8%左右(见表2)。

表2 中国传统贸易总值和增加值出口的三大产业结构比较　　(单位:%)

年份	部门	总值出口	后向联系的国内增加值出口(DVA)	前向联系的国内增加值出口(VAX_F)
1997	第一产业	2.48	2.64	11.99
	第二产业	81.03	80.08	59.90
	第三产业	16.49	17.28	28.11
	合计	100.00	100.00	100.00
2002	第一产业	1.56	1.69	9.11
	第二产业	77.98	76.41	57.15
	第三产业	20.46	21.90	33.74
	合计	100.00	100.00	100.00
2007	第一产业	0.80	0.92	8.80
	第二产业	85.57	83.74	60.72
	第三产业	13.63	15.34	30.48
	合计	100.00	100.00	100.00
2011	第一产业	0.85	0.97	8.22
	第二产业	85.23	83.49	59.85
	第三产业	13.92	15.54	31.93
	合计	100.00	100.00	100.00

注:作者根据WIOT计算。

另外,从三次产业对出口增长的贡献来看(见表3),1997~2011年,按传统总值贸易统计数据计算的服务业对出口增长的贡献率为13.64%,而按前向联系的增加值出口计算,服务业对增加值出口增长的贡献率为32.40%,传统总值贸易统计方法低估了服务业对出口增长的贡献率达18.76个百分点。

总之,在全球价值链深入发展的背景下,按传统总值贸易统计方法计算大大低估了服务业对中国出口的贡献。

表3 三次产业对出口增长的贡献率　　　　　（单位:%）

期间	贸易统计方式	第一产业	第二产业	第三产业	合计
1997~2002年	传统总值贸易	0.36	73.98	25.66	100
	增加值贸易（前向联系）	4.97	53.19	41.83	100
2002~2007年	传统总值贸易	0.51	88.41	11.07	100
	增加值贸易（前向联系）	8.67	62.22	29.11	100
2007~2011年	传统总值贸易	0.94	84.61	14.44	100
	增加值贸易（前向联系）	7.23	58.37	34.40	100
1997~2011年	传统总值贸易	0.67	85.69	13.64	100
	增加值贸易（前向联系）	7.76	59.85	32.40	100

注：作者根据WIOT计算。

3. 世界主要国家服务业增加值出口的比较分析

本部分选取了巴西、韩国、印度、日本、美国、德国、法国和英国等国家进行比较分析。

第一，大部分服务业增加值是隐含在其他部门中而间接出口的。表4显示了以上主要国家2011年分产业的增加值出口比值情况（DAV/总值出口，VAX_F/总值出口）。这些国家服务业的DAV/总值出口和VAX_F/总值出口都大于第二产业的相应比值，且VAX_F/总值出口都大于1，最高的德国达2.53，最低的英国也为1.18。说明大部分服务业增加值是隐含在其他部门中而间接出口的。

表4 2011年主要国家的增加值出口情况

国别	产业	总值出口 （百万美元，现价）	DAV/总值出口（%）	VAX_F/总值出口（%）
德国	第一产业	14798	75.17	105.83
	第二产业	1397158	69.41	46.82
	第三产业	191029	89.70	252.57
法国	第一产业	26613	80.39	86.30
	第二产业	560812	71.14	41.20
	第三产业	104033	92.40	252.31
巴西	第一产业	33208	91.11	104.36
	第二产业	216656	86.68	61.79
	第三产业	44589	94.56	205.63

续表

国别	产业	总值出口 (百万美元，现价)	DAV/总值出口（%）	VAX_F/总值出口（%）
中国	第一产业	17752	89.62	761.54
	第二产业	1778042	77.21	55.35
	第三产业	290369	87.99	180.80
日本	第一产业	837	88.89	1648.40
	第二产业	706706	80.76	57.89
	第三产业	187940	93.93	173.02
印度	第一产业	17474	96.48	182.61
	第二产业	243223	79.72	49.37
	第三产业	77389	93.51	169.46
韩国	第一产业	732	79.66	1338.18
	第二产业	526939	59.60	47.06
	第三产业	84953	84.85	151.80
美国	第一产业	55486	81.49	92.00
	第二产业	1151754	76.22	56.70
	第三产业	633836	90.31	124.85
英国	第一产业	5029	83.01	135.22
	第二产业	439492	73.77	55.63
	第三产业	256954	87.81	117.81

注：作者根据 WIOT 计算。

第二，从各国服务业增加值出口比值的变化趋势来看，美国、英国、印度、日本、巴西和德国的服务业 VAX_F/总值出口都呈现下降趋势（见表5）。VAX_F/总值出口存在下降趋势，也就是服务业的直接贸易出口相对增加，反映随着信息技术的发展，服务业变得越来越可贸易了。

表5　服务业 VAX_F/总值出口和 DVA/总值出口的变化　　（单位:%）

国别	比率	1997年	2002年	2007年	2011年
德国	DVA/出口	91.96	90.94	89.61	89.70
	VAX_F/出口	302.71	264.26	255.58	252.57
法国	DVA/出口	93.03	92.46	91.86	92.40
	VAX_F/出口	235.24	255.57	252.28	252.31

续表

国别	比率	1997 年	2002 年	2007 年	2011 年
巴西	DVA/出口	96.77	94.75	95.30	94.56
	VAX_F/出口	229.54	227.36	251.68	205.63
中国	DVA/出口	91.48	89.86	87.02	87.99
	VAX_F/出口	148.82	138.47	172.87	180.80
日本	DVA/出口	95.50	94.97	93.62	93.93
	VAX_F/出口	183.28	199.08	178.73	173.02
印度	DVA/出口	94.99	94.74	92.09	93.51
	VAX_F/出口	232.58	178.08	140.49	169.46
韩国	DVA/出口	90.63	90.30	87.65	84.85
	VAX_F/出口	147.41	158.43	153.66	151.80
美国	DVA/出口	92.21	90.18	89.72	90.31
	VAX_F/出口	139.92	130.70	124.49	124.85
英国	DVA/出口	90.04	90.10	88.28	87.81
	VAX_F/出口	161.75	141.55	116.19	117.81

第三，从世界各国出口的三次产业结构变化趋势来看，不论是按总值贸易，还是增加值出口的方法计算，出口结构中服务业的比重都呈上升趋势。例如，印度服务业总值出口占总值出口的比重从 1997 年的 13.33% 上升到 2011 年的 22.89%，服务业增加值出口占国内增加值出口的比重从 1997 年的 34.14% 上升到 2011 年的 46.32%。英国服务业总值出口占总值出口的比重从 1997 年的 21.37% 上升到 2011 年的 36.63%，服务业增加值出口占国内增加值出口的比重从 1997 年的 42.22% 上升到 2011 年的 54.64%。

以上三个方面的分析印证了一个重要的结论：无论是美国、英国、德国、日本这样的发达国家，还是印度、巴西这样的新兴经济体，服务业在全球价值链中的作用正在稳步提升。这启示我们：要攀升全球价值链，提升我国在国际经济体系的话语权和竞争力，就必须大力发展现代服务业，并力推服务业走出去，建设服务贸易大国和强国。

五、结论和政策建议

关于服务业是否成为中国经济的主导产业是一个广受争议的热点问题。本研究从正反两方面对该问题进行了探讨，澄清了一些认识误区，从全球价值链的视角分析了服务业和工业的本质特点变化，着重分析了服务业在国际贸易中的新作用。研究发现，在全球价值链深入发展的背景下，工业（尤其是制造业）和服务业的自身特点发生了根本变化，服务业与制造业的界限日益模糊，形成了"你中有我，我中有你"的格局。服务业在协调和支撑全球价值链方面发挥着重要作用，服务在国际贸易中的作用日益突出。在多维视角的比较下，我们认为，在当今全球价值链深入发展的背景下，强调谁是中国经济的主导产业的观点已不合时宜。未来10年左右，我国的经济增长很可能是服务业和工业的"双轮驱动"，不是谁主导谁，而是相互补充、相互促进。产业政策方面应该避免从过去一味强调工业的主导作用（重工业发展战略）这一极端转向服务业主导作用的发展战略的另一极端。

基于以上研究，我们提出以下几点建议：

一是树立工业和服务业"双轮驱动"、融合发展的战略思路。鉴于服务业和制造业的融合发展趋势，应突破传统的产品定义和统计分类，不要过度纠缠于服务业和工业的差异，而是需认识到服务业和工业日益增强的相似性和互补性，树立服务业和工业融合发展的战略思路。

二是需要树立平台战略的新产业政策思路。在全球价值链深入发展的背景下，服务业的国际化与制造业产品的全球化紧密联系，服务业与工业（尤其是制造业）的界限日益模糊。针对某一具体产业的产业政策日益难以执行，这种选择性战略产业措施已经远没有"水平型"或"平台型"措施有效。新产业政策应该是建立更好的基础设施（交通、电信、网络）、提供良好的制度环境、搭建产业界协商机制等。

三是产业政策的目的应该是提高生产率和竞争力，而不是单单强调发展某一产业。现阶段，我国已经处于工业化后期，也已成为"世界制造中心"，但是处于价值链的低端环节。制造业的价值链升级是我国产业结构升级的重要方向，需要提高制造业的国际竞争力，而这些都需要配套的知识、技术和人才。产业政策应该更多地关注创新体系的建立和人才培养。

参考文献

[1] 迟福林."十三五"走向服务业大国的转型与改革[N].经济参考报,2014-12-22.

[2] 李钢.服务业能成为中国经济的动力产业吗?[J].中国工业经济,2013(4):43-55.

[3] 李钢,金碚,董敏杰.中国制造业发展现状的基本判断[J].经济研究参考,2009(41):46-49.

[4] Lopez – Bassols V. and V. Millot. Measuring R&D and Innovation in Services: Key Findings from the OECD INNOSERV Project [R]. Paper Prepared for the Working Party of National Experts on Science and Technology Indicators (NESTI) and the Working Party on Innovation and Technology Policy (TIP), 2013. OECD, Paris.

[5] Baumol W. J. Macroeconomic of Unbalanced Growth: The Anatomy of Urban Crisis [J]. American Economic Review, 1967, 57 (3): 415 – 26.

[6] Kaldor N. Causes of the Slow: Economic Growth of the United Kingdom [M]. Cambridge University Press, Cambridge, 1966.

[7] Ghani E. and H. Kharas. The Service Revolution, Economic Premise [R]. No. 14, World Bank, Washington, 2010.

[8] Mishra S., S. Lundstromm Gable, R. Arnand. Service Export Sophistication and Economic Growth [J]. VoxEU, 8, April 2012.

[9] Triplett J. E. and B. P. Bosworth. Productivity Measurement Issues in Services Industries: Baumol's Curse Has Been Cured [R]. Economic Policy Review, Federal Reserve Band of New York, September 2003.

[10] Rubina Verma. Can Total Factor Productivity Explain Value Added Growth in Services? [J]. Journal of Development Economics, 2012, 99 (1): 163 – 177.

[11] Benedettini O., B. Clegg, M. Kafouris and A. Neely. The Ten Myths of Manufacturing. What does the Future Hold for UK Manufacturing? [J]. Advanced Institute of Management Research, London, 2010.

[12] OECD. Interconnected Economies—Benefitting from Global Value Chains [R]. OECD Publishing, 2013.

[13] R. Koopman, Z. Wang and S. J. Wei. Tracing Value – Added and Double Counting in Gross Exports [J]. American Economic Review, 2014, 104 (2): 459 – 494.

[14] Hummels, David, Ishii, Jun and Yi Kei – Mu. The Nature and Growth of Vertical Specializatioin World Trade [J]. Journal of International Economics, Elsevier, 2001, 54 (1): 75 – 96.

[15] Yi Kei – Mu. Can Vertical Specialization Explain the Growth of World Trade? [J]. Journal of Political Economy, 2003, 111 (1): 52 – 102.

[16] Daudin, et al. Who Produces for Whom in the World Economy? [J]. Canadian Journal of Economics, 2011, 44 (4): 1403 – 1437.

[17] Johnson Robert C. and Noguera Guillermo. Accounting for Intermediates: Production Sha-

ring and Trade in Value Added [J]. Journal of International Economics, Elsevier, 2012, 86 (2): 224 - 236.

[18] Zhi Wang, Shang - Jin Wei, Kunfu Zhu. Quantifying International Production Sharing at the Bilateral and Sector Levels [R]. Working Paper 19677, http://www.nber.org/papers/w19677. November, 2013.

专题三 迈向服务业大国的国际经验：事实与启示

李勇坚

摘　要：中国服务业增加值总量已居全球第二位，中国正在向服务业大国迈进。本研究力图从较长的历史时段对服务业大国成长的事实与特征进行总结，并重点研究了历史上曾经出现的两个服务业大国——美国和英国的发展案例，以寻找对中国走向服务业大国的相关启示。本研究表明，在迈向服务业大国的过程中，服务业占比一般都会呈上升趋势，大量服务业会从社会内部独立出来，服务业发展与实体经济是同步的，这些对我国走向服务业大国具有重要的启示。

关键词：服务业大国；实体经济；国际经验；同步发展

根据《2015 年国民经济和社会发展统计公报》，2015 年国内生产总值 676708 亿元，比上年增长 6.9%。其中，第一产业增加值 60863 亿元，增长 3.9%；第二产业增加值 274278 亿元，增长 6.0%；第三产业增加值 341567 亿元，增长 8.3%。第一产业增加值占国内生产总值的比重为 9.0%，第二产业增加值比重为 40.5%，第三产业[①]增加值比重为 50.5%，首次突破 50%。按照美元计算[②]，我国服务业增加值达到 54840 亿美元，在全球所有国家中已高居第二位。根据《2015 年度人力资源和社保事业发展统计公报》，2015 年第三产业就业人员达到 32839 万人，占 42.4%，成为全球服务业就业人数最多的国家。

从全球比较看，2014 年，全球服务业增加值约为 549622 亿美元，我国为 49783 亿美元，占全球的份额约为 9%。同期，我国 GDP 占比约为 13.3%。从长期增长的角度看，近年来我国服务业的国际地位也有很大的提升。2000 年，我国服务业占全球的份额仅为 2%，到 2014 年，增长到了 9%，14 年间增长了 7 个百分点，相当于每年增长 0.5 个百分点。

---

① 在我国官方的统计报告中，使用的是"第三产业"的概念，本研究将"第三产业"视为与"服务业"同等的概念使用。

② 2015 年全年人民币平均汇率为 1 美元兑 6.2284 元人民币，比上年贬值 1.4%。

以上事实说明，中国的服务业正在快速崛起，中国正在朝服务业大国迈进。在这个过程中，会发生什么样的经济增长故事，这是经济学家一直比较感兴趣的一个话题。在经济史上，也曾出现过英国、美国等服务业大国，这些大国服务业发展的经验对研究我国未来服务业发展有一定的价值。本研究拟通过对发达国家自18世纪以来工业化过程中的服务业发展模式进行深入研究，寻找迈向服务业大国的国际经验。

本研究分为以下几个部分：第一部分对工业化过程中服务业的作用、服务业大国兴起的过程等进行深入研究；第二部分根据服务业占比等数据，对服务业发展过程进行深入分析，总结出相关事实与特征；第三部分对各国走向服务业大国的模式进行总结，分析其原因；第四部分分析服务业大国崛起过程中的经验与事实，以及对中国走向服务业大国的若干启示。

一、服务业大国的研究综述

18世纪以来，全球社会风云变幻，但是，其本质还是经济结构的一种剧烈变动。恩格斯指出："一切社会变迁和政治变革的终极原因……不应当在有关的时代的哲学中去寻找，而应当在有关的时代的经济学中去寻找。"[1] 在对18世纪以来的经济结构的研究中，首先是对工业化过程的研究，在这方面的研究很多。近年来，随着服务业在国民经济发展中的地位不断上升，很多经济学家对工业革命以来西方社会经济变革与服务业大国的兴起也进行了一定的研究，但总体来说，这方面的研究还相对薄弱[2]。

第一，关于服务业在工业革命中的作用的研究。

服务业在工业革命中，尤其是一个国家向经济大国迈进的过程中，是否扮演了一个主动的角色？在早先的一些研究中，倾向于认为服务业基本是一个被动的、消耗性的产业。

---

[1] 恩格斯. 社会主义从空想到科学的发展[M]//马克思恩格斯选集(第3卷). 北京：人民出版社，1972：425.

[2] 例如，哈特韦尔在为奇波拉主编的《欧洲经济史》撰稿时指出，在对服务业的研究过程中，关于运输和金融的研究文献虽然较多，但一般来说未曾研究它们各自的历史以及它们和社会史或经济史的关系。在服务业的经济史中，最严重的空白无疑在于零售和批发商业领域，虽然在需要知识的专业中，在一般工匠服务业和家庭服务业中文献记载之缺乏同样令人吃惊。考虑到家庭服务业的巨大社会必要性，对这个主题缺乏研究，也许是服务业文献最令人惊讶的特色。关于文化、娱乐和体育，实际上没有有价值的分析性文献。

现代经济学的鼻祖亚当·斯密倾向于认为，服务业在本质上是非生产性的，服务业的成长是经济增长的一个后果，而不是一种经济增长的动因。斯密进一步认为，资源过多地进入到非生产性部门，将会对生产性部门在资源的使用上产生"挤出效应"。

现代经济学家对这种观点进行了进一步发挥，由于服务业本身的特性，服务部门不能通过资本积累、创新与规模经济提高效率，因此，长期依赖于服务业的经济增长是不可持续的（经济学中的 Verdoorn 定律认为，制造业的生产率增长是经济增长的一个内生结果）。例如，卡尔多曾指出，经济中生产率的增长与非制造部门的就业人数比率负相关，因为制造部门之外的部门（包括依赖于土地的农业与大部分服务部门）都是报酬递减的，只有制造部门因为存在规模效应与技术进步效应，才是增长的"发动机"[①]。Petit 认为，服务业因为其生产与消费是同时进行的，这极大地限制了服务业的市场扩展。因为服务业市场扩展不可能具有工业产品市场扩展那样的深度与广度，那么，根据斯密和杨格迂回生产导致技术进步以及经济增长的理论，服务业内部内生技术进步的可能性很小。著名历史学家布罗代尔在研究欧洲 15～18 世纪的经济生活时，也曾经困惑一个问题，在缺乏明显的技术进步的情况下，启蒙时代又怎样起跑乃至飞奔的呢？[②] 因为在启蒙时代的经济发展过程中，遇到了各种各样的瓶颈，他写道：工业革命以前的经济经常出现故障，各经济部门不相协调，在任何情况下都不能同步前进。一个部门动了起来，其他部门不一定受它带动。各部门甚至能轮流扮演瓶口的角色，阻碍其进步走上正轨。[③]

近年来，服务大国的崛起使这个问题得到了经济学家的进一步关注。经济学家开始意识到，服务业在经济发展过程中并不是一个被动的角色，而是一个先导性的、带动性的角色。从经济史的研究视角看，自大航海时代开始之后，

[①] 鲍莫尔在其《非均衡增长的宏观经济学》一文中，将卡尔多的观点进行了拓展，并将部门之间的生产率不均衡问题进行了模型化。鲍莫尔的这篇论文也被认为是将对服务业的分析引入到主流经济学分析的开山之作。

[②] 布罗代尔. 十五至十八世纪的物质文明、经济与资本主义（第 2 卷）[M]. 北京：生活·读书·新知三联书店，2002：126. 从布罗代尔本身看，他倾向于认为社会交易结构的变化是这种启蒙时期经济起飞的一个重要推力。他写道，在 1720 年后，各个层次显然都有发展。但重要的是现存体制出现日益扩大的裂痕。处在市场之外的反市场空前活跃：与交易会相对立，仓库和货栈日趋膨胀；同样，与交易所相对立，银行如雨后春笋般到处破土而出。银行或许不是新发明，但至少它们越来越多，越来越具独立性。我们也许需要有一套明晰的语汇，以确指所有这些断裂、革新和膨胀。但是，我们找不到一个词可以确指所有这些包围和打碎旧内核的外力，这些平行的活动，这些在上层和下层都清晰可见的加速因素：在上层，有横贯欧洲并有效地控制欧洲的银行和交易所大动脉；在下层，则是起着革命作用的广大流动商人，行贩且不算在内。

[③] 布罗代尔. 十五至十八世纪的物质文明、经济与资本主义（第 2 卷）[M]. 北京：生活·读书·新知三联书店，2002：180.

远洋贸易开始日常化,商业革命兴起,带动金融等其他服务业快速发展,为工业革命提供了很好的支撑。这一点受到了很多经济学家的关注。而商业革命发生的直接后果,就是商业地位的上升。"在西欧,商人始终如一地拥有强大的势力和特权,在英国,他们当上了伦敦市长;在荷兰,他们是享受养老金的显贵"。"促成欧洲经济中心北移的根本原因并非来自外部——并非海外的地理大发现和海外事业。这原因是内部的:是由于当时的工业和商业活动更多地集中在北欧,而南欧则已望尘莫及了"①。Carroll Quigley(1966)在其名著《悲剧与希望》中则指出,工业资本主义筑基于商业资本主义。正是因为商业资本主义的兴起,促进了工农业的分工,从而使生产技能与技巧改善,市场范围进一步扩大,为工业革命打下了基础②。格雷夫则认为,13世纪以来贸易制度的变革对西方世界的兴起起到了重要的作用③。卡洛·M.奇波拉的《欧洲经济史(第三卷)》中写道:倘若没有像运输和教育这样人人需要的服务业,倘若没有像零售和批发商业这样中间服务业的发展,工业化就不可能发生,或者即使发生其速度要缓慢得多④。

布罗代尔在《十五至十八世纪的物质文明、经济与资本主义》中对各种交换模式的演化进行了深入探讨,并指出了交换模式的变化对经济增长与社会变革的基础性作用。他尤其重视借贷的作用,他写道:"马克思说过,'积累啊,积累啊,这就是摩西和先知们!'"我们也完全可以说:"借贷啊,借贷啊,这就是摩西和先知们!"⑤斯塔夫里阿诺斯在《全球通史》中也指出,商业革命对于工业革命具有非常重要的意义⑥。保尔·芒图在其对工业革命历史具有全球影响力的研究著作中指出,贸易和生产相互依赖,商业的扩张往往先于并决定工业的进步⑦。

金融业是服务业的一个重要组成部分。很多经济学家也指出了金融业发展的重要意义。保罗·肯尼迪认为,金融业的发展决定了一个国家的强大与否。他写

---

① 斯塔夫里阿诺斯. 全球分裂[M]. 上海:商务印书馆,1993.
② Carroll Quigley. Tragedy and Hope—A History of the World in Our Time [M]. Volumes 6,New York:The Macmillan Company,1966,Chapter 5—European Economic Developments.
③ 格雷夫. 大裂变:中世纪贸易制度比较和西方的兴起[M]. 北京:中信出版社,2006.
④ 卡洛·M. 奇波拉. 欧洲经济史(第3卷)[M]. 北京:商务印书馆,1989:294.
⑤ 布罗代尔. 十五至十八世纪的物质文明、经济与资本主义(第2卷)[M]. 北京:生活·读书·新知三联书店,2002:412.
⑥ L.S. 斯塔夫里阿诺斯. 全球通史:1500年以后的世界[M]. 北京:北京大学出版社,2006.
⑦ 保尔·芒图指出,在工业革命发展的初期,工业的进步和贸易的发展,彼此那么密切地连在一起,而且彼此又那么大地互相影响着,以致往往难于发现它们真实的演变关系。有时是工业发展迫使商业去找新的销路,因而扩大并增加了商业关系;有时反而是商业市场的扩大及其所引起的新需要促使工业企业的产生。在今天,前一情况是最常见的。那被内在力量——机械装置的力量——所推动的大工业,在其进程中带来了贸易和信贷,后二者便为它而着手征服世界。参见:保尔·芒图. 十八世纪产业革命——英国近代大工业初期的概况[M]. 北京:商务印书馆,1983.

道：凡是能建立一个先进的银行和信贷系统的国家（如英国），就能在许多方面比经济上落后的对手占有优势①。熊彼特指出，金融业务在促进资本主义生产和商业的发展方面具有重要作用，因而对于确定资本主义兴起的日期来说，能够得到的最好指示物就是有关流通票据和"派生"存款的法律和惯例的发展。在地中海沿岸，流通票据和派生存款都出现于14世纪，虽然直到16世纪，票据的流通才得到完全的确立。②金融业不但便利了交易，而且以信用革命的方式解决了工业革命过程中的资金缺乏问题。马克思指出："竞争和信用"是"集中的两个最强有力的杠杆。""殖民制度以及海外贸易和商业战争是公共信用制度的温床。"③ Carroll Quigley（1966）认为，就长期发展而言，信用革命（Credit Revolution）与工业革命具有同等的重要性。麦格劳在论证资本主义成功的要素时更明确地指出，银行仅仅依靠信心和希望便能无中生有地生出钱来④。18世纪的作家笛福认为，信贷的蓬勃发展正是英国经济繁荣的秘密，也是英国远播国威的秘密所在⑤。

进入20世纪中叶以后，一方面，社会服务化的倾向已非常明显；另一方面，关于服务经济的基本理论框架已有基本的雏形，经济学家开始对服务业在工业革命中的作用进行更深入的研究⑥。辛格曼（Singleman, 1979）⑦通过对G7国家工业化过程的研究表明，劳动力从农业向服务业的转移是经济发展的一个重要方面，在这个过程中，服务业的扩张对于经济增长起到了极其重要的作用。里得尔（Riddle, 1986）⑧指出，服务业在经济发展中并不是一个被动的角色，从经济史

---

① 保罗·肯尼迪. 大国的兴衰[M]. 北京：中国经济出版社，1989：3.
② 约瑟夫·熊彼特. 经济分析史（第1卷）[M]. 北京：商务印书馆，1991：125.
③ 《马克思恩格斯全集》第23卷，第687页、第802页。另外，值得指出的是，虽然马克思认为服务性劳动是一种非生产性的劳动，但并不能基于这种认识，就得出一个必然推论，即服务部门在经济增长过程中是一个被动的部门，
④ 麦格劳. 现代资本主义：三次工业革命中的成功者[M]. 南京：江苏人民出版社，1995：5.
⑤ 布罗代尔. 十五至十八世纪的物质文明、经济与资本主义（第2卷）[M]. 北京：生活·读书·新知三联书店，2002：412.
⑥ 英国经济学家、新西兰澳塔哥大学教授阿·费希尔于1935年在《安全与进步的冲突》一书中提出，人类生产活动的发展有三个阶段：初级阶段，以农业和畜牧业为主；第二阶段，以工业生产大规模的迅速发展为标志，纺织、钢铁和其他制造业的商品生产为就业和投资提供了广泛的机会；第三阶段，特征是各种形式的服务活动得到发展，大量的劳动力和资本不是流入到农业和工业，而是旅游、娱乐服务、文化艺术、保健、教育和科学、政府等活动中。之后，英国经济学家兼统计学家科林·克拉克在费希尔的基础上，于1940年出版了《经济进步的条件》（The Conditions of Economic Progress）一书。在该书中，克拉克根据若干国家的统计资料分析指出，"随着时间的推移和社会在经济上变得更为先进，从事农业生产的人数相对于从事制造业的人数趋于下降，进而从事制造业的人数相对于服务业的人数趋于下降"。这两项研究被认为是服务经济理论系统化的开始。
⑦ Singleman. From Agriculture to Service [M]. Sage Publication, 1979.
⑧ Riddle Dorothy I. Service – Led Growth—the Role of the Service Sector [M]. Praeger, 1986.

的角度来看，商业革命是工业的前奏与先驱。而服务业的创新成为工业革命的支撑。例如，职业研究活动的出现、教育系统的改进、运输方式的改善、金融创新的出现，为工业革命提供了良好的基础。因此，Riddle提出，服务业份额的上升不是经济增长的结果，而是经济增长的原因。因此，他得出了这样的结论："服务业是促进其他部门增长的过程产业。服务业是经济的黏合剂，是便于一切经济交易的产业，是刺激商品生产的推动力。"

第二，服务业在工业革命以及之后的发展方面的研究。

服务业的兴起，对历史学家而言，也是一个非常重要的事实。卡洛·M. 奇波拉主编的《欧洲经济史》第三卷"工业革命"当中，专门列了一章，即第六章"服务业革命"（由哈特韦尔撰写），对工业革命与服务业革命的关系进行了深入探讨。按照该书作者的观点，"必须记住，工业和农业已经长期共存，工业的扩展，甚至采用工厂生产的新形式，对人类来说，不完全是新奇的现象，记住这一点很重要。在工业革命期间称得上新奇的是，今天我们称之为服务业的多种经济活动，即这个非农业、非工业部门的服务部门的发展，在前工业经济时期重要性极少"。[①]

二、服务业大国的成长：事实与特征

从总体上看，服务业大国的成长过程都呈现出一些较为相同的特征，分析这些特征，对于理解服务业大国成长的经验具有帮助。

第一，服务业大国在崛起过程中，都经历了一个服务业占GDP比重上升的阶段。

从数据上看，服务业大国在崛起过程中，服务业产出占GDP的比重都会上升（见表1）。对此，经济史学家指出，"至于什么构成叫做农业或工业的生产活动，人们肯定能够取得一致的意见，在历史上这些部门的工作和产量也是容易确定和查明的。从历史上看这一点也是清楚的，即那种既非农业，也不是工业的经济活动的扩展，是随着工业化而来的结构变化的新的重要特征。不管能不能把服务业的定义解释精确，'服务部门'的发展（从上述剩余行业意义上说）和从长远看，'服务业革命'的出现已成为现代经济发展史的一部分"[②]。

[①][②] 卡洛·M. 奇波拉. 欧洲经济史（第3卷）[M]. 北京：商务印书馆，1989：290.

表1 经济增长中服务业比重的上升趋势

	年份	产出比重（%）			年份	劳动力比重（%）		
		农业	工业	服务业		农业	工业	服务业
英国	1801	32	23	45	1801	35	29	36
	1841	22	34	44	1841	23	39（43）	38（34）
	1901	6	40	54	1901	9	54	37
	1955	5	56	39	1951	5	57	38
	1962	3.7	44.6	51.7	1960	2.6	45.8	51.6
	1974	2.7	38.8	58.5	1980	1.6	37.4	61.0
	1986	1.6	33.1	65.3	1987	2.0	30.0	68.0
	2000	1.1	28.7	70.3	2000	1.5	25.4	72.8
德国	1905~1914	13	39	43				
	1960~1969	32	24	44				
法国	1825~1835	50	25	25				
	1872~1882	42	30	28	1866	43	38	19
	1908~1910	35	37	28	1911	30	39（43）	31（27）
	1954	12	52	36	1951	20	47	33
	1962	9	53	39	1960	20.6	37.7	41.7
	1974	5.1	43.3	51.7	1979	8.8	35.4	55.8
	1987	3.5	30.1	66.4	1987	7.0	30.0	63.0
	2000	2.8	25.3	71.8	2000	1.3	24.7	74.0
意大利	1861~1865	55	20	25	1871	51	32	14
	1896~1900	47	22	31	1911	45	36	19
	1951~1955	25	48	27	1951	35	40	25
	1975	8.5	41.0	50.5	1987	10	32	58
	1986	4.3	34.5	61.2	1990	8.8	31.9	59.3
	2000	2.9	29.2	67.9	2000	5.4	32.4	62.2
美国	1869~1879	20	33	47	1870	51	30	19
	1919~1928	12	40	48	1910	32	41	27
	1939~1948	9	39	52	1950	12	45	43
	1962	4.1	36.1	59.8	1960	8.6	30.6	60.8
	1975	3.7	30.9	64.6	1979	3.6	30.2	66.2
	1987	2.0	29.2	68.8	1987	3.0	28.0	69.0
	2000	1.6	24.9	73.5	2000	2.6	22.9	74.5

续表

	产出比重（%）				劳动力比重（%）			
	年份	农业	工业	服务业	年份	农业	工业	服务业
日本	1878~1882	63	16	21	1872	85	6	9
	1923~1927	26	38	36	1925	52	24	24
	1950	26	39	35	1950	48	27	25
	1962	14	49	37	1960	33	35	32
	1974	6.6	37.2	56.2	1980	10.3	34.8	54.9
	1987	2.8	40.5	56.7	1987	8.0	34.0	58.0
	2000	1.4	31.8	66.8	2000	5.1	31.2	63.1

注：括号里的数据表示不同来源数据有着一定的分歧。
资料来源：帕尔格雷夫世界历史统计；库兹涅茨：《现代经济的增长》，第88~93页；2000年数据来源于《国际经济统计年鉴》(2003)。

但是，这个上升是分阶段的。在一般情况下，在服务业占比超过50%时，其服务业占比上升速度会比较均匀；在服务业占比超过55%之后，其上升速度加快。例如，美国服务业占GDP的比重在1869~1879年达到了47%，而到1948年才达到52%，其间70多年时间里，服务业占比在50%左右徘徊。之后，服务业占比持续上升，到2000年时超过73%。而英国在1801年即达到了45%，到1901年才达到54%，到1962年时，服务业占比仍只有51.7%。之后，服务业占比持续上升，到2000年时超过70%。日本、法国、意大利等国家，都呈现出同样的特征。这个事实说明，服务业占GDP的比重从长期来看是上升的，但是，在进入到快速上升之前，有一个平台效应。这一点，对于我国改革开放以来服务业的增长有着一定的解释作用。

根据夏杰长（2015）等预测，到"十三五"末期，我国服务业增加值预计将达到53万亿元人民币，占GDP的比重将达到55%。因此，根据服务业大国成长的经验，届时我国服务业可能进入一个持续上升的阶段。

第二，交通运输业的兴起，是服务业大国成长的一个必然过程。

从经济史的视角看，所有的服务业大国在崛起过程中，交通服务业的兴起都是一个必然的环节。运输业首先使市场得到了扩大，而市场的扩大对分工具有重要的作用。通过市场扩大、分工深化、生产率提升这个循环，使国家经济实力不断提升，从而服务业获得大的发展。同时，运输的改进对社会的影响也同样强烈：工业革命前大多数人居住和工作地点都在同一地方；铁路发展使城市规模扩大，郊区把人们的家庭不仅与工作地点分隔开，而且也与其他社会阶级分隔开，铁路就这样导致城市居民的社会地位分成一块一块，城市的居住范围从工人阶级的贫民窟到中产阶级的聚居区,由商业和工业区分隔开来。而这种社会的影响,使很多居民服务等得以从家务劳动中分离出来,从而成为服务业的一个独立部门。

服务业发展过程中,交通运输条件首先得以改善这一事实,得到了很多历史学家的认可。威尔斯指出,在服务业崛起之时,"长期以来成为人类生活固定条件的陆路运输的最高速度,有了一种突变"、"巨大的变化于是突然发生了。铁路……把欧洲主要路程缩短到以前的1/10左右。铁路使人们可在比迄今任何一个政府所能管辖的地方大十倍的区域内实施行政管理。"① 艾瑞克·霍布斯鲍姆也明确指出,铁路的到来本身就是一场革命的象征和成就,因为将整个地球铸成一个相互作用的经济体,从许多方面来说都是工业化最深远且当然是最壮观的一面。② 伊曼纽尔·沃勒斯坦也提出,铁路的发展反过来又带动煤、铁矿的开采,发生连锁性的大规模扩张,后者的扩张又促使将大量资金投入有利可图的交通运输业——先是投资于运河,接下来是投资于公路。③

基于以上事实,我们可以发现,在服务业革命的同时,有一场交通革命率先发生。服务革命与交通革命交织在一起,为服务业强国的建立与成长打下了良好的基石。罗斯托认为,铁路建设对各个大国的经济起飞起到了巨大的作用。因为一方面铁路消费了铁、劳动力和燃料,带来了新的需求,衍生了其他创新;另一方面,铁路降低了运输成本,迅速发展成了拥有广阔资源的巨型企业。例如,对美国来说,起飞点来临时正是南北战争之前的最后十年,对铁路的投资是这一过程"不可或缺"的。哈特韦尔写道④,历史学家曾经争辩说"运输革命"先于工业革命,而且是伴随着所有工业革命同时进行的;经济学家同样曾经指出,现代经济成长确实与运输设施的发展相互有关,对运输的投资在促进和维持经济增长方面至关重要。经过改进的运输业是先进经济重要基础结构的一部分,今天它占有国民收入的5%~10%。根据许多历史学家的估计,运输业的发展,尤其是铁路的发展,不仅是19世纪国民经济发展的主要成分,而且也是实际经济发展的主要成分。倘若说铁路的最初作用现在已有改变,但是总的运输业的作用(以及通过改进的运输而产生的社会节约的作用)依旧如故,经过改进的运输不仅直接降低整个经济结构的成本,而且能开发市场(允许较大企业的发展)和促进劳动力的流动。在某种场合下,运输业成本的变动会引起经济的剧烈变化。例如,

---

① 赫伯特·乔治·威尔斯(Herbert George Wells). 世界史纲[M]. 桂林:广西师范大学出版社,2001:1035.
② 艾瑞克·霍布斯鲍姆. 资本的年代:1848~1875[M]. 南京:江苏人民出版社,1999:46.
③ 伊曼纽尔·沃勒斯坦. 现代世界体系(第3卷):资本主义世界经济大扩张的第二个时代18世纪30年代—19世纪40年代[M]. 北京:高等教育出版社,2000:19.
④ 卡洛·M. 奇波拉. 欧洲经济史(第3卷)[M]. 北京:商务印书馆,1989.

当低廉的运输费用和低廉成本生产的美国小麦在18世纪运到欧洲市场时,促使那里不是减少种植小麦就是采取保护性措施。在很多国家,交通改善的作用也十分深刻。克拉潘写道,在外国观光者看来,在英国似乎没有任何东西比运输和旅行工具的完善更可赞赏了。"在欧洲大陆上到处会认作是王侯乘兴"的一辆驿站马车沿着"一条条宏伟而又平坦的公路,风驰电掣,毫无颠簸之苦地"把他从各口岸载到首都。①

统计数字也说明了19世纪运输业的高速发展。有数据表明,1890年,欧洲拥有13000英里的运河和63000多英里的通航河道。世界汽轮的吨位从1830年的约30000吨增加到1890年的约750万吨;在同一时期,海运货物吨数从约1000万吨增加到约1.5亿吨。从全球看,铁路运营里程似乎与服务业发展也存在着一定的关系,在服务业不发达的亚洲等区域,19世纪铁路里程非常短(见表2)。

表2 铁路运营里程 (单位:千英里)

年份	1840	1850	1860	1870	1880
欧洲	1.7	14.5	31.9	63.3	101.7
北美	2.8	9.1	32.7	56.0	100.6
印度	—	—	0.8	4.8	9.3
亚洲其余地区	—	—	—	—	*
澳大利亚	—	—	*	1.2	5.4
拉丁美洲	—	—	*	2.2	6.3
非洲	—	—	*	0.6	2.9
全世界	4.5	23.6	66.3	128.2	228.4

注:*表示不到500英里。
资料来源:艾瑞克·霍布斯鲍姆.资本的年代:1848~1875[M].南京:江苏人民出版社,1999:84.

第三,科学研发等专业服务业的独立与持续增长,为服务业发展以及经济增长奠定了良好的基础。

从全球服务业大国兴起来看,专业化分工是一个重要的助力。而专业化分工产生了诸多专业服务领域,如营销、研发、设计、质量检查等开始从企业分离出来,使生产性服务业开始大发展。与此同时,从17世纪开始,欧洲等地的资本市场开始快速发展,股份公司等商业组织形式开始出现,这样就产生了会计、法律、税务等相关的专业服务业。在个人生活方面,教育、医疗等需要较高专业技

---

① 克拉潘.现代英国经济史[M].北京:商务印书馆,1986:106.

能的服务业，也在需求的推动下开始大规模出现。正如《欧洲经济史》里所写的，首先，19世纪已经出现职业性服务行业的扩大，包括律师、建筑师、检查员、土地代理人、工程师、秘书、会计、银行家、保险代理人、拍卖商等。同时，对医疗服务、医生、护士、药剂师、牙医（以及兽医外科医生）的需要也在增加。所有这一切变化不可避免地影响到另一种服务，即教育的规模。工业的发展大大地扩大了对有文化的工人阶级的需要，而且，如果文化不够，技术教育也会跟不上。于是，较高的教育就成为对知识性技能的更广泛的需要。上面讨论过的关于零售和批发贸易的增加也会导致经济的这些领域中就业需要的扩大，就像中央政府和地方政府、司法部门、警察和武装力量的发展曾经导致就业需要的扩大一样。①

在这一阶段，科学研发成为了一个专门的部门，这使科学进步开始出现加速，对社会经济发展具有重要的意义。兰德斯认为，科学研究的常规化，使科学家之间的交流更多，从而使科学进步更快。他指出，西方科学的第三个机制性支柱是科学发现的常规化，即发明的发明。西方广泛分布着一个知识分子群体，他们工作在不同的国度，使用不同的语言，但却是一个共同体。

我们认为，在兰德斯所提到的"科研常规化"的背后，是科学家作为一个职业阶层正式存在，而科学不再是一些聪明人业余从事的事业，而成为了一种常规化的存在，这意味着科技研发服务开始成为服务业的一个门类。这使技术进步的模式发生了巨大的变化，霍布斯鲍姆认为，1870之前的工业进步主要是依赖于工艺等。② 依赖于工艺的技术进步，主要在其自身内部就完成了职业化的过程，技术进步主要产生于工厂的内部。③ 但是，在这之后，科学开始出现了新的进步模式，即职业化的研究，使大量发明出现在企业之外。科技研究与工厂之间出现了大量的服务与被服务的关系。L. S. 斯塔夫里阿诺斯指出，1870年以后，所有工业都受到科学的影响，渐渐地，它成为所有大工业生产的一个组成部分。工业研究的实验室装备着昂贵的仪器、配备着对指定问题进行系统研究的训练有素的科学家，它们取代了孤独的发明者的阁楼和作坊。早先，发明是个人对机会做出响应的结果，而如今，发明是事先安排好的，实际上是定制的。④

科技研发服务的独立，对服务业发展产生了诸多影响。

第一，科技研发服务业的地位开始变得重要。在早期，研究工作主要在两个

---

① 卡洛·M. 奇波拉. 欧洲经济史（第3卷）[M]. 北京：商务印书馆，1989：133 – 134.
② 艾瑞克·霍布斯鲍姆. 资本的年代：1848 ~ 1875 [M]. 南京：江苏人民出版社，1999：46.
③ L. S. 斯塔夫里阿诺斯在《全球通史：1500年以后的世界》中指出，科学开始时对工业没什么影响，我们迄今所提到的纺织工业、采矿工业、冶金工业和运输业方面的种种发明，极少是由科学家们做出的。相反，它们多半是由响应非凡的经济刺激的、有才能的技工完成的。
④ L. S. 斯塔夫里阿诺斯. 全球通史：1500年以后的世界[M]. 北京：北京大学出版社，2006.

方面：一方面是有兴趣的个人，这些个人可能以研究工作作为其业余爱好，这种研究工作可能与现实生活脱节较远，科学研发无法大规模系统化地推进。而且，这种零星的科研成果也难以很快变成生产上的应用，科学家也难以在科研方面获得太多的物质方面的报酬。威尔士指出，英国科学早期的发展没有理睬正规的教育机构，而且冒着教师和牧师界的激烈反对而继续下去。法国的教育同样被耶稣会士的古典传统所支配。结果是德国人却没有多大困难去组织一批调查研究者，其规模就其可能性来说固然很小，但比起英国和法国寥寥无几的发明家和实验家却算是大的了。而且这种研究和实验工作虽使英国和法国成为世界上最富最强的国家，却没有使科学家和发明家有钱有势。一个真诚的科学家必然具有超脱凡俗的精神，他对于研究太专心致志了，使得他不去想从研究中发财致富。① 另一方面是工厂内部的技师，他们根据对现有工艺流程等的了解加以改进。但是，有组织的科学研发出现之后，科学研发就变成为有目的的一种主动行为，这是全新的一种模式。正如威尔斯所指出的，许多历史书籍出现一种倾向，即将我们此处所称的机器革命和工业革命混为一谈。在人类历史上，机器革命是一个全新的事物，它产生于有组织的科学，就像农业的产生和金属的发现一样，是一个新的阶段。② 沃尔特·李普曼也指出，从最早的时代起，就有机器被发明出来，它们极为重要，如轮子、帆船、风车和水车。但是，在近代，人们已发现了做出发明的方法，机械的进步不再是碰巧的、偶然的，而成为有系统的、渐进的。而且知道，我们将制造出越来越完善的机器，这一点，是以前的人们所未曾认识到的。

第二，科研的独立，促进了教育的大发展。霍布斯鲍姆认为，科学研究渗透进工业的重要后果是，使此后教育机构在工业发展上越来越具关键性。英国和比利时这两个工业革命第一阶段的先驱者，并不是文化最发达的国家，而且它们的技术和高等教育制度也离杰出还有一段距离（如果不包括苏格兰的话）。然而从这个时期开始，对一个国家来说，无论是缺少大众教育还是缺少相应的高等教育机构，要想成为"现代"经济国家都几乎是不可能的；反之，贫穷和落后的国家，只要具有完善的教育制度，就很容易发展起来，如瑞典。③

第三，生活服务业等持续完善，对服务业大国的兴起具有重要意义。

早期的生活服务主要是针对少数人的，大部分是具有家庭劳动性质的，这些活动一般由家仆完成。例如，格利高利·金在编制英国1688年的收入和支出表

---

① 赫伯特·乔治·威尔斯（Herbert George Wells）. 世界史纲[M]. 桂林：广西师范大学出版社，2001：1039.
② 威尔士. 世界简史[M]. 合肥：安徽人民出版社，2003.
③ 艾瑞克·霍布斯鲍姆. 资本的年代：1848~1875[M]. 南京：江苏人民出版社，1999：49.

时发现,当时的就业人员中,家仆超过了 1/5。① 这种个人服务业的发达,与当时财富分配状况有着较大的关系,也与生活服务业未能大众化有着直接联系。而到 18 世纪之后,个人生活服务业开始兴起,其主要原因包括:一是工业化带来了城市化②,城市化带来了人口的群聚。这种人口的群聚,带来了各种各样的生活服务。桑巴特指出,我们的整个文明进程中最有意义的事件之一就是 16 世纪开启之时一批集镇的人口出现了快速增长。这一发展的结果是人口达到 6 位数的城市的出现。18 世纪末,以伦敦和巴黎为典型的这类城市已接近现代大都市。16 世纪居民在 10 万人以上(含 10 万人)的城市增加到 13 或 14 个。③ 这些城市的出现,产生了对生活服务业的大量需求,从消费场所来说,种类越来越多,咖啡馆、高档餐馆、小酒馆、饭店、剧院、音乐厅、舞厅、澡堂等消费场所在大小城市不断涌现。商业化休闲成为最具发展潜力的产业,社会上出现了对彰显身份的休闲业的爆炸性需求。二是随着工业化的深入推进,机器取代了劳动力,这使工人的休闲时间增加④,加上教育的普及,使社会对文化娱乐业的需求大增。以大剧院为例,在 1689 年以前,剧院还很少,并少有新剧上演。到 1689 年以后,全国各地特别是伦敦剧院数量迅速增长,老剧院也得到重建或修缮。如伦敦特鲁里街剧院在 1673 年完成重建,此后多次进行改造和修缮。到 1762 年,每场演出的包厢费用已经上升到 354 英镑,到 1780 年能容纳 2000 名观众。到 18 世纪,观看戏剧和音乐会的观众增长迅猛,剧院的经理发现低收入的工人也观看他们的戏剧,于是他们在定期演出之后,以便宜的价格推出"加时"演出。康文特园的账本表明,这一措施十分成功,为剧院每周带来 200~300 英镑的额外收入。一些小剧院则完全面向这类低收入观众,同时不断推出新剧,在 18 世纪上半期共有 1095 部新剧推出。观看戏剧和音乐会也成为地方城镇市民的日常文化活动,巡回演出团体也常光顾农村。三是交通的便利,为户外运动、休闲度假等行业的兴起提供了条件。研究者指出,假日休养地尤其是海边疗养地增加了。直到 19 世纪中期,这种消遣方式还是富人们的特权。但是,由于工业日益迅速地把劳动和空闲时间区分开来,交通工具更为发达,因此,较低的社会阶层也开始有人去光顾假日休养地。随着社会生活水平的提升、闲暇时间的增长,户外运动等体育运动也受

---

① 麦格劳也注意到,英国到 1740 年时,大约已有 40% 的 20 岁以上的成年男子在工商界谋生了,这相对于欧洲其他国家而言是个很高的比例。另外,有 30% 的英国家庭从事农业,剩下的 30% 则在别人家帮佣或从事其他劳动。

② 早期的工业地理分布主要取决于以下方面:第一,家庭工业的传统。第二,动力所在地,例如,水流、煤炭等。而蒸汽机的发明使工业的地理分布可以更加自由,这使工业开始集聚于城市。

③ 桑巴特. 奢侈与资本主义[M]. 上海:上海人民出版社,2000:29.

④ 当然,有经济史学家认为,穷人很少娱乐,在工业中心也很少有空闲时间。参见哈特韦尔在《服务业革命》一文中的相关论述。

到了更多的关注，许多普通百姓开始参与到各类体育运动之中。

从研究的视角看，生活服务业的兴起对服务业发展肯定起到了巨大的作用。但是，在研究文献方面，几乎是空白。正如哈特韦尔在《服务业革命》一文中所写的："在服务业的经济史中，最严重的空白无疑在于零售和批发商业领域，虽然在需要知识的专业中，在一般工匠服务业和在家庭服务业中文献记载之缺乏同样令人吃惊。考虑到家庭服务业的巨大社会必要性，对这个主题缺乏研究，也许是服务业文献最令人惊讶的特色。"①

三、服务业大国兴起：国别案例与特征

（一）英国：服务业先行支撑工业革命

英国是工业革命的起源地。对于工业革命为何发源于英国，历史学家与经济学家都给出了多种解释。② 我们认为，工业革命发源于英国，在本质上是因为英国之前经过了一场服务业革命，正是服务业革命的支撑，使工业革命中所出现的发明的效益能够做到最大化，使技术进步能够迅速得到推广。例如，在经历金融革命之后，任何在生产方面的改进都可以通过金融手段筹措到一定的资金，使这些生产改进快速推进到市场。而通过运输革命与商业革命之后，为这些技术革命获得了最大限度的市场范围，而市场范围的扩大进一步提升了技术革新的影响范围与效益。兰德斯曾经非常深入地研究过中世纪的"商业革命"对后来工业革命的影响。③ 希克斯（Hicks，1969）④ 研究发现，工业革命时期生产的产品在此之前就已经发明，导致经济增长的关键在于18世纪英国流动资本市场的出现。由于流动资本市场的存在，储蓄者可以持有迅速变现的流动资产，资本市场把这

---

① 卡洛·M. 奇波拉. 欧洲经济史（第3卷）[M]. 北京：商务印书馆，1989：301-302.
② 例如，兰德斯认为，工业革命发展在英国的原因是英国已具备工业革命发生的条件，他指出，到18世纪初叶的时候，英国已经遥遥领先——在庭院制造业这一培育经济增长的苗床方面，在利用矿物燃料方面，在那些将作为工业革命核心的重要部门的技术，如纺织、钢铁、能源和动力的技术方面，均是如此。除此之外，还应提到英国商业化的农业和运输的效益（参见兰德斯. 国富国穷[M]. 北京：新华出版社，2010：231）。但《大分流》的作者彭慕兰认为，工业革命的原因是英国靠三分判断和七分运气把掠夺新大陆的成果和化石燃料的能源结合起来，从而打破了传统的生态限制。关于工业革命前期英国森林的破坏，可以参见《英国现代经济史》等参考书。伊曼纽尔·沃勒斯坦也倾向于认为，在工业革命前夜，英国与法国哪个更先进，这是有争议的。
③ 兰德斯. 国富国穷[M]. 北京：新华出版社，2010：200.
④ 约翰·希克斯. 经济史理论[M]. 北京：商务印书馆，2010.

些流动性金融工具转化为长期投资。工业革命需要金融革命实现资本转化为长期投资（Bencivenga、Smith 和 Starr，1995）。[①] 英国在发展早期的服务化可以从数据分析上看出来，1801 年，英国服务业占 GDP 的比重就达到了 45%。

我们认为，这些服务业革命的影响并不是只有英国。英国的关键是将这些服务业的要素组合在一起。正如布罗代尔指出的，在欧洲别的国家，经济发展总是遇到一些瓶颈。

具体到英国，商业革命的发生主要体现在两个方面：

1. 对外贸易的发展

相比大航海时代发展起来的海外贸易大国，如荷兰等国，英国对外贸易发展比较晚。英国的对外贸易是从 18 世纪开始起飞的。根据英国海关的记录，1700 年离开英国港口的商船吨数不超过 317000 装载吨，这个数字相当于今天利物浦港运输量的 1/68。但是，之后增长很快，到 1751 年，出口数字是 661000 吨，1787 年是 1405000 吨。[②] 这相当于在不到 90 年的时间里，增长了 3 倍多。

英国对外贸易的发展与大航海时代的海外贸易相比，呈现了一些不同的特征，正是这些特征为英国工业革命打下了基础。首先，英国的对外贸易商品从奢侈品向一般生活用品转型。这注定了贸易量的大幅度上升，也意味着贸易从仅影响上层贵族生活到成为普通百姓生活的一部分。这与大航海时代的贸易有着质的区别。[③] 与这一点相关的是，贸易的普遍化使贸易与工业生产直接联系在一起，贸易不仅互通商品的有无，更重要的是，成为促进工业生产、提升工业技术的一个重要手段。其次，贸易与海外影响力扩张以及文化的传播交流更紧密地联系在一起。麦格劳指出[④]，在战争频繁、耗资巨大的战争年代，一个国家的贸易可以提供足够的原材料、国内就业机会及税收。1718 年，政治经济学家乔赛亚·蔡尔德还发现了国际贸易的另一大优点：从事贸易活动的英国船只"显示出了强大的力量（人力和财力），很多商船和海员将英格兰的强大和安全感带到了世界各地"。因此，贸易本身也是一种向世界传播英国影响力的工具。因此，麦格劳认为，大英帝国的形成起源于早期的中型贸易企业。最后，贸易有利于实现价格的均一化，从而有利于建立统一的市场，形成较为稳定的预期。在价格均一的条件

---

① Bencivenga V. R., B. D. Smith and R. M. Starr. Transactions Costs, Technological Choice, and Endogenous Growth [J]. Journal of Economic Theory, 1995（67）：53 – 177.

② 保尔·芒图. 十八世纪产业革命——英国近代大工业初期的概况[M]. 北京：商务印书馆，1983.

③ 例如，布罗代尔在评论大航海时代的贸易时指出，远程贸易在商业资本主义诞生过程中无疑起着头等重要的作用，并且长期是商业资本主义的基本活动。今天要证实这个普通的道理，却颇费唇舌，因为许多历史学家往往异口同声地反对它，虽然理由有的站得住，有的难以成立。站得住的理由：对外贸易（蒙克雷斯蒂安的著作中可见这个与国内贸易相对应的说法）在整个贸易活动中无疑只占很小的份额，任何人不会对此提出异议。

④ 麦格劳. 现代资本主义：三次工业革命中的成功者[M]. 南京：江苏人民出版社，1995：55.

下,商人从事贸易的风险与工业资本家进行实业投资的风险都能够得到有效控制,从而使投资的增长加速。

伊曼纽尔·沃勒斯坦认为,价格均一对工业得以起飞起到了非常重要的作用,而价格的均一过程中,商业资本主义起了重要作用。他指出,我们不要忘记1600~1750年这一时期继续并推进了世界经济的一个重要进程:如布罗代尔和斯普纳的考察所展示的那样,在欧洲三个基本的价格区域中,价格上的差异在稳步地消除。从18世纪早期就悄然开始弥合(最高价与最低价之间)的裂隙,表明全欧洲的价格是如何开始趋于整合的……通过过分地利用……价格差异,商业资本主义对价格扯平的过程和流通渠道的形成,以及促进到处寻找更有利条件的行业的转移,都起了作用。这就是问题的核心。16~18世纪是工业得以起飞的资本主义发展过程,而价格的均一则是其中的主要因素。①

2. 社会生活的全面商业化

在18世纪以后的英国,商业一个最大的影响是与工业技术进步直接联系在一起。保尔·芒图通过考察工业革命中几个具有重要影响的城市的发展历程之后指出,服务业的发展是这些工业城市兴起的重要原因。例如,他指出,"利物浦的发展是早于并且超过地方工业的发展的。它的发展似乎是与英国一般商业的发展有着密切关系。我们看到它们之间的最经常和最显著的对应。我们可以说,利物浦史,在几乎整个18世纪中,就是英国商业史的简述"。"在所有的英国各郡中,兰开夏堪称大工业的发祥地,它的发展首先是依靠利物浦及其商业的发展"②。商业的另一个影响是商店已经成为日常生活的一部分。麦格劳注意到,到17世纪末,商店取代了市场或市集成为主要的出售商品的地方和消费场所。③

与商业革命同步发生的是英国的运输革命、金融革命等,这些服务业的革命性变化为工业革命打下了良好基础,成为了工业革命发生、传播与扩散的重要基础与支撑条件。

(二)美国:工业、城市化与服务业同步发展

在工业革命的历史上,美国是一个后来居上者。根据美国服务业崛起的时间特征,在服务业发展过程中,美国是工业、城市化与服务业同步发展。从工业发展看,美国工业是随着出口加工而兴起的,与出口贸易之间有着良性互动。通过发展与贸易紧密相连的纺织工业,美国引进了国外的先进技术,形成了良好的经

---

① 伊曼纽尔·沃勒斯坦. 现代世界体系(第2卷):重商主义与欧洲世界经济体的巩固[M]. 北京:高等教育出版社,1998:28.
② 保尔·芒图. 十八世纪产业革命——英国近代大工业初期的概况[M]. 北京:商务印书馆,1983:83-84.
③ 麦格劳. 现代资本主义:三次工业革命中的成功者[M]. 南京:江苏人民出版社,1995:26-27.

济制度，为服务业发展提供了非常优良的条件。保尔·芒图指出，我们如更详细地研究美国棉纺工业的起源，就会发现它是因模仿外国工业而产生的，它的胚种是由东印度公司的海船运到英国的。丝纺工业也是一样，它是从意大利抄袭来的，并且是由法国难民在南特敕令取消以后将其移植到伦敦郊区的。机械装置恰好是在这两项工业——丝纺工业和棉纺工业中首先出现的，这两项工业因系新近形成而且来自外国，免受传统和法律限制的约束，所以新的经济制度也恰好是在这两项工业中建立起来的。① 美国的工业基础形成之后，其在全球工业中的地位日益上升，与此同时，美国的服务业也开始增长。从表3可以看出，1880年，美国的工业生产在全球的份额尚只相当于英国的64%，到1900年，就已达到英国的128%，到1913年，已相当于英国的235%。而从表4的数据可以看出，1820年，美国人均服务业增加值相当于英国的74%，到1870年相当于英国的77%，到1913年超过英国，相当于英国的108%。

表3 世界工业生产相对份额（1880~1938年） （单位：百分比）

国家	1880年	1900年	1913年	1928年	1938年
英国	22.9	18.5	13.6	9.9	10.7
美国	14.7	23.6	32.0	39.3	31.4
德国	8.5	13.2	14.8	11.6	12.7
法国	7.8	6.8	6.1	6.0	4.4
俄国	7.6	8.8	8.2	5.3	9.0
奥匈帝国	4.4	4.7	4.4	—	—
意大利	2.5	2.5	2.4	2.7	2.8

资料来源：保罗·肯尼迪：《大国的兴衰》。

表4 各国人均服务业增加值 （单位：1990年国际元）

国家	1820年	1870年	1913年
法国	1230	1876	3485
德国	1058	1821	3648
英国	1707	3191	4921
美国	1257	2445	5301

---

① 保尔·芒图. 十八世纪产业革命——英国近代大工业初期的概况[M]. 北京：商务印书馆，1983：80.

续表

国家	1820 年	1870 年	1913 年
日本	669	737	1385
印度	533	533	673
中国	600	530	552
巴西	646	713	811

资料来源：作者根据《世界经济千年史》的相关资料计算。

从前面的数据分析可以看出，美国服务业增长路径与英国有所区别，在美国，工业化与服务化是同步发生的。这一事实说明，一个国家在走向服务业大国时，其工业发展并不一定会萎缩。而且，美国服务业发展主要是服务业占GDP的比重基本保持不变，与国民经济同步增长，而非工业比重的绝对下降。根据统计数据，1870 年，美国的三次产业比重为 20∶33∶47；而到 1910 年，变化为 12∶40∶48，工业比重大幅度上升，而服务业比重只有轻微上升。这一时期，美国走向服务业大国的另一个特征是，服务业就业上升很快，1870 年，三次产业的就业比重为 51∶30∶19，而到 1910 年，变化为 32∶41∶27。服务业起到了吸纳就业的重要作用。

美国工业化与服务化同步发展的一个重要因素是美国的快速城市化。事实上，城市化使工业化发展的同时，服务业也得以快速发展。根据经济史学家研究，美国城镇人口的比例在 1790 年仅为 5%，在 40 年后也只有 8.7%，但到 1860 年时为 19.7%，接近 1/5①，城市化已经来临。而道格拉斯·诺斯则指出，1790 年，美国的城市化水平只有 5%，而且没有一个城市超过 5 万人。直到 19 世纪 30 年代以前，城市人口每 10 年增长的幅度都不大。但从那以后，随着工业化的迅速推进，城市人口的增长速度加快了。1840~1850 年，城市人口数量几乎翻了一番，1850~1860 年又翻了一番。到 1920 年，城市人口已经超过了农村人口。②

城市化给美国经济带来了新的动力，尤其是给服务业带来了供给和需求两个方面的支撑。

布罗代尔在总结欧洲的经济发展历史时指出，城市带来了分工、交易与市场，这为服务业发展提供了基石。他写道，任何城市，不论位于何方，都包含一定数量的、带有明显规律性的现实和过程。没有起码的分工，就没有城市；反过

---

① 关于美国城市化数据，在不同的研究中，存在着一定的差异。但是，不管绝对数据如何，关于美国城市化趋势的研究是非常明确的。

② 道格拉斯·诺斯（North D.）. 美国的工业化[M]//波斯坦，哈巴库克（Postan M. M.，Habakkuk H. J.）. 剑桥欧洲经济史（第 6 卷）. 北京：经济科学出版社，2002：635，657.

来，没有城市的干预，就不会有比较发达的分工。没有市场就没有城市；没有城市就不会有地域性或全国性的市场。人们经常谈论城市在发展多种消费中的作用，但是很少涉及另一极其重要的事实，即最穷的市民也必定通过市场取得生活必需品；总而言之，城市普及了市场。而城市又是不同经济与不同社会的根本分界线。① 而休斯（Hughes J.）和凯恩（Cain L.P.）认为，城市不但提供了工作机会，更重要的是给服务业带来了规模经济。他们写道，城市的规模经济突出表现在交通、教育、医疗、中央上下水系统、文化、通信等方面，这些便利吸引着人们。但最重要的是，对这个国家不断增长的人口来说，城市意味着工作和多种多样的机会。城市拥有庞大的第三产业部门——服务、贸易、专业工作，为工业基础服务。莱博高特的劳动力数据表明，到1914年，非农业劳动力中有整整54%在第三产业就业，而这种工作倾向于集中在城镇地区。托马斯·韦斯对第三产业就业增长原因的研究表明，主要来说，因为城市发展、城市劳动力增多、人均收入增长导致了这种现象。②

关于美国成长为服务业大国的另一个命题是，铁路在美国服务业发展中到底扮演了什么角色？这是一个有争议的问题。早先的一些研究中，由于看到美国铁路令人惊奇的增长速度，对铁路在经济发展过程中的作用给予了非常高的评价。例如，休斯与凯恩指出，美国"经济发展的成功不仅依靠农业和采掘业，而且依赖于交通运输业的突破和城镇的兴起"、"一旦定居者开始大量涌入西部土地，交通改善的好处立即变得显而易见"。③

而之后的一些研究则倾向于使用计量的方法对铁路的作用进行研究。以福格尔为代表的计量史学派认为，铁路在美国经济发展过程中的作用并不如想象的大。

四、若干启示

通过对服务业大国兴起过程的历史进行研究，我们发现，服务业大国的兴起有着一些共同的特征，如服务业占GDP比重的阶段性上升、交通运输业的先行、各个服务部门从制造业内部分立与独立、生产性服务业与个人消费性服务业交替

---

① 布罗代尔. 十五至十八世纪的物质文明、经济与资本主义（第1卷）[M]. 北京：生活·读书·新知三联书店，2002：570.
② 休斯，凯恩. 美国经济史（第7版）[M]. 北京：北京大学出版社，2011：369.
③ 休斯，凯恩. 美国经济史（第7版）[M]. 北京：北京大学出版社，2011：158.

成为服务业增长的重点。这些问题对我们有着重要启示。

第一,服务业发展依赖于各个部门的独立,服务业独立出来之后,与实体经济的关系是一种相互促进关系。

历史研究表明,在一个国家迈向服务业大国的过程中,服务业与实体经济的关系是一个相互促进的过程。保尔·芒图在研究18世纪以来的产业革命兴起时指出,在产业革命的初期,如果没有一些商业活动走在前头,工业进步就几乎没有可能。H. N. 沙伊贝、H. G. 瓦特、H. U. 福克纳在《近百年美国经济史》中认为,19世纪下半叶以来美国制造业的兴起与其服务体系的兴起有着直接关系。[1] 制造业的繁荣带来了分工的发展、城市的兴起,使服务业具备了持续增长的动力。也有研究者指出,如果服务业与工业缺乏良性互动,单纯的商业繁荣不足以支撑一个国家走向服务业大国。中世纪的意大利、工业革命之前的荷兰等,都说明了这个问题。

在中国迈向服务业大国的过程中,仍然需要对服务业与工业之间的关系进行深入研究,使二者进入一个良性互动阶段,从而为中国迈向服务业大国打下坚实的基础。

第二,关于房地产业在特定发展时期的地位及未来走向。

当前,在中国的经济发展格局中,房地产业占据了非常重要的地位,大量的资金脱离实体经济,进入了房地产领域。从服务经济发展史看,由于服务业发展与城市化有着同步性,资金进入房地产领域是一种必然的趋势。例如,卡洛·M. 奇波拉主编的《欧洲经济史》(第3卷)《工业革命》中,曾描述了房地产业发展的情况。作者指出,"几乎任何地方,每当工业化开始加快步伐,就感到住房短缺"。而且,由于房屋建设的步伐跟不上需求,使房租等价格也快速上涨。具体的研究数据表明,"在19世纪期间,一些势力联合起来抬高房租,收入中花费在房屋上的比例日益增加,在英国年房租大约占总消费开支的5%,1851年增至8%,1901年增至9%。而且,非常明显的是,正如施瓦布所论证的,'房租支出的比例随着收入的降低而增大'。一本维多利亚女王时期的手册指出,在英国,250英镑年收入的10%要用来付房租,而收入更少的人则要把自己收入中的更大比例用来付房租。年收入为125英镑者,要付约25英镑的房租(1/4~1/5),而年收入大约为40英镑者,则要付大约6英镑10先令房租,或自己收入的大约1/6"。

关键在于如何引导这些资金进入房地产市场以及如何引导房地产资金在盈利之后再次进入实体经济。一个有效的措施是,深入进行农村土地制度改革,引导

---

[1] H. N. 沙伊贝、H. G. 瓦特、H. U. 福克纳. 近百年美国经济史[M]. 北京:中国社会科学出版社,1983.

资金进入农村地区，尤其是与城市相邻的农村地区，以市场的力量推进城市空间格局快速扩大。布罗代尔通过研究欧洲15～18世纪的物质生活之后发现，"欧洲没有一个城市的金钱不向邻近的土地漫溢。城市越大，涉及的范围越广，任何障碍都阻止不了城市财主们的扩张。不但在近郊，他们还通过订立契约，向很远的地方发展：请看热那亚商人，他们于16世纪在遥远的那不勒斯王国购买领地。在18世纪的法国，不动产市场遍及全国，人们在巴黎可以购买布列塔尼的领地和洛林的土地"。① 麦格劳也指出，直到现在，在房地产开发上发迹的美国人远比在其他方面发财的人要多。但是土地只能算是美国资本主义发展道路上的第一站。②

第三，正确看待服务业投资高的问题。

长期以来，在一般人的印象里，服务业是一个节约投资的产业。在之前的研究里（李勇坚和夏杰长，2011）③，我们曾经证明，服务业是一个高资本消耗的行业，而且在一段时间里，服务业投资的效率也不会太高。从中国发展现实看，自1993年开始，中国的固定资产投资中，服务业就占了50%以上，这个比例一直保持至今。服务业发展需要高投资，这个观点对于历史上服务业大国的形成是否适用呢？经过对服务业大国成长历史的研究，可以发现，在服务业发展过程中，投资是必不可少的。从历史上看，美国商务部与人口普查局编写的美国官方统计资料《美国历史统计——从殖民地时代至1957年》提供的数据表明，1869～1913年，美国的总资本形成从21亿美元增长到了131亿美元，总资本形成占GDP的比重一直保持在22%以上。④ 在总资本形成中，主要是交通运输与住宅业，占了60%以上，具体见表5。

表5 1880～1912年几个部门资本股份增加的情况

（单位：10亿美元，1929年价格）

部门	1880～1890年	1890～1900年	1900～1912年
1. 农业	0.7	1.5	4.7
2. 矿业	0.5	0.7	1.9

---

① 布罗代尔. 十五至十八世纪的物质文明、经济与资本主义（第2卷）[M]. 北京：生活·读书·新知三联书店，2002：256.

② 麦格劳. 现代资本主义：三次工业革命中的成功者[M]. 南京：江苏人民出版社，1995：335.

③ 李勇坚，夏杰长. 服务业是节约投资的产业吗？——基于总量与ICOR的研究[J]. 中国社会科学院研究生院学报，2011（5）.

④ H. N. 沙伊贝，H. G. 瓦特，H. U. 福克纳. 近百年美国经济史[M]. 北京：中国社会科学出版社，1983.

续表

部门	1880~1890年	1890~1900年	1900~1912年
3. 制造业	2.6	3.2	8.1
4. 交通运输和公用事业 　铁路	4.7 4.1	4.5 3.1	12.0 6.9
电力和照明	0.1	0.5	2.3
耐用生产资料总值	8.5	9.9	26.7
非农业住宅 　私人机构和政府建筑物	14.0	15.5	22.2
总资本形成	22.5	24.4	48.9

资料来源：西蒙·库兹涅茨. 美国经济中的资本：它的形成和资金筹措[M]. 普林斯顿大学出版社，1961：610-611.

从上述数据可以看出，在相当一段时间内，交通运输和公用事业、房地产业占据了投资的绝大部分，这一现象说明，服务业高投资是发展过程中一个非常重要的事实。

第四，金融业发展在服务业中的地位。

经济史学家已有的研究成果指出，金融业发展占据了极其重要的地位，对服务业发展有着非常重要的影响。Carroll Quigley 认为，工业资本主义之后，必然迎来资本主义的升级版，即"金融资本主义"（Financial Capitalism）。其他一些学者通过对美国经济史的研究也发现，美国的经济发展史可以分为两个方面：其一是把在商人控制美国商业体系中的经济势力时期以前，包括殖民地阶段和19世纪前10年，称为"前资本主义"，"前资本主义"早已让位于商人控制美国经济命脉的"商业资本主义"。其二是"商业资本主义"又让位于"工业资本主义"，然后，由此到19世纪末产生了"金融资本主义"。①

从更长期的历史看，金融业并不是在商业资本主义充分发展之后形成的一种新业态，而是在服务业大国的成长过程中发挥着非常重要的作用。麦格劳指出，在资本主义发展早期，"现金贸易取代易货贸易不仅使定价变得简单，而且减少了生产者和消费者双方的猜疑心理"。"1694年英格兰银行的诞生"对英国商业繁荣起到了非常巨大的作用。伯特兰·吉勒认为，银行业和工业化之间的联系似

---

① H.N. 沙伊贝，H.G. 瓦特，H.U. 福克纳. 近百年美国经济史[M]. 北京：中国社会科学出版社，1983.

乎无法分开。19 世纪银行兴起的全部过程和工业的兴起过程同时并进。① 伊曼纽尔·沃勒斯坦也同样指出,在 18 世纪中期,欧洲统一金融市场的形成对欧洲经济的起飞发挥了巨大的推动作用。

从上面的研究可以看出,中国在迈向服务业大国的过程中,应该高度重视金融业的发展。由于金融业发展的内在不稳定性(金德尔伯格,2007)②,我国在促进金融业发展的过程中也应该关注金融业发展所存在的风险。

---

① 伯特兰·吉勒. 1730~1914 年的欧洲银行业和工业化[M]//卡洛·M. 奇波拉. 欧洲经济史(第 3 卷). 北京:商务印书馆,1989:206.
② 金德尔伯格. 疯狂、惊恐和崩溃:金融危机史[M]. 北京:中国金融出版社,2007.

专题四 服务业开放、结构变迁与国民收入追赶

刘维刚

摘　要：服务业的结构和对外开放度是影响一国经济发展的重要因素，借鉴服务业对国民收入追赶的国际经验，对我国成功跨越"中等收入陷阱"，实现国民收入追赶具有重要意义。基于 2005～2014 年跨国数据，本研究使用固定面板和系统 GMM 模型研究了服务业结构和服务业对外开放度对一国收入追赶的影响。结果显示，服务业附加值占 GDP 比重对收入追赶有显著的促进作用，但服务业附加值和制造业增加值的比重对收入追赶有显著的抑制效应。服务业开放度越大，开放质量越高，则越有利于国民收入追赶。本研究结果表明，为实现国民收入追赶，应当坚持以制造业发展为基础，在此前提下大力发展服务业和扩大服务业开放度。

关键词：服务业结构；服务业开放；中等收入陷阱；国民收入追赶

一、引言

人均国民收入（NNI）是衡量一国经济发展水平的重要指标之一，世界银行据此把世界上不同国家和地区划分为低收入、中等收入和高收入三组不同发展水平的经济体。世界银行的划分标准每年都会进行动态调整，而且其每年发布的《数据统计手册》中的标准是以两年前人均 GNI 为标准的。如 2015 年对全球国家和地区经济体的划分是以 2013 年人均 GNI 为基础，按照当年美元价格人均 GNI 小于 1045 美元的为低收入经济体，高于 12746 美元的为高收入经济体，处于中间的为中等收入经济体。由于技术进步、制度创新等，各国收入水平不断提高，因此以绝对收入水平衡量一国的收入水平并不准确。基于此，Woo（2012）

把 PPP 衡量的一国人均 GNI 与美国人均 GNI 的比值定义为收入追赶指数（CUI），从而动态衡量一国的收入状况。之所以选择与美国人均 GNI 比较，是因为美国是世界上经济发展水平最高的国家，而且过去 200 年间经济一直持续稳定增长。把 CUI 大于 55% 的国家定义为高收入经济体，小于 20% 的国家定义为低收入经济体，处于中间的为中等收入经济体。

诚然，不同发展水平经济体并非一成不变，受资源禀赋、国内政策、社会稳定和国际环境等因素影响，一些国家由低（中等）收入迈入中等（高）收入经济体，如中国等。但也有一些国家会从较高经济发展水平跌落至较低发展水平，如伊拉克等。世界银行（2012）统计发现，1960 年的 101 个中等收入国家和地区在 2008 年只有 13 个迈入高收入经济体。在 20 世纪 60～70 年代，许多拉美和亚洲国家便已达到中等收入发展水平，但始终徘徊不前。1960～2005 年，特别是 80 年代债务危机以来，拉美国家人均收入与美国人均收入的相对比值处于不断下降状态。世界银行 2007 年在关于亚洲的发展报告《东亚复兴——关于经济增长的观点》中分析了拉丁美洲国家和东亚国家发展状况后，首次提出"中等收入陷阱"这一概念，认为东亚中等收入国家应当注意到现代经济增长方式向专业化、依赖创新驱动和人力资本的发展。如果东亚中等收入国家不能有效解决这些问题，有可能像拉美国家一样陷入"中等收入陷阱"。

落入"中等收入陷阱"的具体原因较多，基于国内外相关研究，张德荣（2013）总结为收入差距、需求和产业结构、城市化进程和人口结构等几个方面。高杰等（2012）从社会建设滞后、转型失败、社会流动性不足、发展模式缺陷和福利赶超五个方面进行了总结。赵秋运和林志帆（2015）认为，赶超战略的金融政策使得产业结构偏向于工业部门，从而产生扭曲，对经济增长产生负向影响。但从机制上来讲，一个国家在低收入阶段可以通过技术模仿和劳动力优势获得产品竞争优势，而随着收入不断提高，技术模仿变得比较困难，同时劳动力工资上升使得产品竞争优势丧失，如果不能够进行技术创新等将会落入中等收入陷阱。

自改革开放至今，我国经济持续高速增长，国民收入水平不断提高。按照世界银行的标准，2010 年我国已经进入中上等收入经济体。但以经济增长率看，2012～2014 年经济增长率在 7.7% 左右，为近 10 余年最低。2015 年经济进一步下行，GDP 增长率将会放缓至 7% 左右。图 1 描述了 1950～2010 年我国与跨越"中等收入陷阱"成功和失败的代表性国家韩国和阿根廷人均 GNI 和 CUI 的动态变化状况。随着我国经济步入新常态，我国是像韩国一样成功跨越"中等收入陷阱"，还是会步阿根廷发展之后尘，成为学界和政府关注的热点问题。

本研究将在 Woo（2012）定义的追赶指数基础上，从服务业结构和对外开放度的视角，基于跨国数据分析产业结构和对外开放程度对国民收入追赶的影响，为我国不断提高国民收入、跨越"中等收入陷阱"提供理论支持和政策建议。

本研究的创新点主要有如下两点：一是首次从实证角度检验"中等收入陷阱"与服务业结构和对外开放度的关系；二是基于跨国数据从收入追赶的视角实证研究跨越"中等收入陷阱"的影响因素。

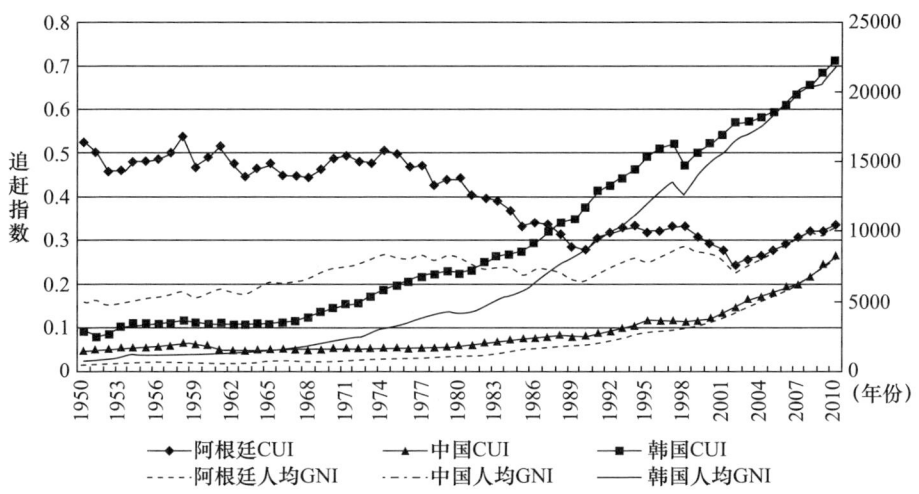

图1 中国、阿根廷和韩国人均GNI和CUI（1950～2010年）

资料来源：麦迪逊统计数据，http：//www.ggdc.net/maddison/maddison-project/home.htm。

本研究余下部分安排如下：第二部分评述相关文献，第三部分介绍使用数据、变量选择和模型设定，第四部分汇报回归结果并进行稳健性建议，第五部分是结论并给出相关政策建议。

二、文献综述

虽然学界及政界对"中等收入陷阱"的关注度不断增加，但对世界银行关于"中等收入陷阱"的定义存在着争议。[①] 华生和汲铮（2015）认为，世界银行定义的"中等收入陷阱"并不存在，而收入追赶指数存在明显缺陷，当前大多

---

① 如2015年11月魏尚进在北大演讲中认为不存在中等收入陷阱，而是从三个角度来区别国家类型：进步型国家不会陷入任何陷阱，退步型国家的负增长率会使得收入水平更低，滞涨型国家的低增长率会使得收入陷入当前发展水平。对中等收入国家来说，有利的人口因素、宏观经济的稳定性和良好的金融发展是区分快速增长或者缓慢增长国家的最重要的因素。

数研究对"中等收入陷阱"的探讨实际上是中等收入阶段。根据对经济增长理论的梳理,蔡昉(2011)认为"中等收入陷阱"与增长理论是相容的,可以借以分析特定阶段的经济发展现象。通过对国际经验的分析也发现,的确存在统计上的显著性,验证了在中等收入的特定阶段上,高速增长的经济体现出减速甚至增长停滞的趋势。张德荣(2013)发现的确存在"中等收入陷阱"现象,在经济增长框架下,发现不同经济发展阶段经济增长的动力机制是不同的,不能适时转换动力机制导致发展中国家陷入"中等收入陷阱"。在经济增长理论中,如果经济均衡是多重的,落入中等收入发展阶段而不能向高收入阶段过渡,则可以认为是落入了"中等收入陷阱"。Agénor 和 Canuto(2015)构建了包含两类劳动力和两种内生职业选择的两期世代交叠模型,他们通过证明存在多重均衡而证明了"中等收入陷阱"的存在性。实证分析方面,Eichengreen(2013)研究发现,在2005年PPP衡量的人均收入在15000~16000国际元及10000~11000国际元区间内增长会趋于放缓。Robertson 和 Ye(2013)在统计意义上定义了"中等收入陷阱"并推导了一个时间序列检验方法,在这个方法下数据发现有19个国家符合"中等收入陷阱"的定义。通过梳理文献可以发现,尽管对"中等收入陷阱"的定义存在争议,但理论和实证研究中一国经济达到中等收入阶段经济增长会放缓,而且可能会持续不前。

对"中等收入陷阱"现象和问题最直接的研究是国际经验,主要有拉丁美洲、东亚和西欧等。钱云春(2012)总结了西欧各国经济发展的经验,发现"一战"之前和"二战"结束这段时间内西欧各国落入"中等收入陷阱",其主要原因是工业化技术变迁所带来的社会问题缺乏相应的社会保护机制化解。经过第三次产业革命和社会民主化的社会政治改革,通过重构社会保护机制和建设社会福利国家,西欧重新获得了经济增长动力,跨越了"中等收入陷阱"。孔泾源(2011)通过分析世界各国发展过程中形成"中等收入陷阱"的普遍现象与中国当前的一些特殊表象,探究各国不同的发展类型与体制特征:唯有深化体制改革和制度创新,改善制度供求关系和供给质量,加快推进经济发展方式的转变,才能顺利跨越"中等收入陷阱"。郑秉文(2011)比较了落入"中等收入陷阱"的拉美国家,并以跨越"中等收入陷阱"的亚洲"四小龙"作为参照系,指出我国经济发展已经经历和即将经历市场、要素、效率和驱动创新四个阶段,以及三次跨越。此外,还分析了我国容易落入"中等收入陷阱"的各种诱因,并提出避免落入陷阱和实现经济转型的动力问题,认为制度、政策和基础设施构成了动力组合。全毅(2012)对比分析了东亚"四小龙"和日本成功跨越"中等收入陷阱"的经验,发现它们曾不同程度地依赖以出口为导向的低成本优势战略,但在进入中等收入序列后这些国家和地区放弃了这一战略,而是依靠科技进步和人力资源开发,转变经济增长方式,实现产业结构的转型和城乡与地区的均衡发展,促进中等收入阶层的形成以及经济增长动力结构的转变,实现社会结构和政治民主化转型,保证了经济社会的持续发展,成功地避开了"中等收入陷阱"。朴馥永(2013)研究了韩国摆脱"中等收入陷阱"的经济转型历程,认为20世纪80年代民营经济的创新投资激发了技术创新热潮,快速的技术创新推动了韩国生产率的提升,缓解了工资上涨的压力,使韩国跨越了"中等收入陷阱"。马晓河(2011)深入分析了日本、韩国和巴西跨越"中等收入陷阱"的成功经验和失败教训,指出了中国在结构转型过程中的压力和需求结构调整、产业结构调整的困境,分析了我国跨越"中等收入陷阱"的战略选择。

通过对国际经验的比较分析,可以梳理出一国落入"中等收入陷阱"的原因。高杰、何平和张锐(2012)认为"中等收入陷阱"实质上可以分为三个方面:经济增长问题、经济发展问题、社会自身规律不存在所谓"中等收入陷阱"。导致发展中国家跌入"中等收入陷阱"的原因主要是社会建设滞后、转型失败、社会流动性不足、发展模式缺陷以及福利赶超等。从人口转变、资源禀赋变化以及增长方式等一系列经济发展阶段特征看,蔡昉(2011)认为中国正面临着如何跨越中等收入阶段的严峻挑战。周文和孙懿(2012)认为,我国当前体制改革、结构转型以及发展方式转型方面正面临越来越多的挑战,经济增长的可持续性堪忧。Zhang等(2013)考察了中国由低收入向高收入经济体迈进过程中的一个重大挑战——不平等问题。不同层次人口的人力资本投资不足可能是未来不平等的一个重要根源,在此基础上他们探讨了两个方面:一是制度和结构壁垒使得青少年不愿意进入学校接受教育;二是营养和健康问题会影响到落后地区人力资本的进一步投资。

如何应对可能落入"中等收入陷阱"的重大挑战,成为学界和政界关心的重要问题。对于我国是否能够跨越"中等收入陷阱",改革和原创性技术进步是中国未来经济增长的主要动力(张德荣,2013)。华生和汲铮(2015)认为,人均GNI、通货膨胀率和汇率是对中等收入阶段至关重要的三个问题。蔡昉和王美艳(2014)从国际经验发现,中国在中等偏上收入阶段遭遇经济增长减速,应该高度重视收入差距扩大的问题。深化国民收入初次分配和再分配领域的改革,对于缩小收入差距和避免"中等收入陷阱"风险具有重要的政策意义。田国强和陈旭东(2015)认为,中国避免及跨越"陷阱"的治理之道在于国家治理模式重构,即通过合理界定和厘清政府与市场、政府与社会的治理边界,来实现从发展型的全能政府向公共服务型的有限政府转型,从要素驱动向效率驱动乃至创新驱动转型,从传统社会向现代公民社会转型,建立政府、市场与社会"三位一体"的国家公共治理模式,实现国家治理体系和治理能力的现代化。

如上对我国跨越"中等收入陷阱"的政策建议等多是基于定性分析,而鲜少侧重定量分析。代发涛(2014)分别考察了投资、消费、技术和通货膨胀对经济增长的重要影响，认为我国人均 GDP 在进入上中等收入阶段后，在结构变迁过程中要及时转变经济发展方式，通过扩大消费、增加投资、促进技术进步来实现经济的稳定持续增长。同时要通过改革来避免过度城镇化，抑制通货膨胀，为我国经济增长创造一个稳定的外部环境。赵秋运和林志帆（2015）则尝试了从金融抑制与产业结构扭曲的角度为"中等收入陷阱"现象提供解释。他们基于实证研究发现，催生于赶超战略的金融抑制政策使产业结构偏向于工业部门，造成产业结构扭曲，对经济增长造成负面影响，从而使得一国易于陷入"中等收入陷阱"。基于如上文献梳理，本研究首先以国民收入追赶来刻画长期中一国经济增长状况，以有效避免对"中等收入陷阱"这一概念的争论；其次以服务业结构和开放的视角研究影响国民收入追赶的重要因素。

三、数据变量和模型设定

（一）数据来源和变量选择

本研究采用跨国数据，来源于世界银行 WDI 数据库，时间跨度为 2005～2014 年。根据全球国家和地区的特征，本研究剔除了世界银行划分的小国、群岛国家及石油国家。小国更容易受国外援助或者政策冲击的影响，群岛国家一方面临靠海洋，另一方面领土呈碎块化，石油国家国民收入主要依赖于资源，因此这三类国家不具有借鉴意义。本研究共整理 111 个国家，其中低收入国家 17 个、中等收入国家 58 个、高收入国家 36 个。

借鉴 Woo（2012）的研究，本研究使用"追赶指数"（Catch – up Index）刻画一国国民收入追赶，即一国人均 GNI 与美国 GNI 的比值。与 Woo（2012）不同，本研究并不以追赶指数的实际值对本研究选取的样本国家进行经济发展水平的划分，而是视其为经济发展的不同阶段。代发涛（2014）使用 GDP 增长率作为被解释变量来分析跨越"中等收入陷阱"的影响因素，但一国向高收入国家的追赶不仅取决于自身经济增长水平，而且取决于高收入国家的经济增长率。因此，使用追赶指数作为收入追赶的代理变量既考虑了经济增长的绝对水平，也考虑了一国和高收入经济体的相对增长水平。

核心解释变量包含服务业结构和开放程度两个维度。服务业结构是指服务业附加值占 GDP 的比重、服务业附加值与制造业增加值的比重，第一个指标刻画了一国服务业的经济地位，第二个指标则进一步描述了服务业与对经济发展至关重要的制造业的关系。这两个指标充分考虑了服务业发展的绝对水平，也顾及了服务业与制造业之间的关系。囿于数据结构，本研究很遗憾不能对服务业内在构成进一步划分。本研究使用三个指标刻画服务业开放程度，分别是服务出口中代表服务出口质量的信息和通信技术等出口占服务出口的比值、服务业进出口贸易总额占 GDP 的比值，以及服务业出口占出口总额的比重。这三个指标刻画了服务业的开放度和开放质量。

控制变量的选择主要是影响一国经济产出的消费、投资、劳动、国内税负水平、政府管理水平及货币政策状况等。根据数据可得性，消费可分为居民消费和政府消费，本研究选取居民最终消费占 GDP 比重和政府一般消费占 GDP 比重刻画消费水平。投资主要包含国内和国外资本流入两个方面，本研究使用固定资本形成总额和外国资本净流入与 GDP 的比值刻画投资水平。把 15~64 岁人口占总人口数的比例刻画为劳动供给水平，用总税收占商业利润的百分比和开办企业流程所耗成本分别刻画一国总税负水平和政府管理水平。具体的开办企业流程所耗成本为花费具体金额与人均 GNI 的比重。通货膨胀率和城市化率分别被用来刻画一国宏观政策和社会发展状况。各变量的统计性描述见表 1。

表 1 主要变量统计性描述

变量名	变量	观测值	均值	标准误	最小值	最大值
Ccu	追赶指数（%）	1090	30.53	30.37	1.05	144.46
Serv	服务业附加值占比（% GDP）	1065	57.89	12.56	23.74	87.47
Ser_M	服务业与制造业比值（%）	1020	4.80	2.57	0.64	17.53
Ser_H	高技术服务（% 服务出口）	919	23.40	16.65	0.22	227.09
Ser_T	服务贸易额占比（% GDP）	1095	70.19	38.84	17.22	345.43
Ser_E	服务出口与总贸易比值（%）	1010	0.71	6.34	0.004	83.31
Con_H	居民最终消费（% GDP）	1067	65.58	14.86	1.51	125.27
Con_G	政府一般消费（% GDP）	1070	15.42	5.54	2.80	86.91
Cap_F	固定资本形成总额（% GDP）	1068	22.90	5.95	5.46	48.41
Cap_Fdi	外国净资本流入（% GDP）	1047	0.39	3.73	-0.57	57.82
Labor	劳动力人数占比（%）	1100	63.31	6.52	48.15	73.78
Tax	总税率（% 商业利润）	1096	47.87	35.15	7.4	339.1
Cost	开办企业成本（% 人均 GNI）	1083	44.36	106.84	0.1	1314.6
Inf	通货膨胀率（%）	1100	5.73	5.76	-4.48	59.22
City	城市化率（%）	1100	57.27	21.80	9.38	100

注：表 1 是剔除了缺失值后的描述性统计。
资料来源：世界银行 WDI 数据库。

(二) 模型设定

根据引言和文献综述及数据结构特征,本研究使用面板回归模型。服务业结构和开放对收入追赶的影响估计模型可设定如下:

$$Ccu_{it} = \alpha_0 + t + \alpha_2 X_{it} + \alpha_3 Z_{it} + \varepsilon_{it} \tag{A}$$

其中,X_{it}表示服务业结构和服务业开放共五个核心解释变量;Z_{it}表示消费、投资、劳动力、通货膨胀率和城市化率等控制变量;α_2、α_3是参数向量;α_0为常数,是要估计的参数值;t表示时间;ε_{it}为扰动项。在估计的时候,本研究对服务业结构和服务业开放在稳健性检验部分分别进行了综合控制。

在回归分析中,考虑到服务业结构和开放对收入追赶的滞后效应,可以将(A)修正为动态面板模型,如下:

$$Ccu_{it} = \alpha_0 + \alpha_1 Ccu_{it-1} + \alpha_2 X_{it} + \alpha_3 Z_{it} + \varepsilon_{it} \tag{B}$$

其中,Ccu_{it-1}表示商议期追赶指数,其他符号的含义同回归方程(A)。本研究将使用固定效应和随机效应面板模型估计回归方程(A),使用系统GMM估计回归方程(B)。一国出口水平对经济增长和收入追赶具有重要作用。特别地,韩国、新加坡等东亚国家和地区在20世纪经济腾飞的一个重要因素是出口导向战略。代发涛(2014)在分析影响跨国经济增长因素时也控制了贸易总体水平。因此,在分析服务业结构对收入追赶的效应时,模型(A)和模型(B)还将控制贸易总体水平。

四、实证结果

(一) 服务业结构效应

本研究分别使用随机效应和固定效应模型估计了回归方程(A),并进行了豪斯曼检验,检验结果显著拒绝随机效应模型。表2汇报了双向固定效应模型和系统GMM所估计的服务业结构对收入追赶的效应。表2汇报的结果是对包含低收入国家、中等收入国家和高收入国家的全样本的估计所得。第(1)列和第(4)列结果显示,不控制服务业增加值和制造业增加值比重时,服务业占GDP的比重对一国收入追赶具有正向效应,为0.102~0.120。该结果意味着一国服务业水平的提高的确能够促进收入追赶,有助于跨越"中等收入陷阱"。第(2)列和第(4)列结果显示,服务业和制造业比重越大,反而对收入追赶有负向效应。也就是说,一国经济结构中服务业相对于制造业占比越大,反而不利于缩小与高收入国家的收入差距。控制服务业和制造业的比重后，第（6）列结果显示服务业占 GDP 比重每提高 1%，一国人均 GNI 和美国人均 GNI 的比重将会下降 0.052%。

表 2　服务业结构对收入追赶的效应

解释变量	(1)	(2)	(3)	(4)	(5)	(6)
	FE			系统 GMM		
	收入追赶					
Ccu 滞后项				0.843***	0.873***	0.891***
				(0.008)	(0.003)	(0.004)
Serv	0.102***		-0.081	0.120***		-0.052***
	(0.029)		(0.074)	(0.007)		(0.008)
Ser_M		-0.982***	-0.927***		-0.144***	-0.183***
		(0.296)	(0.301)		(0.023)	(0.021)
Con_H	-0.036	-0.040*	-0.039	-0.044***	-0.074***	-0.066***
	(0.027)	(0.024)	(0.024)	(0.004)	(0.003)	(0.003)
Con_G	-0.016	-0.064	-0.064	0.097***	-0.054***	-0.047***
	(0.072)	(0.059)	(0.059)	(0.011)	(0.002)	(0.003)
Cap_F	0.136**	0.080	0.077	0.359***	0.221***	0.203***
	(0.060)	(0.050)	(0.050)	(0.015)	(0.005)	(0.006)
Cap_Fdi	-0.077	-0.098	-0.100	-0.015	0.014**	-0.005
	(0.135)	(0.099)	(0.099)	(0.014)	(0.006)	(0.017)
Labor	1.563***	1.199***	1.150***	0.579***	0.554***	0.536***
	(0.305)	(0.237)	(0.242)	(0.029)	(0.014)	(0.027)
Tax	-0.006	-0.012	-0.013	-0.012***	-0.001***	0.001*
	(0.014)	(0.010)	(0.010)	(0.001)	(0.000)	(0.001)
Cost	0.005	0.003	0.003	0.005***	0.003***	0.003***
	(0.004)	(0.003)	(0.003)	(0.000)	(0.000)	(0.000)
Inf	-0.028	0.033	0.036	-0.029***	0.054***	0.049***
	(0.060)	(0.045)	(0.045)	(0.005)	(0.003)	(0.004)
City	0.217	-0.035	-0.007	-0.217***	-0.019***	-0.007
	(0.226)	(0.177)	(0.179)	(0.014)	(0.005)	(0.008)
Trade	0.112***	-0.057***	-0.064***	0.151***	0.012***	0.002
	(0.023)	(0.019)	(0.020)	(0.003)	(0.001)	(0.001)

续表

解释变量	(1)	(2)	(3)	(4)	(5)	(6)
	FE			系统 GMM		
	收入追赶					
Man	-0.033	-0.075	-0.060	-0.086***	-0.028***	-0.038***
	(0.080)	(0.089)	(0.090)	(0.021)	(0.004)	(0.005)
常数项	-98.875***	-34.759**	-28.452	-41.854***	-29.494***	-25.863***
	(21.505)	(17.164)	(18.100)	(1.617)	(0.830)	(1.616)
观测值	1100	1020	1020	990	914	914
AR (1)				0.0052	0.0067	0.0069
AR (2)				0.2083	0.3786	0.3826
Sargan 检验				0.7622	0.7923	0.9946
R^2	0.160	0.151	0.153			
截面数	110	107	107	110	107	107

注：*、**、***分别表示1%、5%、10%的显著性水平，括号中数值为标准差、AR（1）、AR（2）和 Sargan 检验是 P 值；限于篇幅，未汇报固定效应模型回归下的时间效应。

表2还汇报了控制变量对收入追赶的效应。固定投资和劳动力供给水平对收入追赶为显著正向效应，居民消费和政府消费对收入追赶的效应显著为负。这与经济增长理论的结论一致，消费越高意味着储蓄越少，从而投资相对降低，从而影响经济增长，即阻碍向高收入国家的追赶。通货膨胀的效应为正，验证了货币理论中温和的通货膨胀有助于经济增长。开办企业的成本效应为正，恰恰说明在高收入经济体中开办企业更加规范，各种规章制度相应地提高了创办企业的成本。税率的正向效应暗含了高收入经济体的高公共支出水平和高福利水准。此外，城镇化率、外商直接投资和贸易水平对收入追赶的效应不显著。

表3汇报的结果是基于110个国家的数据，包含低收入、中等、中下、中上、中高和高收入国家。服务业结构对不同经济体国家收入追赶的效应可能不同，表3分别汇报了不同经济体下服务业结构对收入追赶的效应，其中低收入国家17个，中下和中上收入国家分别为31个和27个，高收入国家35个。表3回归结果显示，对低收入经济体国家，服务业结构对国民收入追赶的效应不显著。对于低收入国家，第一产业是主要经济支柱，服务业和制造业占比相对较低，因此服务业结构对收入追赶的效应微乎其微。对于高收入经济体，回归结果与表2结果显著不同，表3第（6）列结果显示服务业占 GDP 比重显著地促进了国民收入追赶，但服务业和制造业的占比对收入追赶的效应显著为负。对于中等收入经济体，虽然在控制服务业和制造业比重时，服务业占 GDP 比重对收入追赶的效

应显著为负，但必须要注意到是服务业和制造业占比对收入追赶的效应为正。此外，表3还按照中上、中下、中高等经济体分组汇报了服务业结构对国民收入追赶的影响。

表3 不同经济体服务业结构对收入追赶的效应

经济体类型	解释变量	(1)	(2)	(3)	(4)	(5)	(6)
		FE			系统GMM		
		收入追赶					
低收入国家	Serv	0.000 (0.002)		0.003 (0.008)	0.027* (0.016)		-0.016 (0.028)
	Ser_M		0.052* (0.030)	0.047 (0.032)		0.005 (0.187)	0.124 (0.138)
中等收入国家	Serv	-0.003 (0.011)		-0.018 (0.021)	0.014** (0.007)		-0.030*** (0.006)
	Ser_M		0.533*** (0.139)	0.554*** (0.141)		0.090* (0.051)	0.060 (0.079)
中下收入国家	Serv	0.013 (0.009)		-0.006 (0.014)	-0.019** (0.009)		-0.019 (0.025)
	Ser_M		-0.000 (0.118)	-0.000 (0.118)		0.175 (0.222)	0.245 (0.182)
中上收入国家	Serv	-0.013 (0.018)		0.108** (0.054)	0.009 (0.019)		0.030 (0.186)
	Ser_M		0.660*** (0.214)	0.415* (0.245)		0.549 (0.523)	-0.473 (0.852)
中高收入国家	Serv	0.137*** (0.037)		-0.101 (0.086)	0.101*** (0.008)		0.100*** (0.019)
	Ser_M		-1.082*** (0.393)	-1.004** (0.398)		-1.053*** (0.061)	-1.299*** (0.081)
高收入国家	Serv	0.090 (0.086)		-0.752 (0.520)	0.091 (0.056)		0.379* (0.196)
	Ser_M		-3.164*** (0.853)	-2.778*** (0.892)		-1.219** (0.545)	-1.216** (0.513)

注：限于篇幅，未汇报其他控制变量的结果；AR（1）、AR（2）和Sargan检验皆通过检验；其他同表2。

综合表3回归结果，可以发现低收入国家、中等收入国家和高收入国家的服务业结构对国民收入追赶具有不同效应。首先，当服务业和制造业占国民经济比重相对较低时,服务业结构对国民收入追赶的效应微弱。其次,当服务业和制造业占国民经济比重较高时,服务业占 GDP 的比重越大则越有利于国民收入追赶,但服务业和制造业的比重越大反而阻碍收入追赶。也就是说,服务业的发展应当与制造业相匹配,如果离开制造业的基础发展服务业,反而会抑制国民收入水平的提高。

(二) 服务业开放

表 4 汇报了系统 GMM 估计下服务业开放对收入追赶的效应,限于篇幅未汇报固定效应回归结果,同时略去了控制变量的回归结果。表 4 第 (1) ~ (3) 列汇报了服务业出口占总贸易比值、高新技术服务业占服务业出口比值,以及服务贸易额占 GDP 比值对一国国民收入追赶的效应。第 (1) 列结果显示,贸易总额中服务业占比每增加 1%,收入追赶指数将提高 1.92%。第 (2) 列结果显示,服务出口中高技术服务占比每提高 1%,收入追赶指数提高 0.15%。第 (3) 列结果显示,服务贸易额占 GDP 比重每增加 0.19%,与高收入国家人均 GNI 的比重将提高 1.91%。回归结果表明,服务业开放程度越大,服务业开放的质量越高,则越有利于国民收入追赶。第 (4) ~ (6) 列汇报了总贸易额中服务出口占比、服务贸易额占 GDP 比重及服务出口中高技术服务占比两两控制下的回归结果,第 (7) 列则共同控制了服务开放的三个指标。结果显示,一国服务开放程度越强,国民收入追赶水平越高;给定贸易总额中服务业贸易占比、服务贸易额占 GDP 比重,服务业出口中高技术占比越高,一国收入追赶效应越强;给定服务贸易额占 GDP 比重,贸易额中服务出口占比越大,收入追赶效应越弱。也就是说,服务业开放的确对国民收入追赶具有显著正向效应,但一国对外出口中服务业应与制造业出口相匹配才能促进收入追赶,否则过度发展服务业出口反而不利于收入追赶。

表 4 服务业开放对收入追赶的效应

解释变量	(1)	(2)	(3)	(4)	(5)	(6)	(7)
	收入追赶						
Ser_E	1.919***			0.974***	-4.592***		-4.897***
	(0.222)			(0.346)	(0.414)		(0.563)
Ser_H		0.146***		-0.022***		0.098***	0.005**
		(0.004)		(0.002)		(0.004)	(0.002)
Ser_T			0.186***		0.088***	0.157***	0.079***
			(0.003)		(0.002)	(0.002)	(0.003)

续表

解释变量	(1)	(2)	(3)	(4)	(5)	(6)	(7)
	收入追赶						
AR (1)	0.0087	0.0129	0.0133	0.0029	0.0072	0.0192	0.0077
AR (2)	0.2385	0.6972	0.2599	0.2315	0.2393	0.5200	0.2475
Sargan 检验	0.8210	0.7441	0.7480	0.9852	0.9956	0.9785	0.9999
观测值	902	990	990	902	902	990	902
截面数	110	110	110	110	110	110	110

注：限于篇幅，未汇报其他控制变量的结果；AR（1）、AR（2）和 Sargan 检验皆通过检验；其他同表2。

和分析服务业结构一样，样本的结构特征会影响到分析结果，因此需要进一步按照经济体分类逐一分析服务业开放对收入追赶的效应。附表汇报了低收入、中等收入、中下收入、中上收入、中高收入和高收入经济体中服务业开放对收入追赶的效应。结果显示，低收入、中上收入和高收入经济体中，贸易总额中服务业出口占比越高，收入追赶效应越强。这主要是因为低收入、中上收入和高收入经济体服务业占 GDP 比重较高，对经济增长有重要影响，因此服务业开放程度对收入追赶有显著正向效应。回归结果还显示，中等收入经济体中，服务贸易额占 GDP 比重对收入追赶有显著正向效应，而低收入和中下收入经济体的效应不显著。该结果表明，随着一国经济发展水平的上升，经济结构发生变化，使得服务业开放程度对国民收入追赶的正向效应越来越强烈。和表4结果一样，在单独分析服务业出口中高技术服务占比时，其对收入追赶为显著正向效应，而在控制其他两个服务开放指标时其效应为负。这说明高技术服务业出口对整个国家居民收入提高的直接效应有限，而一般服务业出口反而在整体上提高了收入水平。

（三）稳健性检验

本研究分别使用固定效应回归模型和系统 GMM 模型分析了服务业结构和服务开放对收入追赶的影响，结论基本一致。这在一定程度上说明了本研究结论的稳健性。为进一步说明回归结果的稳健性，本研究考虑到遗漏变量和数据缺失等问题可能会影响到表2和表4的回归结果，于是主要从增加控制变量和调整平衡面板数据两个方面进行稳健性检验。

1. 控制变量

表2回归结果并未控制服务业开放的三个变量，表4的结果也没有控制服务业结构。服务业结构和开放程度对收入追赶都有显著效应，如果服务业结构和服务业开放具有相关性，那么表2和表4的回归结果可能存在偏误。表5汇报了共同控制服务业结构和服务业开放变量的回归结果。

表 5 服务业结构和服务业开放对收入追赶的效应

主要解释变量	(1)	(2)	(3)	(4)	(5)	(6)	(7)
	收入追赶						
Ser_E	5.997*** (0.168)			5.598*** (0.257)	0.524 (0.361)		0.525 (0.360)
Ser_H		0.115*** (0.002)		-0.001 (0.002)		0.079*** (0.003)	0.005** (0.002)
Ser_T			0.140*** (0.001)		0.079*** (0.001)	0.118*** (0.002)	0.073*** (0.002)
Serv	-0.045*** (0.005)	-0.081*** (0.006)	-0.146*** (0.010)	-0.054*** (0.005)	-0.022*** (0.006)	-0.149*** (0.007)	-0.033*** (0.007)
Ser_M	-0.375*** (0.018)	-0.389*** (0.027)	-0.810*** (0.030)	-0.361*** (0.024)	-0.722*** (0.023)	-0.728*** (0.026)	-0.737*** (0.031)
AR(1)	0.0088	0.0078	0.0035	0.0090	0.0070	0.0056	0.0068
AR(2)	0.2704	0.5333	0.3682	0.2703	0.2712	0.4810	0.2757
Sargan 检验	0.8365	0.8684	0.8239	0.9943	0.9967	0.9956	1.0000
观测值	847	914	914	847	847	914	847
截面数	107	107	107	107	107	107	107

注：限于篇幅，未汇报其他控制变量的结果；AR（1）、AR（2）和 Sargan 检验皆通过检验；其他同表 2。

表 5 是在表 4 基础上共同控制了服务业结构的两个变量，即服务业占 GDP 比重和服务业与制造业增加值的比值。第（1）～（3）列结果显示，服务业开放三个变量对收入追赶的效应并没有发生方向性变化，仍是显著为正向效应。第（4）～（7）列中除了贸易总额中服务出口比重对收入追赶的效应变为不显著外，其他两个变量指标对收入追赶的效应和表 4 中一样，仍都是为正向效应。在控制了服务业结构后，Ser_E 对收入追赶的效应不显著，说明服务业结构的确与服务业开放具有一定相关性，结合第（1）～（4）列结果，第（5）和（6）列结果并没有否定表 4 贸易总额中服务出口占比对收入追赶的效应。反过来看，在综合控制服务业开放三个变量指标时，服务业结构对收入追赶的效应与表 2 一致。

2. 平衡面板数据

世界银行提供的数据中，部分国家的某些变量存在缺失值。由于本研究使用的是面板模型，数据缺失造成面板数据不平衡性可能对回归结果产生影响。为排除数据缺失对回归结果产生的偏误影响，本部分剔除掉有变量缺失值的国家，形成平衡面板数据，重新回归表2和表4。回归结果仍然支持表2和表4的结论，限于篇幅这里不再具体汇报。

综上，可以认为控制变量的选择和部分数据缺失并没有影响服务业结构和服务业开放对收入追赶的效应，即表2和表4的回归结果是稳健的。

五、结论及政策含义

基于跨国面板数据，本研究实证检验了服务业结构和服务业开放度对一国国民收入追赶的影响。本研究借鉴Woo（2012）提出的收入追赶指数，以产业结构和开放程度为视角实证分析了跨越"中等收入陷阱"的问题。本研究发现，服务业附加值和GDP比重越高的国家，收入追赶效应越强，而服务业附加值和制造业增加值的比重越高，收入追赶效应越弱。此外，服务业开放程度越大，服务业开放的质量越高，则越有利于国民收入追赶。但是在控制服务业开放程度和开放质量的前提下，服务业出口占总出口额的比重越高，反而不利于国民收入追赶。

本研究结论对我国产业结构发展和跨越"中等收入陷阱"，从而向高收入经济体收入追赶具有重要的政策含义。首先，进一步提升服务业发展的战略地位。随着一国经济发展水平提升，服务业在国民经济中的地位越来越重要。2012年，我国第三产业增加值占比首次超过第二产业，在经济总量上成为第一大产业。2014年，第三产业从业人员占总从业人员的41%，是第二产业从业人员的1.36倍。但我国服务业发展整体质量不高，处于产业价值链高端的服务业比重较低。2014年国务院出台《关于加快发展生产性服务业促进产业结构调整升级的指导意见》，对加快重点领域生产性服务业发展，进一步推动产业结构调整升级提供了指导意见。我国服务业发展应当抓住国家对服务业发展高度重视的战略机遇，进一步制定与制造业相匹配的"中国服务业2025"战略。

其次，积极扩大服务业开放程度，提高服务业开放的质量。本研究对服务业开放度和开放质量对国民收入追赶的影响的研究结论比较直观，服务开放程度和开放质量越高，越是有利于一国国民收入追赶。这与韩国等成功跨越"中等收入陷阱"的成功经验相吻合。充分利用国际市场，提高在服务业产业链高端的占有比重，对我国服务业开放具有重要的指导意义。

最后，实现服务业和制造业两手都要抓、两手都要硬。本研究跨国经验分析发现，制造业是服务业发展的基础，服务业附加值和制造业增加值比重过高，反而不利于国民收入追赶。在把服务业发展提升到国家发展战略地位的同时，要进一步强化制造业在国民经济中的基础地位。2015 年 8 月国务院公布《中国制造 2025》，提出了我国制造强国建设三个十年的"三步走"战略，为我国制造业发展提供了战略支撑。只有实现服务业和制造业发展并举，坚持制造业的基础地位，才能够实现收入追赶，成功跨越"中等收入陷阱"。

附表：

不同经济体服务业开放对收入追赶的效应

收入组别	解释变量	(1)	(2)	(3)	(4)	(5)	(6)	(7)
		收入追赶						
低收入	Ser_E	1.601** (0.630)			1.872*** (0.620)	0.852 (0.601)		4.071* (2.403)
	Ser_H		0.004 (0.003)		0.009* (0.005)		0.001 (0.005)	-0.007 (0.009)
	Ser_T			-0.004 (0.005)		-0.021 (0.025)	-0.010* (0.006)	-0.076 (0.054)
中等收入	Ser_E	1.878*** (0.349)			1.036** (0.525)	-0.326 (0.510)		-0.589 (0.724)
	Ser_H		0.005** (0.003)		0.001 (0.002)		0.002 (0.002)	-0.013** (0.006)
	Ser_T			0.017*** (0.002)		0.035*** (0.006)	0.014*** (0.004)	0.048*** (0.007)
中下收入	Ser_E	-2.641* (1.423)			-1.708* (1.012)	-3.548** (1.541)		-1.772 (1.392)
	Ser_H		-0.002 (0.003)		0.000 (0.006)		0.006 (0.006)	-0.010 (0.007)
	Ser_T			-0.006 (0.008)		-0.044 (0.045)	-0.020 (0.013)	-0.007 (0.034)
中上收入	Ser_E	3.530 (3.061)			3.059 (2.482)	-0.566 (3.850)		9.461* (5.529)
	Ser_H		0.049** (0.021)		0.006 (0.036)		-0.014 (0.028)	0.064 (0.045)
	Ser_T			0.036* (0.020)		0.011 (0.025)	0.046 (0.037)	-0.078 (0.065)

续表

收入组别	解释变量	(1)	(2)	(3)	(4)	(5)	(6)	(7)
					收入追赶			
中高收入	Ser_E	6.765*** (0.585)			5.209*** (0.572)	-0.565 (0.858)		-2.568*** (0.905)
	Ser_H		0.100*** (0.005)		-0.083*** (0.004)		0.089*** (0.003)	-0.062*** (0.003)
	Ser_T			0.176*** (0.003)		0.072*** (0.004)	0.159*** (0.002)	0.057*** (0.003)
高收入	Ser_E	42.176*** (7.205)			34.150*** (7.064)	20.974*** (6.149)		36.099*** (10.529)
	Ser_H		0.085 (0.060)		-0.081*** (0.020)		0.042 (0.092)	-0.062*** (0.016)
	Ser_T			0.210*** (0.037)		0.067*** (0.011)	0.125*** (0.040)	-0.001 (0.028)

注：限于篇幅，未汇报其他控制变量的结果；AR（1）、AR（2）和 Sargan 检验皆通过检验；其他同表2。

参考文献

[1] 蔡昉."中等收入陷阱"的理论、经验与针对性[J].经济学动态，2011（12）.

[2] 蔡昉，王美艳.中国面对的收入差距现实与中等收入陷阱风险[J].中国人民大学学报，2014（3）.

[3] 代发涛.跨越"中等收入陷阱"：理论、经验和对策——基于44个国家的跨国实证分析[J].财经研究，2014（2）.

[4] 高杰，何平，张锐."中等收入陷阱"理论述评[J].经济学动态，2012（3）.

[5] 华生，汲铮.中等收入陷阱还是中等收入阶段[J].经济学动态，2015（7）.

[6] 孔泾源."中等收入陷阱"的国际背景、成因举证与中国对策[J].改革，2011（10）.

[7] 林志帆."中等收入陷阱"真的存在吗？——基于增长收敛模型的识别方法[J].世界经济研究，2014（11）.

[8] 马晓河."中等收入陷阱"的国际观照和中国策略[J].改革，2011（11）.

[9] 朴馥永.以经济转型跨越"中等收入陷阱"——来自韩国的经验[J].经济社会体制比较，2013（1）.

[10] 秦佳，李建民.人口年龄结构、就业水平与中等收入陷阱的跨越——基于29个国家和地区的实证分析[J].中国人口科学，2014（2）.

［11］钱云春. 西欧跨越中等收入陷阱：理论分析和历史经验［J］. 世界经济研究，2012（8）.

［12］全毅. 跨越"中等收入陷阱"：东亚的经验及启示［J］. 世界经济研究，2012（2）.

［13］田国强，陈旭东. 中国如何跨越"中等收入陷阱"——基于制度转型和国家治理的视角［J］. 学术月刊，2015（5）.

［14］徐谨. 中等收入陷阱研究评述——兼对"东亚增长模式"的思考及启示［J］. 经济学动态，2014（5）.

［15］张德荣. "中等收入陷阱"发生机理与中国经济增长的阶段性动力［J］. 经济研究，2013（9）.

［16］赵秋运，林志帆. "欲速则不达"：金融抑制、产业结构扭曲和"中等收入陷阱"［J］. 经济评论，2015（3）.

［17］郑秉文. "中等收入陷阱"与中国发展道路——基于国际经验教训的视角［J］. 中国人口科学，2011（1）.

［18］周文，孙懿. 中国面对"中等收入陷阱"问题的结构：本质、挑战与对策［J］. 经济学动态，2012（7）.

［19］Aiyar S., Romain Duval, Damien Puy, Yiqun Wu and Longmei Zhang. Growth Slowdowns and the Middle – Income Trap［R］. IMF Working Paper，2013.

［20］Agénor P. R., Canuto O. Middle – Income Growth Trap［J］. Research in Economics，in press doi：10. 1016/j. rie. 2015（4）.

［21］Eichengreen B., Park D. and Shin K. Growth Slowdowns Redux：New Evidence on the Middle – Income Trap［R］. NBER Working Paper 18673.

［22］Eichengreen B., Park D. and Shin K. When Fast Economies Slowdown：International Evidence and Implications for China［J］. Asian Economic Papers，2012（11）：42 – 87.

［23］Robertson P. E., Longfeng Ye. On the Existence of a Middle – Income Trap［R］. Working Paper，2013.

［24］Woo, Wing Thye. China Meets the Middle – income Trap：The Large Potholes in the Road to Catching – up［J］. Journal of Chinese Economic and Business Studies，2012（10）：313 – 336.

［25］Zhang Linxiu, H. Yi, R. Luo, Ch. Liu, S. Rozelle. The Human Capital Roots of the Middle Income Trap：The Case of China［J］. Agricultural Economics，2013（44）：151 – 162.

专题五　产业结构升级：基于服务业内部结构演变趋势

李德升　刘维刚

摘　要：我国产业结构不断优化升级，服务业占GDP比重已经超过50%，其对经济增长的贡献程度逐步提升。本研究首先分析了我国产业结构发展现状、服务业内部结构演变趋势，对比研究了我国与发达国家的产业结构和服务业内部结构特征等，并通过投入产出表分析了我国服务业内部结构对经济增长的贡献程度。最后，本研究给出了进一步促进服务业内部结构优化升级的政策建议。

关键词：产业结构；服务业内部结构；演变趋势；转型升级

一、发展现状

随着我国经济不断增长，产业结构不断变迁，不仅表现在第一、第二、第三产业的构成方面，而且表现在服务业内部结构方面。文献中普遍认为，随着经济发展，人均收入水平不断提高，第一产业劳动力比重不断下降，第二产业劳动力比重先上升后下降，第三产业则不断上升。经济结构改变是经济增长的结果，反过来经济结构转变又会影响经济增长，经济发展水平不同的情况下，其对经济增长的影响程度也不尽相同。因此，深入分析我国产业结构特别是服务业内部结构演化趋势与特点，对揭示服务业内部结构，服务业与第一、第二产业结构对经济增长的影响，特别是指导我国迈入服务业强国具有重要意义。

服务业增加值超过第二产业，成为经济第一大产业，对我国产业结构转型升级有着深远的战略含义（夏杰长和李勇坚，2014）。首先，随着中国经济规模不断扩张，对资源的消耗日益增加，资源环境压力越来越大，实现经济发展方式转型迫在眉睫，必须要从原来的资源高消耗型向低消耗型、环境友好型经济转型。

其次，服务业成为第一大产业，也意味着我国经济工作的重心应从工业与农业转移到服务业，适时实施战略转移，通过构建良好的制度环境和政策促进措施，促进服务业持续快速发展，以解决劳动就业的压力，并强化服务业对农业和工业的融合与互动作用，助推农业现代化，提升制造业的竞争力。

（一）整体状况

1. 服务业在国民经济中的地位不断提升

改革开放以来，我国服务业以较快的速度发展，在国民经济中的地位和作用不断上升。1980~2015年，我国第三产业增加值以超过18%的年均增长率增长，增加值占GDP的比重从22.3%上升到50.5%，提升了28.2个百分点。第三产业对GDP的贡献率也从1980年的19.2%上升到2014年的47.5%，提升了28.3个百分点（见表1）。与此同时，第一产业增加值比重逐步下降，第二产业增加值比重也在波动中有所下降（见图2）。而且，第二产业增加值比重波动态势与第三产业正好相反，第二产业增加值比重下降的阶段正好是第三产业增加值比重上升的阶段。

表1　1980~2015年第三产业增加值占GDP比重及对GDP的贡献率　（单位：%）

年份	1980	1985	1990	1995	2000	2005	2010	2015
增加值占GDP比重	22.3	29.4	32.4	33.7	39.8	41.3	44.1	50.5
对GDP的贡献率	19.2	34.8	20.0	28.5	36.2	44.3	39.0	47.5*

注：*所标示的数据为2014年的数据。
资料来源：国家统计局。

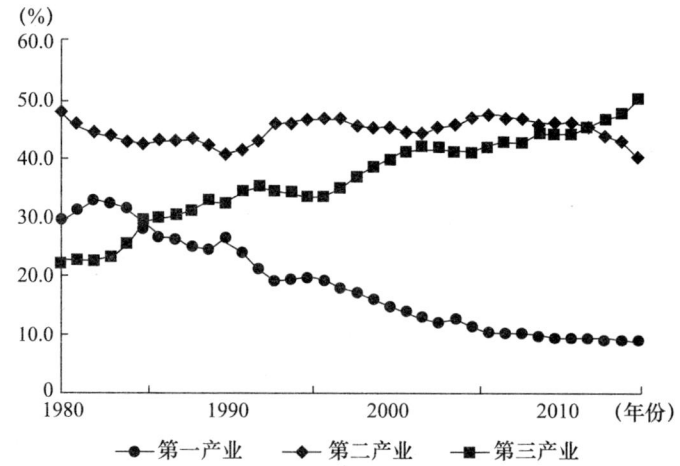

图1　1980~2015年三次产业增加值占GDP比重

资料来源：国家统计局。

2. 服务业是解决我国就业的重要支柱行业

随着服务业的快速发展,服务业成为吸纳就业最多的产业,为我国解决就业问题做出了重要贡献。1980～2015年,我国第三产业就业占社会就业的比重从13.1%上升到42.4%,提升了29.3个百分点。与此同时,第一产业就业比重逐步下降,第二产业就业比重上升幅度较小(见图2)。2011年,第三产业就业比重首次超过第二产业,并在此后不断拉大与第二产业和第一产业的距离。

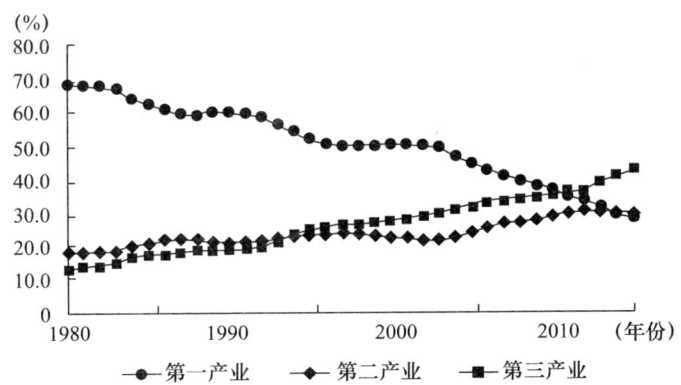

图2　1980～2015年三次产业就业占社会就业量的比重

资料来源:国家统计局。

(二)内部结构

1. 基本概念

服务业内部结构是指构成服务业活动的各要素之间的相互关系,是一国(或地区)劳动力、资本、自然资源等要素在服务业内部各行业的配置及相互关联、相互制约的方式,在一定程度上反映了一国(或地区)服务业的发达程度、发展特点和发展优势。

目前,经济学界和产业界对服务业的分类方式较多,从不同的视角和标准进行分类,就会形成不同的服务业结构。按照不同的经济发展特点,服务业可分为传统服务业、补充服务业和新兴服务业。Singlemann(1978)按照服务行业性质和市场化程度把服务业分为流通服务业、生产者服务业、社会服务业和个人服务业。Grubel和Walker(1988)根据服务对象和提供服务的主体将服务业分为消费者服务业、生产者服务业和政府服务业。1985年,中国国家统计局在《关于建立第三产业统计的报告》中,将服务业划分为两大部门和四大层次。两大部门是流通部门和服务部门。四大层次分别是流通部门、为生产和生活服务的部门、为提高科学文化水平和居民素质服务的部门、为社会公共需要提供服务的部门。但在 2003 年，国家统计局根据《国民经济行业分类》（GB/T 4754—2002）对服务业重新进行了划分，分为 14 个服务行业类别。之后国家统计局又根据《国民经济行业分类》（GB/T 4754—2011）把服务业划分为 18 个服务行业类别。本研究借鉴 Singlemann 的分类方法，将服务业分为流通性服务业、生产性服务业、生活性服务业和公共性服务业四类，并将我国 18 个服务行业归到这四大类中（见表 2）。

表 2 服务业分类对照

类别	具体内容	类别	具体内容
流通性服务业	交通运输、仓储和邮政业	生活性服务业	住宿和餐饮业
	批发和零售业		房地产业
生产性服务业	农、林、牧、渔服务业		居民服务、修理和其他服务业
	开采辅助活动		文化、体育和娱乐业
	金属制品、机械和设备修理业	公共性服务业	水利、环境和公共设施管理业
	信息传输、软件和信息技术服务业		教育
	金融业		卫生和社会工作
	租赁和商务服务业		公共管理、社会保障和社会组织
	科学研究和技术服务业		国际组织

资料来源：根据《国民经济行业分类》（GB/T 4754—2011）中第三产业分类整理。

2. 比较分析

在三次产业结构调整的同时，服务业内部自身结构也在发生着变化。总体上来看，传统服务业增加值比重下降，而现代服务业增加值比重在上升。从四大类服务行业来看，流通性服务业增加值占服务业增加值的比重呈下降趋势，2004 年占比为 32.65%，2013 年下降为 29.62%；生产性服务业增加值占服务业增加值的比重呈上升趋势，2004 年占比为 23.90%，2013 年上升为 29.04%；生活性服务业变化较少，其增加值占服务业增加值的比重基本在 22.00% 左右波动；公共性服务业增加值占服务业增加值的比重呈缓慢下降趋势，2004 年占比为 21.64%，2013 年为 19.49%（见表 3）。

具体到每一个细分行业来看，交通运输、仓储和邮政业占服务业增加值的比重显著下降；住宿和餐饮业以及农、林、牧、渔服务业占服务业增加值的比重呈逐步下降态势；房地产业及批发和零售业占服务业增加值的比重呈波动上升趋势；金融业、租赁和商务服务业以及科学研究、技术服务和地质勘探业占服务业增加值的比重呈上升态势；卫生、社会保障和社会福利业以及水利、环境和公共设施管理业占服务业增加值的比重微降后又逐步回升；教育以及居民服务和其他服务业占服务业增加值的比重呈波动下降态势；文化、体育和娱乐业占服务业增加值的比重微降；信息传输、计算机服务和软件业占服务业增加值的比重在连续多年下降后开始回升，公共管理和社会组织占服务业增加值的比重在2008年后呈不断下降的态势（见表4）。

表3　2004~2013年服务业内四大分类行业增加值占服务业增加值的比重　（单位:%）

年份 类别	2004	2005	2006	2007	2008	2009	2010	2011	2012	2013
流通性服务业	32.65	31.82	31.30	30.69	31.10	29.42	30.04	30.34	30.06	29.62
生产性服务业	23.90	23.96	25.24	26.99	27.26	27.49	27.42	27.39	27.72	29.04
生活性服务业	21.81	22.32	22.20	21.90	20.75	22.28	22.77	22.85	22.70	21.86
公共性服务业	21.64	21.90	21.27	20.42	20.88	20.81	19.77	19.42	19.52	19.49

资料来源：根据历年《中国统计年鉴》计算得到。

表4　2004~2013年服务业各分行业占服务业增加值的比重　（单位:%）

年份 类别	2004	2005	2006	2007	2008	2009	2010	2011	2012	2013
S1	13.96	13.78	13.28	12.61	11.96	10.68	10.32	10.11	9.71	9.37
S2	18.69	18.04	18.02	18.08	19.14	18.74	19.72	20.24	20.35	20.25
S3	5.50	5.42	5.22	4.79	4.84	4.50	4.24	3.96	3.90	3.68
S4	9.88	9.65	10.85	13.10	13.59	14.09	14.11	14.20	14.37	14.82
S5	10.76	11.00	11.30	11.92	10.77	12.26	12.95	13.03	12.76	12.95
S6	6.36	6.33	6.19	5.79	5.75	5.28	4.88	4.53	4.48	4.87
S7	3.94	4.04	4.13	4.05	4.10	4.00	4.28	4.35	4.43	4.79
S8	2.64	2.79	2.93	2.97	2.92	3.05	3.10	3.22	3.37	3.50
S9	0.76	0.79	0.78	0.72	0.69	0.69	0.64	0.61	0.60	0.59
S10	0.32	0.36	0.36	0.35	0.42	0.39	0.42	0.48	0.47	0.46
S11	1.15	1.10	1.03	0.9%	0.93	0.96	0.96	0.94	0.98	1.10
S12	7.34	7.44	6.98	6.64	6.50	6.77	6.62	6.68	6.65	6.63
S13	3.93	3.86	3.62	3.47	3.38	3.28	3.29	3.47	3.67	3.96
S14	9.21	9.51	9.63	9.35	10.08	9.80	8.90	8.33	8.22	7.80

续表

年份 类别	2004	2005	2006	2007	2008	2009	2010	2011	2012	2013
S15	1.57	1.56	1.49	1.41	1.41	1.44	1.37	1.39	1.41	1.39
S16	3.99	4.35	4.19	3.77	3.74	4.08	4.22	4.46	4.63	3.84

注：S1~S16分别代表交通运输、仓储和邮政业，批发和零售业，住宿和餐饮业，金融业，房地产业，信息传输、计算机服务和软件业，租赁和商务服务业，科学研究、技术服务和地质勘探业，农、林、牧、渔服务业，开采辅助活动及金属制品、机械和设备修理业，水利、环境和公共设施管理业，教育，卫生、社会保障和社会福利业，公共管理和社会组织，文化、体育和娱乐业，居民服务和其他服务业。

资料来源：同上页表3。

3. 就业贡献

从服务业内部的就业结构来看，流通性服务业就业贡献最大，且就业比重呈现持续上升态势，在2014年达到了52.46%；公共性服务业就业比重其次，但呈持续下降势头；生活性服务业就业比重在波动中小幅上升；生产性服务业就业比重持续上升，已接近生活性服务业（见表5）。

表5　2004~2013年服务业内四大分类行业就业占服务业就业的比重　（单位:%）

年份 \ 类别	流通性服务业	生产性服务业	生活性服务业	公共性服务业
2004	46.34	10.38	13.97	29.31
2005	46.66	10.97	14.05	28.33
2006	47.08	11.38	14.02	27.52
2007	47.69	11.69	13.95	26.67
2008	48.03	12.20	14.04	25.73
2009	49.41	12.43	13.90	24.26
2010	49.24	12.70	14.42	23.64
2011	51.05	12.55	14.35	22.05
2012	51.30	12.87	14.37	21.46
2013	51.63	13.73	14.70	19.95
2014	52.46	14.08	14.98	18.48

注：①因统计数据中没有把农、林、牧、渔服务业，开采辅助活动及金属制品、机械和设备修理业的就业数据单独统计，因此此处的数据处理中不包括这三个领域的就业人数。②国家统计局从2004年开始对统计指标和细分行业就业人员的统计数据做了调整，2004年及以后的就业数据与此前年份的就业数据有很大不同，此处就业人数为城镇单位就业人员及私营和个体就业人员之和。

资料来源：根据国家统计局相关数据计算。

就具体细分服务行业来看，2004~2014年，批发和零售业占服务业就业比重最高，且呈上升态势；交通运输、仓储及邮电通信业，金融业，教育，卫生、社会保障和社会福利业，水利、环境和公共设施管理业，文化、体育和娱乐业，公共管理和社会组织等行业占服务业就业比重呈下降态势；租赁和商务服务业占服务业就业比重上升较快，2014年较2004年增长了一倍，而且超过了交通运输、仓储及邮电通信业；信息传输、计算机服务和软件业以及房地产业就业所占比重不高，但均呈上升态势；科学研究、技术服务和地质勘探业以及居民服务和其他服务业则是波动态势，其中科学研究、技术服务和地质勘探业基本表现为波动下降，居民服务和其他服务业表现为波动上升（见表6）。

表6 2004~2014年服务业各行业就业占服务业就业的比重 （单位：%）

年份 类别	2004	2005	2006	2007	2008	2009	2010	2011	2012	2013	2014
交通邮电	8.93	8.40	8.18	8.02	7.64	7.43	6.85	6.49	7.77	6.73	6.25
信息软件	1.09	1.08	1.09	1.13	1.13	1.13	1.14	1.17	1.15	1.52	1.41
批发零售	37.41	38.25	38.90	39.67	40.39	41.98	42.39	44.56	43.53	44.90	46.21
住宿餐饮	6.04	5.98	6.10	6.02	6.10	5.93	6.10	5.92	6.00	6.27	6.49
金融业	3.13	2.98	2.90	2.93	2.96	2.91	2.88	2.79	2.72	2.51	2.37
房地产业	1.17	1.22	1.22	1.25	1.22	1.24	1.30	1.37	1.41	1.74	1.69
租赁商务	4.21	5.02	5.52	5.80	6.29	6.63	6.89	6.94	7.29	7.89	8.59
科技服务	1.95	1.89	1.86	1.83	1.82	1.77	1.79	1.65	1.71	1.81	1.71
设施管理	1.55	1.50	1.48	1.45	1.40	1.33	1.34	1.27	1.26	1.21	1.13
居民服务	5.67	5.84	5.74	5.74	5.83	5.89	6.22	6.31	6.25	6.00	6.19
教育业	12.89	12.31	11.89	11.43	10.87	10.04	9.68	8.93	8.53	7.86	7.24
卫生福利	4.35	4.22	4.15	4.08	3.99	3.86	3.87	3.75	3.71	3.59	3.40
文体娱乐	1.08	1.02	0.97	0.94	0.89	0.84	0.80	0.75	0.71	0.68	0.61
公共管理	10.53	10.30	10.00	9.70	9.46	9.03	8.75	8.10	7.96	7.30	6.71

注：①交通邮电是交通运输、仓储及邮电通信业的简称；信息软件是信息传输、计算机服务和软件业的简称；批发零售是批发和零售业的简称；住宿餐饮是住宿和餐饮业的简称；租赁商务是租赁和商务服务业的简称；科技服务是科学研究、技术服务和地质勘探业的简称；设施管理是水利、环境和公共设施管理业的简称；居民服务是居民服务和其他服务业的简称；卫生福利是卫生、社会保障和社会福利业的简称；文体娱乐是文化、体育和娱乐业的简称；公共管理是公共管理和社会组织的简称。②因统计数据中没有把农、林、牧、渔服务业，开采辅助活动及金属制品、机械和设备修理业的就业数据单独统计，因此此处的数据处理中不包括这三个领域的就业人数。③国家统计局从2004年开始对统计指标和细分行业就业人员的统计数据做了调整，2004年及以后的就业数据与此前年份的就业数据有很大不同，此处就业人数为城镇单位就业人员及私营和个体就业人员之和。

资料来源：根据国家统计局相关数据计算。

二、国际比较

(一) 整体发展

我国经济持续高速增长,国民收入水平不断提高。按照世界银行标准,2010年我国已经进入中上等收入经济体行列。从经济增长率看,2012~2014年经济增长率在7.7%左右,为近10余年最低。2015年和2016年经济进一步下行,GDP增长率将会放缓至7%左右。借鉴与学习发达国家经济结构转型,特别是服务业内部结构转型变迁的经验对我国服务业结构转型升级、迈向服务业强国具有重要的意义(黄莉芳和杨向阳,2015)。根据2015年GDP规模水平,选取美国、日本、德国、英国、法国和韩国作为国际比较样本。图3描述了2001~2015年中国与样本发达国家服务业增加值占GDP比重的动态变化情况,可以发现:①我国服务业增加值占GDP的比重相对较低。2005年的比重为50.47%,首次过半,为历年最高。而样本发达国家服务业增加值比重皆远高于中国,其中英国、法国和美国最高,接近80%,即使最低的韩国也一直维持在60%左右。②我国服务业增长速度快,发展空间大。2001年我国服务业增加值占GDP比重为41.27%,15年间增长23.31%。相比于发达国家占比70%以上的水平,我国服务业发展空间还很大。

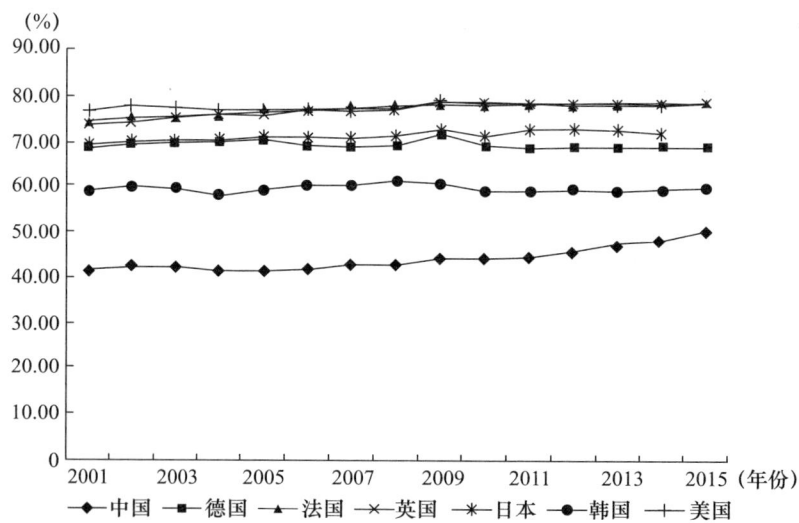

图3 中国与代表性发达国家服务业占GDP比重的情况(2001~2015年)

资料来源:根据世界银行数据库整理。

随着服务业在国民经济中的地位不断上升,其对经济增长的贡献度不断增加,吸纳就业的数量也不断增加。根据世界银行数据库,图4整理了中国和代表性发达国家服务业就业人口占总就业人口比重的情况。显而易见,与发达国家相比,中国服务业解决劳动就业的水平相对较低。2000年,服务业就业人口仅占总就业人口的12.7%①,2003年达到50.5%之后,一直维持在50%左右。而发达国家的服务业就业人数占总就业人口的比重在60%~80%。服务业就业呈现的这一特征与各国服务业发展程度高度相关,也就是说,随着我国服务业在国民经济中的地位不断提升,其创造就业岗位、解决劳动就业的能力将逐步增加。

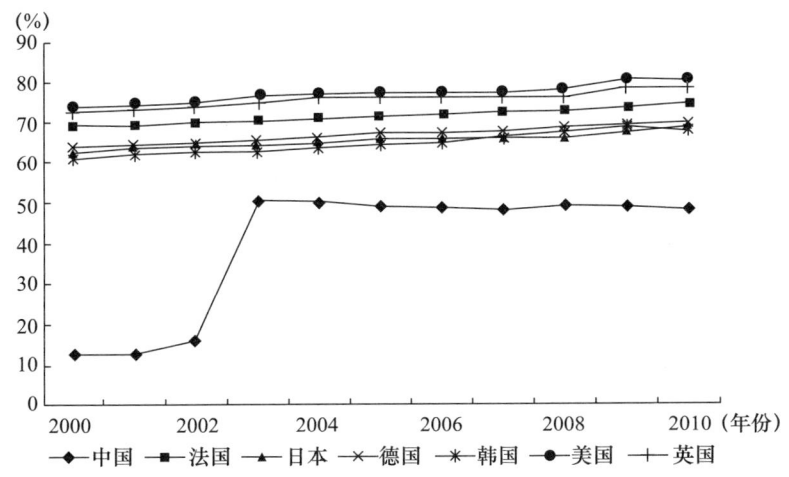

图4 服务业就业人数占总就业人数的比重(2000~2010年)

资料来源:根据世界银行数据库整理。

(二) 结构对比

根据世界投入产出表(WIOD)数据库,可以整理各国服务业分类增加值与服务业总增加值的比重。图5描述了代表性发达国家和中国在分类服务业方面的情况,通过图5可以深入分析我国服务业结构。整体而言,我国服务业内部结构与发达国家相差不大,但在个别具体服务业分类上有所差别。

根据2014年WIOD数据,可以发现在我国服务业分类中,批发和零售业占比最高,为18.88%,最低为居民服务和其他服务业,为1.08%。除美国外,代

---

① 此处数据与国家统计局第三产业就业人数占总就业人数的比重存在差异,但此处是国际比较,主要考察我国与发达国家服务业就业方面的情况。因此,此处统一采用世界银行数据是可行的。

表性发达国家中批发和零售业占整个服务业增加值的比重皆居各类服务业之首。具体比值与我国相差不大，如最高的日本为18.25%，最低的德国为14.14%。美国服务业分类占比最高的是公共管理和社会组织，为15.71%。交通运输、仓储和邮政业位居我国服务业第二位，占服务业增加值的11.55%。代表性发达国家中这一比值在4.88%~10.01%，最低的美国为4.88%，最高的德国为10.01%。金融业与发达国家占比相差不大，我国占比为10.23%，发达国家占比在7.18%~12.26%。我国教育服务业占比为6.86%，低于韩国的7.93%，高于其他发达国家。必须要注意的是，卫生、社会保障和社会福利业，信息传输、计算机服务和软件业，科学研究、技术服务和地质勘查业与服务业增加值的比重方面，我国皆小于发达国家。我国这三类服务业占比分别为6.17%、5.58%和4.35%，而发达国家占比分别为7.89%~10.35%、7.24%~8.52%、4.60%~7.85%。通过对服务业内部结构的分析可以发现，我国生活性服务业占比相对较高，而生产性服务业占比较低，也就是说，我国服务业的整体质量还有很大的提升空间。

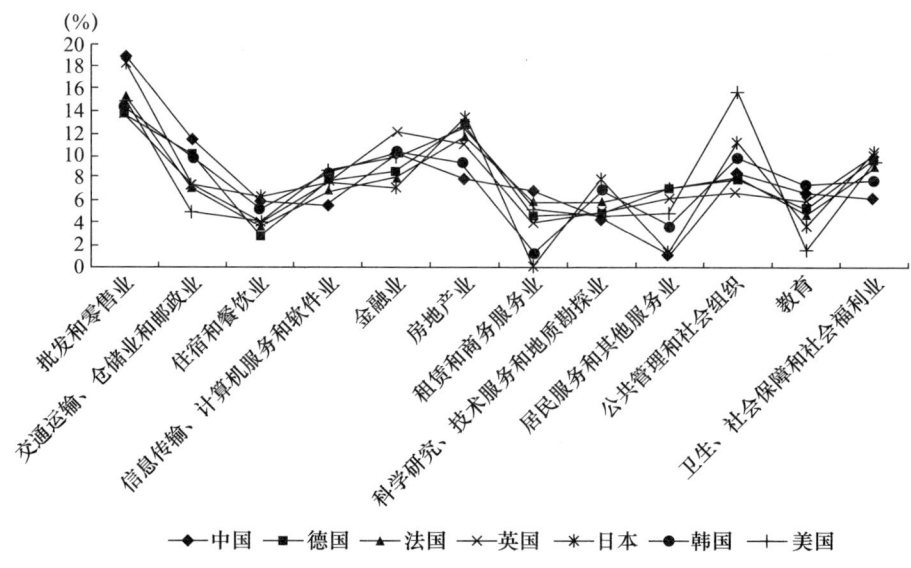

图5　中国与代表性发达国家服务业分类比较（2014年）

资料来源：根据WIOD数据库整理。

（三）对外开放

随着全球化程度不断加深，服务贸易水平不断提升。深入对比分析我国与发达国家的服务业内部结构开放水平，对我国服务业产业结构升级具有重要意义。

根据WIOD数据库，我们把服务业中间投入中国外投入部分占比作为服务业开放水平的衡量指标，图6描述了2014年我国与发达国家各类服务业开放水平情况。可以发现，相对于发达国家，我国各类服务业国外中间投入占比相对较低。图7描述了服务业增加值中国内消费、支出和转化为固定投资的比重，可以发现我国服务业增加值中国内占比相对较低，而发达国家相对较高。综合图6和图7，可以认为我国服务业对外开放程度整体相对较低。

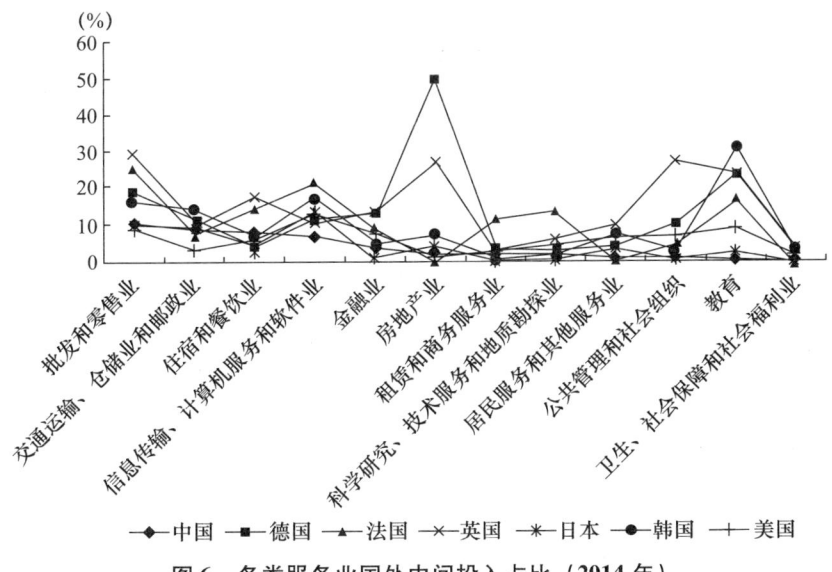

图6 各类服务业国外中间投入占比（2014年）

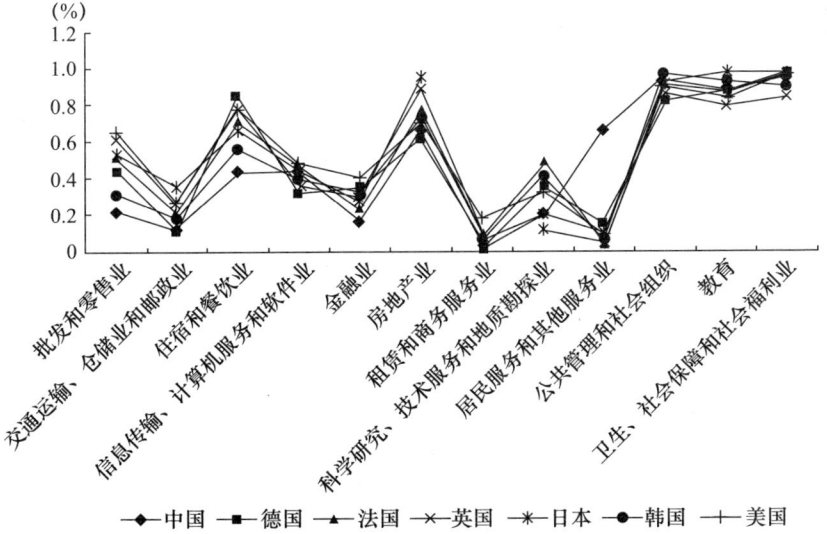

图7 各类服务业本国消费和支出等占服务业增加值的比重（2014年）

三、投入产出分析

随着经济服务化不断深化,服务业内部的结构水平对服务业乃至整体经济的发展越来越重要。投入产出分析方法是以产业间经济技术联系和投入与产出间存在一定的数量规律性为依据,研究经济运行过程中各产业间投入与产出相互依存关系的数量分析方法,有助于揭示服务业内部结构及其对其他产业的影响。在历年的《中国统计年鉴》中,第三产业的投入产出数据被分为运输仓储邮政、信息传输、计算机服务和软件业,批发零售贸易、住宿和餐饮业,房地产业、租赁和商务服务业,金融业及其他服务业,此处以此分类为基础进行分析。

（一）增加值特征分析

我国三大产业中第一产业的增加值率最高,第三产业次之,第二产业最低（见表7）。一般来说,第三产业对中间投入的依赖程度较低,能够用较少资源创造出较大价值。发达国家普遍都是第三产业的增加值率最高。我国第三产业增加值率比第一产业低,也许在一定程度上反映出我国服务业内部结构水平还不高,高附加值、高技术含量的服务业还不够发达。不过从2002~2012年的增加值率变化来看,第三产业增加值率整体上呈现出上升的态势。从服务业内部来看,金融业的增加值率整体水平最高,基本上在60%或以上,2007年最高达到68.95%；其次是房地产和租赁商务业；批发零售和住宿餐饮业的增加值率增长最快,从2002年50%左右的水平提升到2012年的60%以上；运输仓储和信息软件业的增加值率在2007年之后呈现逐步下降的趋势。

表7　三大产业及服务业内部部门增加值率　　（单位:%）

年份 分类	2002	2005	2007	2010	2012
第一产业	58.19	58.65	58.62	58.47	58.55
第二产业	28.92	25.20	23.29	22.17	22.93
第三产业	53.16	48.98	53.48	55.08	53.65
运输仓储和信息软件业	48.10	44.69	49.47	42.81	39.90
批发零售和住宿餐饮业	50.12	49.24	52.46	59.70	62.17
房地产和租赁商务业	58.94	54.39	60.72	58.90	55.64

续表

年份 分类	2002	2005	2007	2010	2012
金融业	63.94	61.53	68.95	64.98	59.63
其他服务业	52.15	46.94	48.86	55.01	52.71

资料来源：根据相关年份《中国统计年鉴》数据计算得到。运输仓储和信息软件业是运输仓储邮政、信息传输、计算机服务和软件业的简称，批发零售和住宿餐饮业是批发零售贸易、住宿和餐饮业的简称，房地产和租赁商务业是房地产业、租赁和商务服务业的简称。

（二）需求特征分析

中间需求率是指国民经济对某产业产品的中间需求量之和与全社会对该产品的总需求量之比，其大小较为精确地反映了各产业部门用于中间使用和最终使用的比例，体现其在国民经济中的地位和作用。中间需求率越高，表明该产业越带有提供中间产品的性质；中间需求率越低，则表明该产业越带有提供最终产品的性质。从2010年和2012年的投入产出数据来看，三次产业的中间需求率均超过50%，但第三产业最低且超过50%不多，表明三次产业均有为进一步生产提供中间产品的特征，但第三产业也体现出了为最终消费提供产品的性质（见表8）。从最终需求构成来看，第一产业的最终需求以居民消费为主，第二产业的最终需求以资本形成为主，第三产业的最终需求以居民消费和政府消费为主。

表8 三次产业及服务业内部部门的需求特征　　　　　（单位:%）

年份	产业部门	中间需求率	最终需求率	最终需求构成			
				居民	政府	资本	出口
2010	第一产业	77.77	22.23	70.37	2.88	21.86	4.88
	第二产业	73.07	26.93	21.55	0.14	51.17	27.14
	第三产业	51.41	48.59	45.36	33.57	9.84	11.23
	运输仓储和信息软件业	79.33	20.67	44.59	7.07	22.19	26.15
	批发零售和住宿餐饮业	57.46	42.54	61.43	0.00	10.81	27.76
	房地产和租赁商务业	43.42	56.58	58.46	2.45	24.83	14.26
	金融业	77.47	22.53	92.67	4.09	0.00	2.24
	其他服务业	22.21	77.79	30.09	67.45	1.31	1.15

续表

年份	产业部门	中间需求率	最终需求率	最终需求构成			
				居民	政府	资本	出口
2012	第一产业	72.97	27.03	71.81	2.12	23.35	2.73
	第二产业	71.54	28.46	23.28	0.14	50.89	25.69
	第三产业	53.17	46.83	44.00	32.95	11.91	11.14
	运输仓储和信息软件业	68.86	31.14	39.68	6.35	32.44	21.53
	批发零售和住宿餐饮业	57.08	42.92	57.55	0.00	13.16	29.29
	房地产和租赁商务业	55.85	44.15	59.72	3.12	25.81	11.34
	金融业	82.31	17.69	87.65	8.56	0.00	3.79
	其他服务业	25.06	74.94	29.09	68.74	1.21	0.95

资料来源：根据相关年份《中国统计年鉴》数据计算得到。运输仓储和信息软件业是运输仓储邮政、信息传输、计算机服务和软件业的简称，批发零售和住宿餐饮业是批发零售贸易、住宿和餐饮业的简称，房地产和租赁商务业是房地产业、租赁和商务服务业的简称。

在服务业内部，金融业的中间需求率最高，在 2012 年达到 82.31%，说明金融业与其他产业关系密切，其他产业发展需要金融业提供中间产品；其后依次是运输仓储邮政、信息传输、计算机服务和软件业，批发零售贸易、住宿和餐饮业，房地产业、租赁和商务服务业；其他服务业最低，2012 年为 25.06%，表明其主要为最终消费提供居民服务、公共服务、文化娱乐、卫生福利等。在最终需求上，金融业，房地产业、租赁和商务服务业，批发零售贸易、住宿和餐饮业以居民消费为主，尤其是金融业的居民消费占到了 90% 左右；居民消费、资本形成、出口在运输仓储邮政、信息传输、计算机服务和软件业的最终需求中都起着重要作用；其他服务业以政府消费为主，这是因为其他服务业中包含了许多公共性、社会性的服务活动。

（三）产业关联分析

为反映三次产业及第三产业内部部门之间的产业关联关系，我们用直接消耗系数、完全消耗系数、影响力系数和感应度系数来进行分析。直接消耗系数是指某一产业部门在生产单位总产出时直接消耗的各产业部门的产品或服务的数量，揭示了各产业部门之间的技术经济联系。完全消耗系数指某一产业部门在生产单位总产出时直接消耗和间接消耗的各产业部门的产品或服务的数量，比直接消耗系数更本质、更全面地反映了部门内部和部门之间的技术经济联系。影响力系数是指某一个产业部门增加一个单位最终产品时，对各产业部门所产生的影响波及程度。影响力系数越大，该部门对其他部门的拉动作用也越大。感应度系数是指各产业部门均增加一个单位最终产品时,某一部门由此所受到的需求感应程度。感应度系数越大,说明该产业部门对经济发展的需求感应程度越强。

首先,对服务业及其内部产业部门的直接消耗进行分析。服务业对第三产业的直接消耗系数要高于第一产业和第二产业。服务业内部除其他服务业外,其他产业部门对第三产业的直接消耗系数要高于第一产业和第二产业。其中,运输仓储邮政、信息传输、计算机服务和软件业对自身产业的直接消耗系数最高;批发零售贸易、住宿和餐饮业对房地产业、租赁和商务服务业的直接消耗系数最高;房地产业、租赁和商务服务业对金融业的直接消耗系数最高;金融业对房地产业、租赁和商务服务业的直接消耗系数最高;其他服务业对自身产业的直接消耗系数最高(见表9)。

表9 2012年三次产业及服务业内部结构直接消耗系数

	第一产业	第二产业	第三产业	运输仓储和信息软件业	批发零售和住宿餐饮业	房地产和租赁商务业	金融业	其他服务业
第一产业	0.1378	0.0454	0.0103	0.0097	0.0272	0.0033	0.0000	0.0070
第二产业	0.2265	0.6134	0.1971	0.2852	0.1243	0.1966	0.0664	0.2512
第三产业	0.0502	0.1119	0.2561	0.3060	0.2267	0.2437	0.3374	0.2147
运输仓储和信息软件业	0.0131	0.0293	0.0616	0.1470	0.0339	0.0310	0.0476	0.0490
批发零售和住宿餐饮业	0.0156	0.0317	0.0432	0.0343	0.0406	0.0422	0.0468	0.0500
房地产和租赁商务业	0.0004	0.0111	0.0687	0.0309	0.1070	0.0693	0.1550	0.0266
金融业	0.0124	0.0225	0.0526	0.0706	0.0331	0.0884	0.0618	0.0297
其他服务业	0.0087	0.0173	0.0300	0.0232	0.0121	0.0128	0.0261	0.0594

资料来源:根据相关年份《中国统计年鉴》数据计算得到。运输仓储和信息软件业是运输仓储邮政、信息传输、计算机服务和软件业的简称,批发零售和住宿餐饮业是批发零售贸易、住宿和餐饮业的简称,房地产和租赁商务业是房地产业、租赁和商务服务业的简称。

其次,进行完全消耗系数比较。服务业及其服务业内部各产业部门对第二产业的完全消耗系数均最高,说明服务业对第二产业的依赖较大。从服务业内部各产业部门对第三产业的完全消耗系数来看,运输仓储邮政、信息传输、计算机服务和软件业对自身产业部门的完全消耗系数最高,批发零售贸易、住宿和餐饮业对房地产业、租赁和商务服务业的完全消耗系数最高;房地产业、租赁和商务服务业对金融业的完全消耗系数最高;金融业对房地产业、租赁和商务服务业的完全消耗系数最高;其他服务业对运输仓储邮政、信息传输、计算机服务和软件业的完全消耗系数最高（见表10）。

表10 2012年三次产业及服务业内部结构完全消耗系数

	第一产业	第二产业	第三产业	运输仓储和信息软件业	批发零售和住宿餐饮业	房地产和租赁商务业	金融业	其他服务业
第一产业	0.2272	0.2077	0.1091	0.1404	0.1075	0.0959	0.0853	0.1079
第二产业	1.1035	2.5585	1.4614	1.9637	1.1232	1.3900	1.2052	1.5314
第三产业	0.3918	0.8645	0.9009	1.1427	0.7539	0.8608	1.0055	0.8233
运输仓储和信息软件业	0.0987	0.2178	0.2203	0.3609	0.1609	0.1790	0.2069	0.2002
批发零售和住宿餐饮业	0.0875	0.1896	0.1679	0.1953	0.1420	0.1612	0.1720	0.1704
房地产和租赁商务业	0.0712	0.1682	0.2190	0.2199	0.2323	0.2180	0.3192	0.1637
金融业	0.0834	0.1788	0.1895	0.2468	0.1471	0.2194	0.2072	0.1566
其他服务业	0.0510	0.1101	0.1043	0.1198	0.0716	0.0831	0.1002	0.1323

资料来源：根据相关年份《中国统计年鉴》数据计算得到。运输仓储和信息软件业是运输仓储邮政、信息传输、计算机服务和软件业的简称，批发零售和住宿餐饮业是批发零售贸易、住宿和餐饮业的简称，房地产和租赁商务业是房地产业、租赁和商务服务业的简称。

最后，对影响力系数和感应度进行比较。在三次产业中，第二产业的影响力系数和感应度系数都要高于第一产业和第三产业，说明第二产业对国民经济的拉动作用和需求感应程度最大。在服务业内部，各产业部门的影响力系数在1左右，运输仓储邮政、信息传输、计算机服务和软件业的影响力系数最大，其次是金融业；各产业部门的感应度系数普遍较低，最高的运输仓储邮政、信息传输、计算机服务和软件业为0.6061，其次是房地产业、租赁和商务服务业（见表11）。综合服务业的影响力系数和感应度系数数据来看，服务业对国民经济的拉动作用和推动作用都还有进一步加强的必要，服务业发展还存在需求不足的现象。

表11 2012年三次产业及服务业内部结构影响力系数和感应度系数

	第一产业	第二产业	第三产业	运输仓储和信息软件业	批发零售和住宿餐饮业	房地产和租赁商务业	金融业	其他服务业
影响力系数	0.7138	1.2595	1.0021	1.2353	0.8568	0.9644	0.9859	0.9823
感应度系数	0.4769	3.0567	1.7748	0.6061	0.5239	0.5986	0.5567	0.4062

资料来源：根据相关年份《中国统计年鉴》数据计算得到。运输仓储和信息软件业是运输仓储邮政、信息传输、计算机服务和软件业的简称，批发零售和住宿餐饮业是批发零售贸易、住宿和餐饮业的简称，房地产和租赁商务业是房地产业、租赁和商务服务业的简称。

四、政策建议

(一) 加快生产性服务业发展

从发达国家的服务业结构来看，生产性服务业比重趋于上升是一个重要特征。相比发达国家，我国生产性服务业发展还相对滞后，生产性服务业还不能满足和适应我国建设制造强国的要求。因此，要鼓励和支持现代金融、物流、研发设计、商务服务、信息技术服务等生产性服务业的发展；加快制造业服务化的发展，鼓励制造业"主辅分离"，剥离生产服务环节，进行专业化发展或外包给外部专业服务公司。

(二) 促进产业融合发展

在当前经济全球化和高新技术快速发展的背景下，产业融合不仅是一种发展趋势，也是产业发展的现实选择。传统产业与新兴产业之间、制造业与服务业之间、服务业内部产业部门之间的融合都在加快。产业融合催生了新的技术、产品和服务，带来市场供给和需求的变化，改变了传统产业的生产方式和服务方式，促进了产业结构的优化和产业发展。一是要鼓励高新技术及其产业向传统产业渗透，在促进传统制造业向"智能制造"发展的同时，加快服务化步伐，提升传统服务业的技术水平和价值水平。二是加快服务业向第一产业和第二产业的延伸与渗透，提升专业服务对第一、第二产业的作用和影响，通过融合构建新型产业体系。三是推进服务业内部产业部门之间的重组融合，加强产业链的协同与整合，提升产业链发展水平，促进新型产业形态发展。

(三) 大力培育和发展新兴服务业

新兴服务业具有高技术、知识密集、高附加值、低消耗、低污染等特点，代表着服务业的未来发展方向。随着科技迅速发展，知识型、技术型服务业在全球兴起，成为发达国家服务业结构高级化的重要推动力量。我国服务业中传统的劳动密集型服务行业仍占主要地位，知识、技术密集型的行业比重较低。我们要抓住互联网和新一代信息技术发展的机遇，大力发展专业技术服务、科技创新服务、信息技术服务、互联网信息服务等科技相关服务；鼓励金融、房地产、物流、管理咨询等加强与互联网的融合，发展基于互联网的新兴服务业态；推进教育、文化娱乐、旅游、健康卫生等基于互联网、移动互联网提供新型的服务模式和服务内容。

（四）提升服务业技术水平和创新能力

服务业的快速发展和结构优化必须依靠科技进步和创新。要充分依靠高技术的支撑作用和驱动作用，提升服务业的技术水平、知识含量和创新能力。一是要充分利用信息技术对传统服务业进行改造升级，推动传统服务业进行技术、组织、管理、模式的创新，激发新的发展动能。二是服务业中以专业技术服务、研发设计、信息技术服务等为代表的高技术服务业本身就属于技术和知识密集型行业，其发展的动力就是创新，因此要通过政策来鼓励和支持这些领域的创新活动。三是引导和推动大数据、云计算、物联网、人工智能等新一代信息技术与生产性服务业的融合，促进产业互联网发展，引领服务业的创新变革。四是推进互联网、移动互联网在服务业的深入应用，鼓励线上线下结合的服务模式创新。

（五）深化信息技术应用，提高服务业生产效率

当前，新一代信息技术发展迅猛，互联网和移动互联网深入渗透到各行各业中，信息化水平已经成为衡量一个国家、一个行业发展水平的重要指标。信息技术应用极大地提高了信息采集、传递和分析处理的能力与速度，实现了自动化、网络化的交易处理，提升了服务效率，丰富了服务品种和服务内容，创新了服务模式，是进一步提升服务业结构和效率水平的有效手段。要进一步推进信息技术，尤其是物联网、大数据等新一代信息技术在服务业的应用，积极利用信息技术改造传统服务业，提升服务业发展水平和价值创造能力。

（六）完善发展环境，打造自由竞争市场

目前，我国服务领域特别是生产性服务领域存在很高的垄断性，铁路运输、航空、电信、金融以及水、电、气的供应都主要由大型国有企业垄断，不利于市场的公平竞争，而且容易造成服务效率低下、创新乏力和结构升级缓慢。另外，在一些服务领域存在无序竞争、服务质量没有保证、损害消费者利益的现象，影响了服务市场的健康发展。因此，要从促进公平竞争、规范发展、提升服务质量和效率的角度出发，合理安排规制，完善市场准入和退出机制，推进行业标准和规范。一是深化市场改革，限制和减少垄断，消除所有制歧视和不合理管制，加快向社会和民营资本开放垄断的生产性服务业，凡国家法律法规没有明令禁入的服务领域，都应向社会资本敞开大门。二是实行公开、公平、公正的市场准入制度，制定服务标准体系和行业规范，引导企业规范发展，走专业化道路。三是加强对市场竞争行为和企业信用的监管，对垄断、不正当竞争、不诚信、侵犯消费者利益等行为严厉打击，规范市场秩序，维护消费者权益。

参考文献

[1] 黄莉芳,杨向阳.中、美现代服务业内部结构演变趋势比较——来自投入产出表的经验证据[J].世界经济研究,2015(3).

[2] 夏杰长,李勇坚.服务业将主导经济增长和产业升级[J].浙江经济,2014(18).

[3] 夏杰长,倪红福.中国经济增长的主导产业:服务业还是工业?[J].南京大学学报,2016(3).

[4] 夏杰长.开创现代服务业发展新格局[J].财贸经济,2015(12).

专题六 贸易结构演进:基于国家经济控制力提升视角

姚战琪

摘 要: 对外贸易特别是服务贸易一直是我国经济发展中比较薄弱的环节,在一定程度上制约了中国经济的进一步发展。随着经济全球化的深入发展,一个主权国家对若干产业控制力的实现通常是从一般加工制造环节的控制力到关键生产环节的控制力,再到整体产业链的控制力而完成的。我国大多数制造业企业未掌握核心生产性服务业,国家经济控制力缺乏基础。我国企业建设全球销售网络和经营自主品牌的目标仍未实现,对外贸易控制力亟须提升。要改变受制于人的贸易和分工格局,就必须优先发展高端生产性服务业,并力推生产性服务业和制造业的融合发展,让更多的知识密集型服务要素嵌入生产过程,提高产品和贸易的附加值。

关键词: 贸易结构;服务贸易;产业链;控制力

改革开放后中国对外贸易快速增长,但是当前中国外贸控制力和竞争力仍较弱,对外贸易特别是服务贸易一直是我国经济发展中比较薄弱的环节,在一定程度上制约了中国经济的进一步发展。随着经济全球化的深入发展,一个主权国家对若干产业控制力的实现通常是从一般加工制造环节的控制力到关键生产环节的控制力,再到整体产业链的控制力而完成的。本研究基于国家经济控制力视角,剖析在贸易结构演进过程中影响中国从贸易弱国转变为贸易强国的深层原因。

一、贸易结构演进:中国对外贸易控制力现状及问题

(一)服务型中小企业资金控制力低下

企业资金控制能力是衡量一个企业经济效益和竞争能力的重要指标之一,当

前，中小企业在我国国民经济发展和对外贸易中发挥着越来越重要的作用，逐渐成为我国国民经济增长的重要推动力，成为我国对外贸易中的新锐力量和我国贸易出口增长的重要推动力。据统计，在中国民营企业对外投资企业数量中，民营中小企业对外投资占七成以上。但是，我国中小企业的资金控制力还较低，有超过80%的服务型中小企业表示税费负担较重，中小企业融资渠道狭窄，中小企业工资涨幅高，极大地影响了中小企业的资金控制力，在一定程度上制约了中小企业在对外贸易中发挥的作用，这一特点在服务业中小企业中表现非常明显。首先，由于我国服务业中小企业多数由业主直接管理，这些由单个人或少数人提供资金组成的企业，其组织特点是规模较小，在银行贷款的过程中会遭遇一定的困难；其次，服务业中小企业一般商业信用有限，这导致其对基于商业信用和银行信用的结算工具的运用能力有限，从而限制了其在对外贸易中发挥的作用；最后，服务业中小企业缺乏较为完善的财务管理制度，财务人员多由"家族"内部人员掌控与管理，缺乏相应的专业性，或者是企业内部会计制度不健全、会计核算程序简单、岗位职责不清晰、相应的监督机制不完善等。资金控制力的低下，直接影响了服务业中小企业进出口贸易的拓展，影响了服务业中小企业在对外贸易中的竞争力，从而一定程度上也降低了其竞争能力，影响了国家对于服务贸易的经济控制力。

（二）企业缺乏贸易风险控制力

当前，我国贸易出口地主要为美国、欧盟、日本、韩国以及中国香港等国家和地区，虽然这些地区的政治经济较为稳定，但是随着我国企业对外贸易业务的不断扩展，其所面临的贸易风险也逐渐加大：第一，我国外贸企业面临全球政治因素、社会因素、贸易制度因素、国际性危机因素和反倾销政策因素等国家层面的风险，而企业对于这类国家型风险因素的控制力较低。第二，由于汇率、价格等不稳定因素的影响，外贸企业经常面临市场性的贸易风险，在国际贸易结算中，进出口商品是以外币计价的，但是一方面，外汇汇率一直处于不断变化的状态之中，因此企业就要面临汇率跌落的风险；另一方面，国家间货物的价格或者原材料价格都有可能发生很大的变化，因此外贸企业便不可避免地面临着因价格升降而带来的风险。第三，由于一些外贸企业对于客户的调研不足，还可能遭遇买家延迟付款等风险。对于上述外贸风险，我国外贸企业的主动防范能力和规避风险能力还比较弱，利用金融工具规避风险的意识也较为薄弱，因此，总体上看，我国外贸企业的外贸风险控制力有待提升。

（三）外贸人力资源控制力较低

随着世界经济全球化进程的不断发展，我国的国际贸易水平也正处于快速提升的过程之中。因此，对外贸人才的需求与日俱增，不仅需要规模越来越庞大的外贸人才群体，更需要专业技能和能力较强的外贸人才，从企业的角度来讲，企业越来越急迫地需要掌握最新专业知识、掌握一定外语技能和有一定实务操作经验的外贸人才。但是，从目前我国外贸人才的培养来看，基本上还停留在理论阶段，缺乏相应的实践经验，缺乏必要的业务技能，这与企业对外贸人才的需求还相差较远。

首先，从我国外贸专业毕业生的供给量来看，我国外贸专业毕业生供给总量还不足，在当前我国高校专业设置体系中，外贸专业是经济学专业下的二级学科专业，外贸专业人员多数来自于经济学专业，因此从2014年我国高校毕业生人数来看，经济学普通本科毕业人数占普通本科毕业生总人数的6.04%，为206239人，而经济与贸易类学科仅是经济学的四大分类之一，所以实际上经济贸易类普通本科毕业生人数更少，无法满足我国对外贸易对人才的大规模需求。

其次，从我国高校培养人才的模式来看，针对本专科学生的课程设置过于偏重理论，一些实践性和实务性的课程存在缺失，这导致了学生的实践和操作能力不强，毕业生进入企业之后还需要与企业的实践进行一段时间的磨合，从而无法有效实现学校教育与企业实践的无缝对接。

（四）新常态下中国各行业对外投资对中国出口贸易的贡献程度差异大

本研究利用灰色系统的建模和数据分析方法，即使用灰色关联度的研究方法，计算中国制造业和服务业对外投资与中国对各国出口额的灰色关联度。具体计算中国对各国出口额与中国对各国直接投资净额的绝对关联度、相对关联度和综合关联度，考察中国制造业和服务业对外投资对中国出口额的影响程度。

1. 建立数据列

$$X_0 = \{x_0(1), x_0(2), \cdots, x_0(n)\} \tag{1}$$

$$X_i = \{x_i(1), x_i(2), \cdots, x_i(n)\}, i=1, 2, \cdots, m \tag{2}$$

其中，X_0为参考序列，X_i为比较序列，n为序列长度，i为比较序列个数，将中国出口额序列作为母序列X_0。制造业对外投资（X_1），租赁和商务服务业对外投资（X_2），住宿和餐饮业对外投资（X_3），信息传输、计算机服务和软件业对外投资（X_4），文化、体育和娱乐业对外投资（X_5），卫生、社会保障和社会福利业对外投资（X_6），水利、环境和公共设施管理业对外投资（X_7），批发和零售业对外投资（X_8），农、林、牧、渔业对外投资（X_9），科学研究、技术服务和地质勘查业对外投资（X_{10}），居民服务和其他服务业对外投资（X_{11}），教育对外投资（X_{12}），交通运输、仓储和邮政业对外投资（X_{13}），建筑业对外投资（X_{14}），房地产业对外投资（X_{15}），电力、燃气及水的生产和供应业对外投资

（X_{16}），采矿业对外投资（X_{17}）作为比较序列。

2. 计算关联系数

使用以下方法计算中国对各国直接投资的灰色关联度：

第一步计算各序列的初值像（或均值像）。令：

$$X'_i = X_i / x_i(1) = (x'_i(1), x'_i(2), \cdots, x'_i(n)) \quad (3)$$

$$i = 0, 1, 2, \cdots, m$$

第二步求差序列。即：

$$\Delta_i(k) = |x'_0(k) - x'_i(k)|, \Delta_i = (\Delta_i(1), \Delta_i(2), \cdots, \Delta_i(n)) \quad (4)$$

$$i = 1, 2, \cdots, m$$

第三步使用以下方法计算两极最大差与最小差：

最大差 $M = \max_i \max_k \Delta_i(k)$，最小差 $m = \min_i \min_k \Delta_i(k)$

第四步求关联系数：

$$\gamma_{0i}(k) = \frac{m + \xi M}{\Delta_i(k) + \xi M}, \xi \in (0, 1) \quad (5)$$

$$k = 1, 2, \cdots, n; i = 1, 2, \cdots, m$$

上述公式反映两个序列在同一时刻的关联程度，关联系数越大，表明两个序列在该时刻的关系越密切。由此得到中国制造业和其他产业对外投资与出口的关联系数的计算结果，具体参见表1。

表1 中国制造业和其他产业对外投资与出口的关联系数的计算结果

	2003年	2004年	2005年	2006年	2007年	2008年	2009年	2010年	2011年	2012年	2013年	2014年
r1	1	0.9639	0.9494	0.9470	0.9352	0.8468	0.8274	0.7958	0.6161	0.5020	0.4170	0.3333
r2	1	0.9606	0.9153	0.8837	0.8962	0.9761	0.7960	0.7457	0.6239	0.5444	0.5120	0.3333
r3	1	0.9924	0.9778	0.9686	0.8983	0.8892	0.7579	0.6117	0.5369	0.4726	0.4150	0.3333
r4	1	0.8836	0.8040	0.7185	0.6793	0.5714	0.7035	0.4093	0.4049	0.7532	0.7157	0.3333
r5	1	0.9990	0.9959	0.9811	0.9092	0.8960	0.8652	0.7051	0.6017	0.5047	0.4218	0.3333
r6	1	0.9994	0.9978	0.9800	0.9737	0.9745	0.9540	0.7642	0.8763	0.7150	0.6429	0.3333
r7	1	0.8765	0.7705	0.6735	0.5818	0.5399	0.6142	0.5089	0.5632	0.3383	0.3333	0.3739
r8	1	0.9493	0.9733	0.9218	0.9856	0.8262	0.6582	0.6602	0.6520	0.4871	0.3880	0.3333
r9	1	0.9718	0.8826	0.8934	0.9104	0.9092	0.8609	0.8425	0.7823	0.5942	0.4375	0.3333
r10	1	0.9962	0.9245	0.8529	0.8076	0.7588	0.6654	0.5893	0.5682	0.4505	0.3881	0.3333
r11	1	0.8632	0.7969	0.6144	0.5252	0.3933	0.4845	0.7914	0.3607	0.5451	0.4235	0.3333
r12	1	0.8707	0.8739	0.8415	0.8289	0.6124	0.3797	0.3333	0.3535	0.3762	0.4020	0.4316
r13	1	0.9315	0.9259	0.8987	0.8155	0.7579	0.5150	0.4160	0.4547	0.3887	0.3584	0.3333

续表

	2003 年	2004 年	2005 年	2006 年	2007 年	2008 年	2009 年	2010 年	2011 年	2012 年	2013 年	2014 年
r14	1	0.9760	0.9851	0.9851	0.9455	0.9844	0.8748	0.7307	0.6681	0.5022	0.3732	0.3333
r15	1	0.9949	0.9106	0.8812	0.7479	0.7730	0.7099	0.6423	0.5925	0.5774	0.4502	0.3333
r16	1	0.9960	0.9943	0.9818	0.9728	0.8375	0.7921	0.7110	0.5230	0.4621	0.4056	0.3333
r17	1	0.9934	0.9726	0.8523	0.9372	0.8451	0.6319	0.6297	0.5109	0.4806	0.3741	0.3333

注：r1、r2、r3、r4、r5、r6、r7、r8、r9、r10、r11、r12、r13、r14、r15、r16、r17 分别代表制造业，租赁和商务服务业，住宿和餐饮业，信息传输、计算机服务和软件业，文化、体育和娱乐业，卫生、社会保障和社会福利业，水利、环境和公共设施管理业，批发和零售业，农、林、牧、渔业，科学研究、技术服务和地质勘查业，居民服务和其他服务业，教育，交通运输、仓储和邮政业，建筑业，房地产业，电力、燃气及水的生产供应业，采矿业的关联系数。

3. 计算关联度

由于关联系数数目较多，信息过于分散，不便于比较各个产业的关联系数，因此应使用关联度的计算方法计算变量之间的关联度：

$$w_{0i} = \frac{1}{n}\sum_{k=1}^{n}\gamma_{0i}(k), i = 1,2,\cdots,m \tag{6}$$

中国对各国出口额为灰色关联度分析的母序列，与参考序列相比较的"子因素"就是 $X_i(k)$ ($i = 1, 2, \cdots, 17$)，它们是中国各产业对外投资规模。

基于 2003～2014 年中国对各国出口额与中国对各国 OFDI 的数据确立了指标体系，具体研究结果见表 1。中国对各国直接投资与中国出口增长紧密关联，从各产业对外投资与中国对各国出口的关联度角度对各产业排名，分别为信息传输、计算机服务和软件业，居民服务和其他服务业，交通运输、仓储和邮政业，制造业，农、林、牧、渔业，租赁和商务服务业，批发和零售业，建筑业，采矿业，住宿和餐饮业，电力、燃气及水的生产和供应业，房地产业，科学研究、技术服务和地质勘查业，水利、环境和公共设施管理业，文化、体育和娱乐业，教育，卫生、社会保障和社会福利业。

从表 2 可以看到，我国制造业对外投资与中国出口的关联度较高，达 0.6547，高于租赁和商务服务业，住宿和餐饮业，文化、体育和娱乐业，卫生、社会保障和社会福利业，水利、环境和公共设施管理业，批发和零售业，农、林、牧、渔业等大多数产业，但仍低于信息传输、计算机服务和软件业，居民服务和其他服务业，交通运输、仓储和邮政业，这表明总体而言制造业对外投资与出口的关联度较高，两者已表现出相互促进和相互补充的交叉发展特征，主要是由于在我国制造业对外投资不断增长的进程中，我国贸易、旅游、交通运输等行业对外投资能成功绕开东道国的贸易壁垒，能够极大地促进我国出口。而我国在制造业对外出口进程中,贸易壁垒诱发中国对外投资进程加快,但仍存在促进出口的作用有限的负面效应。

表2 制造业和服务业对外投资与中国出口的关联度

	制造业	租赁和商务服务业	住宿和餐饮业	信息传输、计算机服务和软件业	文化、体育和娱乐业	卫生、社会保障和社会福利业	水利、环境和公共设施管理业	批发和零售业	农、林、牧、渔业
绝对关联度	0.5072	0.5372	0.5002	0.5015	0.5002	0.5000	0.5000	0.5156	0.5011
相对关联度	0.8022	0.7428	0.5622	0.9338	0.5163	0.5091	0.5281	0.7600	0.7853
综合关联度	0.6547	0.6400	0.5312	0.7177	0.5082	0.5046	0.5141	0.6378	0.6432
	科学研究、技术服务和地质勘查业	居民服务和其他服务业	教育	交通运输、仓储和邮政业	建筑业	房地产业	电力、燃气及水的生产和供应业	采矿业	总体
绝对关联度	0.5017	0.5008	0.5000	0.5068	0.5028	0.5032	0.5019	0.5192	0.5994
相对关联度	0.5371	0.8341	0.5128	0.8149	0.6600	0.5358	0.5424	0.6251	0.7277
综合关联度	0.5194	0.6674	0.5064	0.6609	0.5814	0.5195	0.5222	0.5721	0.6636

(五)中国服务业各行业对外投资对国内产业结构升级的贡献程度差异大

接下来本研究继续使用灰色关联度的研究方法,计算中国国内产业结构升级与对外投资的灰色关联度。具体计算中国产业结构高度化与制造业和其他各行业对外直接投资净额的绝对关联度、相对关联度和综合关联度,考察中国制造业和其他产业对外投资对我国产业结构升级的影响。

本研究使用的研究方法与其他文献不同,产业结构高度化能够反映一国产业结构的高级化水平,本研究计算产业结构高度化的衡量指标如下:

$$UIM = \alpha(V_3/V_2) + (1-\alpha)(V_H/(V_2+V_3)) \qquad (7)$$

其中,V_2、V_3、V_H分别代表第二产业增加值、第三产业增加值和高技术产业增加值。α代表取值为0.5的权重。UIM与产业结构高度化成正比,若UIM值越大,表明产业结构水平越高级。

使用以下方法计算中国国内产业结构升级与对外投资的灰色关联度:第一步计算各序列的初值像(或均值像),第二步求差序列,第三步计算两极最大差与最小差,第四步求关联系数,第五步计算变量之间的关联度。

中国产业结构高度化为产业结构转型升级灰色关联度分析的母序列，作为衡量中国产业结构升级的指标，与参考序列相比较的"子因素"就是居民服务和其他服务业，信息传输、计算机服务和软件业，交通运输、仓储和邮政业，制造业，批发和零售业，农、林、牧、渔业，租赁和商务服务业，建筑业，采矿业，电力、燃气及水的生产和供应业，科学研究、技术服务和地质勘查业，房地产业的对外投资规模。本研究以2003~2015年中国各省产业结构高度化和各省制造业OFDI分别作为观测值，计算得到各行业对外投资与国内产业结构升级的绝对关联度、相对关联度和综合关联度，计算结果见表3。

表3　中国各行业对外投资与国内产业结构升级的关联度

	制造业	租赁和商务服务业	批发和零售业	信息传输、计算机服务和软件业	科学研究、技术服务和地质勘查业	采矿业	交通运输、仓储和邮政业	建筑业	房地产业	电力、燃气及水的生产和供应业	农、林、牧、渔业	居民服务和其他服务业
绝对关联度	0.5024	0.5135	0.5051	0.5005	0.5006	0.5064	0.5021	0.5010	0.5012	0.5007	0.5004	0.5003
相对关联度	0.7743	0.7032	0.7406	0.8845	0.5327	0.6133	0.8118	0.6393	0.5293	0.5360	0.7436	0.8873
综合关联度	0.6384	0.6084	0.6229	0.6925	0.5166	0.5599	0.6569	0.5701	0.5153	0.5183	0.6220	0.6938

依据综合关联度排出的各因素对目标值国内产业结构升级影响的大小顺序分别为居民服务和其他服务业，信息传输、计算机服务和软件业，交通运输、仓储和邮政业，制造业，批发和零售业，农、林、牧、渔业，租赁和商务服务业，建筑业，采矿业，电力、燃气及水的生产和供应业，科学研究、技术服务和地质勘查业，房地产业，关联度系数分别为0.6938、0.6925、0.6569、0.6384、0.6229、0.6220、0.6084、0.5701、0.5599、0.5183、0.5166、0.5153。

分析结果表明，制造业对外投资与国内产业结构升级的平均绝对关联度极低，仅为0.6384，大大小于1，这表明制造业对外投资虽然在产业间提升了产业结构，但对产业内结构升级影响较弱，制造业对外投资与产业结构升级的综合关联度小于居民服务和其他服务业，信息传输、计算机服务和软件业，交通运输、仓储和邮政业。信息传输、计算机服务和软件业，居民服务业和其他服务业等服务业对外投资与国内产业结构升级的绝对关联度较低，但其相对关联度高于制造业。居民服务业和其他服务业，信息传输、计算机服务和软件业对外投资与国内产业结构升级的综合关联度最大，说明30多年以来信息传输、计算机服务和软件、居民服务业"走出去"步伐加快，随着制度变迁进程的不断深化，居民服务业,信息传输、计算机服务和软件业对外投资对国内产业结构升级的贡献逐渐增大。

二、全球价值链视角下中国服务业对外贸易竞争力现状及问题

(一) 服务贸易增速较快、逆差较大,并且中国传统服务业在国际服务贸易中所占比重过高,我国仍处于全球价值链的低端

1992年以后,中国服务贸易一直处于逆差状态,且呈逐年扩大趋势,当前,中国服务贸易已经连续三年出现逆差超过1000亿美元,如表4所示。从服务贸易结构来看,中国传统服务贸易在国际服务贸易中所占比重过高,根据WTO数据分析,中国服务贸易主要集中在旅游服务、其他商业服务和交通服务等板块,分别占到我国服务贸易的25.9%、22.0%和18.4%,如图1所示,这些板块的共同特点是依托于中国本土丰富的劳动力资源和自然资源,属于劳动密集型或者资源密集型服务业。

表4 2005~2015年中国服务贸易逆差

	2005年	2006年	2007年	2008年	2009年	2010年	2011年	2012年	2013年	2014年	2015年
服务贸易逆差(亿美元)	92.6	89.1	76.0	1115.6	295.1	219.3	549.2	897	1184.6	1599.0	1366.0

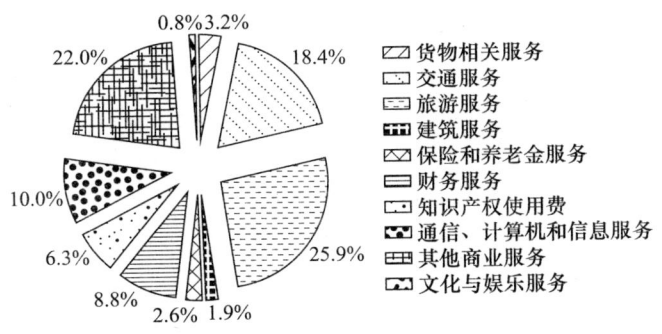

图1 我国服务贸易类型结构

（二）服务业对外投资结构不合理，生产性服务业发展滞后，对于促进我国制造业的国际竞争力作用不大

近年来，尤其是 2005 年以来，中国服务业对外直接投资的流量逐年显著增加，在对外直接投资总额中所占的比重也逐年上升，已经超过 50%，2015 年中国服务业对外直接投资流量占比达到 73.4%，成为对外直接投资的主体。但是从服务业对外投资的结构看，在服务业对外直接投资中，租赁和商务服务业以及批发和零售业所占比重相对较高，而这些对外投资的主要服务行业对服务贸易的带动程度较弱。

第一，我国生产性服务业发展滞后体现在我国生产性服务贸易的国际竞争力较弱。通过分析中国生产性服务业贸易竞争力指数可以发现，我国生产性服务业的大多数行业 TC 指数为负，表明我国生产性服务贸易国际竞争力较弱。同时，中国生产性服务业贸易竞争力指数具有长期波动和长期为负的特征。除了广告宣传业具有一定竞争优势以外，通信服务、金融业和保险业、运输业、专有权利使用费和特许费都是我国具有明显竞争劣势的生产性服务业。同时，笔者计算了 2002~2015 年中国生产性服务业显示性比较优势指数（见表5），可以发现我国生产性服务业 RCA 指数为 0.2，因此我国生产性服务业国际竞争力较弱。在中国生产性服务业中，金融服务、保险、通信服务、运输、计算机和信息服务、专利许可等产业 RCA 指数均小于 0.72，表明中国生产性服务业国际竞争力较弱。

表5 中国生产性服务业显示性比较优势指数

	2002年	2003年	2004年	2005年	2006年	2007年	2008年	2009年	2010年	2011年	2012年	2013年	2014年	2015年
商业服务	0.377	0.308	0.272	0.255	0.284	0.248	0.268	0.365	0.371	0.291	0.333	0.374	0.3742	0.4024
运输	0.206	0.200	0.177	0.192	0.238	0.231	0.267	0.472	0.461	0.259	0.345	0.430	0.4027	0.3927
通信服务	0.717	0.104	0.159	0.148	0.097	0.067	0.085	0.132	0.159	0.109	0.098	0.088	0.0749	0.088
保险	0.049	0.073	0.057	0.095	0.077	0.082	0.075	0.098	0.137	0.158	0.155	0.152	0.163	0.1715
金融服务	0.016	0.014	0.005	0.012	0.005	0.006	0.005	0.009	0.011	0.011	0.039	0.068	0.1006	0.1118
计算机和信息服务	0.120	0.106	0.104	0.143	0.159	0.133	0.168	0.234	0.278	0.254	0.316	0.379	0.373	0.4019
专利许可	0.016	0.016	0.015	0.009	0.017	0.009	0.010	0.015	0.022	0.014	0.026	0.037	0.0363	0.0415

第二，我国生产性服务业发展滞后体现在加工贸易仍然占据我国对外贸易的主导地位。从近15年来的中国加工贸易增值率来看，自2005年以来，中国加工贸易增值率始终维持在50%以上（见图2），其中2009年更是超过80%。2015年我国加工贸易增值率也近80%，为78.4%。同时，在我国高新技术产品出口的各类贸易中，加工贸易也仍然占据主导地位。因此，我国加工贸易企业还处于全球价值链的低端，缺乏核心竞争力，同时可以看到，由于技术、资本、人才等高端要素缺乏的限制，我国加工贸易还未到达全球价值链的上游阶段，发展仍然滞后。

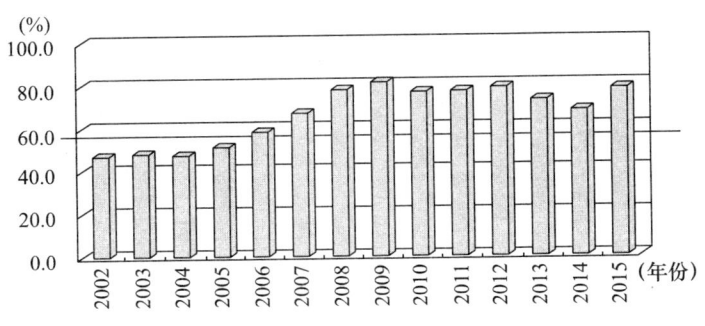

图2　2002～2015年中国加工贸易增值率

第三，与制造业相比，中国生产性服务业和生活性服务业的国际贸易成本仍较高，并且我国生产性服务业发展滞后体现在其与制造业的不良互动发展中。首先，当前虽然我国制造业的国际竞争力较强，但是生产性服务业的竞争力较弱，其发展较为滞后，对我国制造业竞争力提升的促进作用较小。因此，虽然生产性服务业与制造业之间的融合越来越密切，但是生产性服务业在促进我国制造业提升国际竞争力方面的作用仍然有限。其次，针对生产性服务业和生活性服务业，中国与其他贸易伙伴国的双边贸易成本下降并未推动中国服务业生产率增长率提高。同时，虽然中国生产性服务业快速增长，生产性服务业的贸易成本迅速下降，从而推动中国全要素生产率更快增长，但是商品贸易成本下降的效应系数远远高于服务贸易，因此中国生产性服务业和生活性服务业贸易的国际成本高于制造业。同时，贸易成本下降有助于推动中国商品部门全要素生产率的增长，但是服务贸易成本下降并不会推动中国服务业生产率提高，因此中国商品部门的表现与大多数国家相似，但是中国服务业的特殊表现与商品部门的表现不一致，中国服务贸易也存在"服务贸易成本的生产率悖论"。经典的异质性企业贸易理论认为，生产率是决定企业对外投资的重要因素，生产率最高的企业可以对外直接投资，生产率较高的企业既可以国内经营也可以出口，生产率最低的企业只能在国内市场销售,但是"走出去"的中国服务业具有较低的生产率,经典的异质性企业贸易理论难以解释。

总之,在全球价值链视角下,由于生产性服务业发展滞后,制造业与生产性服务业出现不良互动发展的特点,生产性服务业对中国企业国际竞争力的促进作用仍较弱,同时我国制造业和农业对生产性服务业的需求较少。中国生产性服务业发展滞后和国际竞争力薄弱是导致我国企业"走出去"存在诸多问题的根本原因之一。

(三)通过各国外商投资获得的国外研发资本存量与中国经济增长的关联度很低

我国通过进口贸易获得的研发资本存量显著促进我国技术进步,我国通过进口贸易获得的技术溢出积极促进我国技术进步,因此从各国进口获得的国外研发资本存量必然推动我国经济稳定增长,但我国通过外商投资获得的国外研发资本存量与中国经济增长的关联度很低。本研究继续计算通过各国外商投资获得的研发资本存量与中国经济增长的关联度,R_t^{FDI} 表示通过各国外商投资获得的研发资本存量,即 $R_t^{FDI} = \sum_{j=1}^{34} (FDI_{jt}/GDP_{jt}) RD_{jt}$,其中 FDI_{jt} 为 t 期 j 国流入我国的 FDI 总额,其中的 FDI 为占我国引进 FDI 主体的 34 国 FDI[①],GDP_{jt} 为占我国引进 FDI 主体的 34 国 GDP。RD_{jt} 为 t 时期 j 国国内研发资本存量,计算方法如下:首先,使用 2003 年各国 R&D 经费支出除以 12 年(2003~2014 年)R&D 经费支出平均增长率加上折旧率,从而得到 2003 年各国研发资本存量,即 $RD_{j2003} = R\&D_{j2003}/(\delta + g_j)$,其中,$R\&D_{j2003}$ 为 j 国 2003 年 R&D 经费支出,δ 为折旧率(5%),g_j 为 2003~2014 年 j 国 R&D 经费支出对数形式增长率的平均值;其次,使用永续盘存法计算 2004~2014 年各国国内研发资本存量,即 $RD_{jt} = R\&D_{jt} + (1-\delta)R\&D_{jt-1}$,$R\&D_{jt}$ 为 j 国 t 时期 R&D 经费支出,同时各国 R&D 经费支出按消费者价格指数平减。

如表 6 所示,通过各国外商投资获得的国外研发资本存量与中国经济增长的关联度很低,仅为 0.57,这表明我国通过外商投资获得的技术溢出对我国技术进步的影响极其微弱,必然导致通过各国外商投资获得的国外研发资本存量与中国经济增长的关联度很低。

---

① 本研究选取的 34 国包括:捷克、匈牙利、美国、日本、澳大利亚、德国、加拿大、英国、法国、意大利、瑞典、爱尔兰、比利时、波兰、荷兰、西班牙、新加坡、韩国、巴基斯坦、蒙古、马来西亚、泰国、伊朗、印度、印度尼西亚、南非、巴西、哥伦比亚、阿根廷、土耳其、墨西哥、赞比亚、俄罗斯、哈萨克斯坦,是我国主要的 FDI 来源国、国际贸易进口国。

表6 通过各国外商投资获得的研发资本存量与经济增长的关联度

国家	绝对关联度	相对关联度	综合关联度	国家	绝对关联度	相对关联度	综合关联度
捷克	0.5000	0.6423	0.5712	韩国	0.5000	0.5275	0.5137
匈牙利	0.5000	0.5193	0.5097	巴基斯坦	0.5000	0.8993	0.6997
美国	0.5000	0.5769	0.5385	蒙古	0.5000	0.7197	0.6098
日本	0.5000	0.5245	0.5123	马来西亚	0.5000	0.6791	0.5895
澳大利亚	0.5000	0.5738	0.5369	泰国	0.5000	0.5351	0.5176
德国	0.5000	0.6650	0.5825	伊朗	0.5000	0.6425	0.5713
加拿大	0.5000	0.5521	0.5261	印度	0.5000	0.9000	0.7000
英国	0.5000	0.5295	0.5148	印度尼西亚	0.5000	0.5662	0.5331
法国	0.5000	0.5395	0.5197	南非	0.5000	0.6350	0.5675
意大利	0.5000	0.5466	0.5233	巴西	0.5000	0.7755	0.6377
瑞典	0.5000	0.6170	0.5585	哥伦比亚	0.5000	0.6667	0.5834
爱尔兰	0.5000	0.6028	0.5514	阿根廷	0.5000	0.6198	0.5599
比利时	0.5000	0.5854	0.5427	土耳其	0.5000	0.6415	0.5707
波兰	0.5000	0.7611	0.6306	墨西哥	0.5000	0.6892	0.5946
荷兰	0.5000	0.5690	0.5345	赞比亚	0.5000	0.5143	0.5072
西班牙	0.5000	0.9729	0.7364	俄罗斯	0.5000	0.5766	0.5383
新加坡	0.5000	0.7077	0.6039	哈萨克斯坦	0.5000	0.6906	0.5953
均值	0.5000	0.6401	0.5701				

继续计算从各国进口获得的国外研发资本存量与中国经济增长的关联度，$R_t^{IMP} = \sum_{j=1}^{34} (IMP_{jt}/GDP_{jt}) RD_{jt}$，其中，$IMP_{jt}$为t时期我国从j国的进口总额。我们发现中国从各国进口获得的国外研发资本存量与我国经济增长的关联度较高，尤其是相对关联度达0.8125（见表7）。可以看到，我国进口贸易获得的技术溢出积极促进我国技术进步，因此从各国进口获得的国外研发资本存量必然推动我国经济稳定增长。

表7 从各国进口获得的研发资本存量与经济增长的关联度

国家	绝对关联度	相对关联度	综合关联度	国家	绝对关联度	相对关联度	综合关联度
捷克	0.5000	0.7014	0.6007	韩国	0.5024	0.8542	0.6783
匈牙利	0.5000	0.7063	0.6032	巴基斯坦	0.5000	0.9719	0.7360
美国	0.5021	0.9009	0.7015	蒙古	0.5000	0.7805	0.6403

续表

国家	绝对关联度	相对关联度	综合关联度	国家	绝对关联度	相对关联度	综合关联度
日本	0.5042	0.7289	0.6166	马来西亚	0.5002	0.8656	0.6829
澳大利亚	0.5007	0.6743	0.5875	泰国	0.5000	0.9670	0.7335
德国	0.5013	0.9223	0.7118	伊朗	0.5000	0.8004	0.6502
加拿大	0.5002	0.9140	0.7071	印度	0.5001	0.9162	0.7081
英国	0.5002	0.9625	0.7313	印度尼西亚	0.5000	0.9279	0.7139
法国	0.5003	0.8810	0.6906	南非	0.5001	0.6213	0.5607
意大利	0.5001	0.8731	0.6866	巴西	0.5002	0.7795	0.6398
瑞典	0.5001	0.6893	0.5947	哥伦比亚	0.5000	0.5338	0.5169
爱尔兰	0.5000	0.8661	0.6831	阿根廷	0.5000	0.7341	0.6171
比利时	0.5001	0.8847	0.6924	土耳其	0.5000	0.7482	0.6241
波兰	0.5000	0.7821	0.6411	墨西哥	0.5000	0.9444	0.7222
荷兰	0.5001	0.9931	0.7466	赞比亚	0.5000	0.5012	0.5006
西班牙	0.5000	0.8549	0.6775	俄罗斯	0.5001	0.6815	0.5908
新加坡	0.5002	0.7047	0.6025	哈萨克斯坦	0.5000	0.9590	0.7295
均值	0.5004	0.8125	0.6565				

（四）我国通过外商投资和对外投资获得的国外研发资本存量对我国技术进步的促进作用显著不同

我国通过外商投资和对外投资获得的国外研发资本存量对我国技术进步的促进作用显著不同，我国通过包括服务业 FDI 在内的外商投资获得的国外研发资本存量与我国技术进步显著负相关，而我国从发达国家 OFDI 和"一带一路"沿线国家 OFDI 所获得的逆向技术溢出显著促进我国技术进步，我国进口贸易获得的技术溢出也积极促进我国技术进步。本研究继续分析中国对研发资本密集的全球发达国家 OFDI 和对研发资本稀疏的发展中国家 OFDI、对"一带一路"沿线国家 OFDI 促进我国技术进步的不同作用和机理，并以 2003~2014 年省级面板数据进行实证检验。模型（8）为通过对"一带一路"沿线国家 OFDI 获得的国外研发资本存量对中国技术进步影响的回归方程（使用 52 国），模型（9）为中国通过全球 OFDI 获得的国外研发资本存量对中国技术进步影响的回归方程（使用34 国）。①

$$Ln(TFP_{it}) = \alpha_i + \beta_{11}Ln(RIMP_{it}) + \beta_{12}Ln(RYFDI_{it}) + \beta_{13}Ln(ROFDI_{it}) + \varepsilon_{it} \quad (8)$$

$$Ln(TFP_{it}) = \alpha_i + \beta_{21}(LnRD_{it}) + \beta_{22}Ln(ROFDI1_{it}) + \beta_{23}(ROFDI2_{it}) + \beta_{24}(RFDI_{it}) + \beta_{15}(RIMP_{it}) + \varepsilon_{it} \quad (9)$$

$RIMP_{it}$ 为各省通过各国进口获得的国外研发资本存量，$RYFDI_{it}$ 为通过"一带一路"沿线各国在华外商直接投资获得的国外研发资本存量，$ROFDI_{it}$ 为通过对"一带一路"沿线国家 OFDI 获得的国外研发资本存量，RD_{it} 为使用永续盘存法以 2003 年为基期的各省研发资本存量，$ROFDI1_{it}$ 为通过对发达国家 OFDI 获得的国外研发资本存量，$ROFDI2_{it}$ 为通过对发展中国家 OFDI 获得的国外研发资本存量，$RFDI_{it}$ 为通过各国在华外商直接投资获得的国外研发资本存量。

笔者的研究结果发现，与对外直接投资不同，我国通过包括服务业外商投资在内的外商投资获得的国外研发资本存量与我国技术进步显著负相关，表明外商直接投资对我国技术进步影响微弱。通过外商直接投资获得的国外研发资本存量对全要素生产率产生显著的负向影响，这种抑制作用与管理效率低下、资源配置得不到优化紧密关联。与外商投资不同，不仅我国从发达国家 OFDI 所获得的逆向技术溢出显著促进我国技术进步，而且中国从"一带一路"沿线各国对外投资渠道获得的国际研发资本存量也显著促进了中国全要素生产率的提高（见表 8 中的模型 8）。因此，FDI 并没有直接地促进我国创新能力的提升，外商投资的溢出效应并非总是正向的，Manuel 和 Machado（2005）通过对 1970～1996 年亚洲、拉丁美洲及非洲的相关数据的分析，也认为服务业外商投资的溢出效应是不确定的，服务业外商投资的溢出效应受国内总投资率和各国利用外资的政策等因素影响。在我国，服务业外商投资的大规模进入可能会不利于我国服务业的高端化发展。另外，随着外商投资的大规模进入，由于外资企业的资金、技术等优势所带来的品牌效应要远大于国内服务业企业，这将对本土市场的需求造成不利影响，

---

① 本研究选取 2003～2014 年数据作为样本数据，数据样本涉及的"一带一路"沿线国家是指中国社会科学院发布的《沿线国家名单》出现的 52 个国家，包括印度尼西亚、马来西亚、菲律宾、新加坡、泰国、越南、柬埔寨、老挝、尼泊尔、巴基斯坦、印度、孟加拉国、斯里兰卡、哈萨克斯坦、吉尔吉斯斯坦、乌兹别克斯坦、塔吉克斯坦、蒙古、卡塔尔、阿曼、黎巴嫩、科威特、以色列、约旦、土耳其、巴林、阿联酋、也门、沙特、埃及、伊朗、匈牙利、波兰、捷克、爱沙尼亚、拉脱维亚、立陶宛、保加利亚、阿塞拜疆、亚美尼亚、格鲁吉亚、阿尔巴尼亚、波黑、克罗地亚、斯洛伐克、斯洛文尼亚、罗马尼亚、马其顿、俄罗斯、白俄罗斯、乌克兰、摩尔多瓦。由于部分国家战乱、政变等原因造成大量数据缺失，仅选取其中的 52 个国家作为样本，阿富汗、不丹、缅甸、巴勒斯坦等国没有被列入。截至 2014 年末，我国对"一带一路"沿线国家 OFDI 存量占总存量的比重达 37.1%，因此"一带一路"沿线国家是我国重要的 OFDI 流向国、国际贸易进口国和 FDI 来源国。

此处选取的 34 国与前文注释相同，34 国是我国主要的 OFDI 流向国、FDI 来源国和国际贸易进口国。

从而打击对中国本土服务业的需求,长此以往,中国本土服务业企业将面临资金贸易控制力低下、缺乏贸易风险控制的问题。

表8 OFDI国别差异对我国技术进步的影响

解释变量	lnTFP（模型8）			解释变量	lnTFP（模型9）		
	系数	标准误	T检验值		系数	标准误	T检验值
$LnRIMP_{it}$	0.0859953**	(0.0313251)	2.75	$LnRD_{it}$	−5.3E−14	−5.25E−14	−1.01
$LnRYFDI_{it}$	−0.0849558***	(0.0276948)	−3.07	$LnROFDI1_{it}$	0.2437801***	(0.0501545)	4.86
$LnROFDI_{it}$	0.0098442**	(0.0050308)	1.96	$LnROFDI2_{it}$	−0.236923***	(0.0505725)	−4.68
				$LnRFDI_{it}$	−0.009765	(0.0142744)	−0.68
				$LnRIMP_{it}$	0.03524***	(0.0134555)	2.62
C	−0.1004522	(0.205019)	0.49	C	−0.8428568**	(0.325923)	−2.59
F	2.53***			F	4.16***		
Hausman	31.13***			Hausman	41.30***		
样本量	360			样本量	360		

注：括号中数字为标准误,检验值后的括号中数字为P值。***表示1%的显著水平,**表示5%的显著水平,*表示10%的显著水平。

三、影响中国对外贸易控制力和竞争力提高的原因剖析

（一）推动中国服务业对外投资的动机与制造业显著不同,导致服务业对外投资规模迅速增长但效率较低

当前服务业是中国对外直接投资的主体,根据商务部的数据,中国对外投资规模最大的行业是租赁和商务服务业,其次分别为采矿业、批发和零售业、金融业。中国制造业对外投资规模和所占比重并不大,主要是因为中国国内仍具有成本优势。刘军和王恕立（2015）① 认为,生产率较高的跨国服务业企业选择在东道国寻求效率,而生产率较低的跨国服务企业选择在东道国寻求市场,即前者具

---

① 刘军,王恕立. 异质性服务企业、沟通成本与FDI动机[J]. 世界经济,2015（6）.

有效率寻求型 FDI 动机，后者具有市场寻求型 FDI 动机（尹忠明和李东坤，2014）。① 因此可以认为，由于中国对外投资的大多数服务业行业效率较低，作为中国对外投资规模最大的行业（服务业），其主要目标是在东道国寻求市场，而不是寻求效率。

（二）我国大多数制造业企业未掌握核心生产性服务业，国家经济控制力缺乏基础

从全球价值链角度来看，我国企业主要从事辅助型生产性服务业，而领导厂商将核心型生产性服务业保留在其内部，从而导致我国处于全球价值链的中低端。在我国大多数制造业企业以代工的角色加入全球价值链的情形下，科层型和俘获型是中国制造业企业与国外领导厂商之间的组织结构的主要形式。科层型价值链治理结构是指含有大量信息和知识的生产性服务业可编码化程度低，但是供应商无力达到标准，因此领导厂商采取一体化的组织形式将核心型生产性服务业保留在其内部；俘获型价值链治理结构是指由于供应商能力低，使其难以满足领导厂商对隐含的信息和知识较多以及可编码化程度高的生产性服务业的需求，因此在领导厂商的干预和控制下，供应商才能满足领导厂商的需求。

在科层型和俘获型价值链治理结构中，领导厂商将辅助型生产性服务业外包给我国企业，而将核心型生产性服务业留在企业内部。相对于其他发展中国家的供应商而言，虽然承接辅助型生产性服务业的中国企业的国际竞争力迅速增强，但是中国企业只是更快更优地完成领导厂商的订单，中国企业受控于领导厂商，缺乏竞争力。同时，跨国公司在我国服务业的直接投资使得我国企业的开放性降低，因此我国企业在技术升级方面受到阻碍。

（三）当前我国企业建设全球销售网络和经营自主品牌的目标仍未实现，对外贸易控制力亟须提升

当前中国服务业"走出去"主要集中在租赁和商务服务业、批发和零售业等劳动密集型服务业，而信息传输、计算机服务和软件业，科学研究、技术服务和地质勘查业，金融业等生产者服务业规模极小。同时，在我国企业"走出去"的进程中，即在我国制造业承接生产者服务业国际外包的进程中，全球价值链的每一个环节，如产品概念、研发设计、生产制造、销售和售后服务都需要生产性服务业，而在我国制造业升级进程中，全球领导厂商将创造概念、树立品牌和产品开发、创建品牌、建立销售渠道等核心生产者服务业留在其内部，我国企业仅

---

① 尹忠明，李东坤. 中国对外直接投资与出口的关系变动：测算、特征及成因[J]. 当代经济研究，2015（8）.

承接生产制造、原料采购、加工装备技术等低端生产者服务业。虽然我国生产能力大大增强，竞争力提升，但是我国企业仍然需要依靠全球领导厂商。

（四）国家外经贸政策变动大，影响因素增加

我国外资外贸政策变动大，直到20世纪90年代初期，我国许多服务业对外开放才开始试点；2000年8月，我国出台《合资铁路与地方铁路行车安全管理办法》，对合资铁路和地方铁路进行监管；2000年9月，我国出台《外资电信管理规定》，外资开始以合资的方式进入中国电信业。20世纪90年代初以后，我国参与"乌拉圭回合"服务贸易谈判的全过程，积极申请恢复我国的GATT初始缔约国地位。进入21世纪后，我国服务业对外开放政策进入不断调整期。十二届全国人大常委会对现有外资和台资管理法律相关行政审批条款进行了修改，从今后的发展趋势看，外资三法合一、出台外国投资法仍是未来改革的方向，但外国投资法却迟迟未出台，主要是因为外国投资法颁布条件尚不成熟，在外资三法合一尚未完成的情形下，先行推行外资备案制才是正确的选择。若在目前颁布条件不成熟的情形下出台外国投资法，会使中国政府管理外国投资的政策空间受到极大的限制，必将挤压当前中国政府的政策空间或规制权，也会直接影响国家经济控制力。从长远来看，在外国投资法出台前，顺利施行外资备案制，进一步开放市场，将使国家经济控制力和贸易竞争力得以提高。

（五）贸易保护主义和摩擦增多，市场不确定性增加，服务业对外开放仍面临不稳定的外部环境

2008年金融危机爆发以来，中国受贸易保护主义的影响越来越明显，受伤害的次数居世界首位，尤其是发达国家实施的贸易保护主义对中国出口贸易的负影响较大，美国和西欧制定的贸易保护主义措施对中国出口规模的冲击较明显。虽然发展中国家制定的贸易保护主义措施显著影响中国出口规模，但其对中国出口的冲击度大大小于发达国家对中国出口的冲击度。金融危机以来，中国出口受到严重影响，出口一直没有起色，2011年以来中国出口增速陷入负增长泥潭，这与我国仍处于全球价值链中低端密不可分，也与发达国家贸易保护主义重新抬头分不开。

（六）高端外贸人才匮乏，企业人才流失严重，中国企业"走出去"必须突破人才瓶颈

当前我国企业"走出去"的进程中存在严重的人才制约等限制因素，缺乏熟悉国际市场、了解市场行情、掌握国际经验、熟悉国际规则的人才，人才培养短板成为制约我国企业在"走出去"的一个重要因素。我国与其他国家相比存

在明显差距,例如,同为亚洲金砖四国之一的印度,其人才的国际化程度远高于中国,因此需要相关各方建立起相对应的人才培育机制。

四、提高对外贸易控制力和竞争力的对策

(一)加强服务业对外投资,鼓励民间服务业对外投资,扶持中小企业发展

发挥我国中小企业在海外市场中流通渠道以及服务等方面的特长,提升自我品牌价值,并通过首先进入跨国公司全球产业链,然后逐渐构建国家价值链,推动当前仍处于世界产业链中间环节的我国大多数代工和贴牌生产供应商(OEM/ODM)勇敢走自主品牌(OBM)转型之路。

(二)大力发展高端生产性服务业

推动金融业、计算机及软件服务业、科学技术服务业等生产性服务业的较快增长,不断提升生产性服务业对我国制造业和农产品国际竞争力的促进作用。要提高交通运输及仓储业等传统生产性服务业的运行效率,促进现代物流业的发展,促进传统生产性服务业与信息传输、计算机服务和软件业,租赁业和商务服务业等生产性服务部门内部的产业关联和互动发展,将更多的信息、技术和知识运用于交通运输及仓储业,同时加强网络化、信息化以及物流配套体系的建设。

(三)促进生产性服务业和制造业的互动融合发展

我国政府要制定相应的融资、税收等优惠政策和产业倾斜政策,鼓励知识技术密集型服务业的发展,并引导人们对旅游、信息、房地产、金融、保险等行业的需求,刺激服务业总体竞争力的提高。同时,政府要制定政策,出台有效措施鼓励和推进生产性服务部门从制造业企业中逐渐分离并转入市场,要通过政策引导、产业整合与集聚发展等多种措施,促进已分离的生产性服务业和制造业形成产业间的互动融合,从产业层面扩大生产性服务业的中间需求,实现生产性服务业快速发展,实现产业价值链的攀升,提升我国生产性服务业的国际竞争力。

(四)实现市场机制的决定性作用和政府的宏观调控和产业导向作用的平衡

我们既要充分发挥市场机制的决定性作用,又要积极发挥政府的宏观调控和

产业导向作用，促进我国服务业又好又快发展。第一，发挥市场机制对服务业发展的决定性作用。从价格机制、市场准入、市场秩序、充分竞争、打破垄断等方面着手，充分发挥市场机制的决定性作用，为服务业大发展创造宽松的市场环境。第二，积极有效地发挥政府的调控作用，构建科学合理的体制机制，助推服务业又好又快健康持续发展。一是要从产业政策等方面，鼓励以实体经济为导向的服务业优先发展；二是构建支持服务业发展的金融政策体系；三是优化服务业投资结构，调整服务业投资政策；四是实施有利于现代服务业发展的土地管理政策；五是改善服务发展的软环境，包括竭力培养服务业人才，以及对除了关系国家安全的服务业尽可能减少行政审批和管制。

（五）注重人才培养和管理，提升外贸人力资源的控制力

要加强对人力资本的投入，制定人才引进政策，畅通服务业人才引进的绿色通道；要加强对人力资本的投入，加大对高等教育的投资力度，培养适应现代服务业发展要求，精通国际商法、国际运输的复合型专业人才；要拓宽人才培养途径，形成科学的人力资源开发利用体系和多层次人才培训体系；要逐渐完善人才的激励机制，建立和推行适合生产性服务行业运营特点的新型收入分配方式等。

参考文献

[1] 刘军，王恕立. 异质性服务企业、沟通成本与FDI动机[J]. 世界经济，2015（6）.

[2] 尹忠明，李东坤. 中国对外直接投资与出口的关系变动：测算、特征及成因[J]. 当代经济研究，2015（8）.

专题七 消费结构升级：居民服务消费的趋势与动力

张颖熙　夏杰长

摘　要： 当前我国正处于消费结构转型升级的关键时期，突出表现在城乡居民消费结构正由物质型消费向服务型消费升级，这种转变形成了经济服务化的内在动力。随着收入水平的不断提高、城镇化进程的加快、"互联网+"对行业的渗透以及社会保障程度的日益提高，未来中国服务消费支出将会持续增长。主要依托服务消费引领消费结构升级，不仅成为我国经济持续稳定增长的重要支撑，也是丰富服务业业态、提高民生福利水平、改善消费品质、创造就业岗位、推动服务业"由大变强"的重要力量。

关键词： 服务消费；消费结构升级

当前，我国正处在经济转型的历史关节点。从国际产业结构演进的经验看，由高附加值的现代服务业逐步取代低附加值的传统工业，是一个国家由工业化中后期走向工业化后期这个特定历史阶段的客观趋势，也是发展中国家成功迈向高收入国家的必由之路。在产业结构转型升级的同时，我国的消费结构也进入了以物质型消费为主向服务型消费为主的转型升级进程，并形成经济服务化的内在动力。国家"十三五"规划明确提出，"着力扩大居民消费，引导消费朝着智能、绿色、健康、安全方向转变，以扩大服务消费为重点带动消费结构升级"，为未来消费发展指明了方向。消费结构的快速升级，蕴含着巨大的消费潜力。据初步估计，到2020年我国消费市场规模将达到40万亿~50万亿元。主要依托服务消费引领消费结构升级，不仅成为我国经济持续稳定增长的重要支撑，也是提高民生福利水平、改善消费品质、创造就业岗位、推动服务业"由大变强"的重要力量，是建设服务业强国不可或缺的重要因素。

一、服务消费比重不断提升是消费结构升级的重要趋势：基于美国的经验

从发达国家消费结构升级的经验发现，居民消费升级趋势主要按照"衣食—住行—康乐"的路径进行，服务消费代表消费升级的最终趋势。具体来说，消费结构升级分为两个阶段：第一阶段是"衣食"向"住行、康乐"升级，即开启服务消费升级阶段；第二阶段是"衣食、住行"向"康乐"升级，即进入以服务消费为主的阶段。[①] 根据国外经验，当人均GDP在1000美元以内时，人们追求的是基本的生理和物质需求，物质需求增速非常快；当人均GDP在1000~3000美元时，人们开始追求精神满足，但对物质的需求还是主要的，这一阶段物质需求增速还是处于成长期；当人均GDP超过3000美元后，物质需求增速开始放缓，服务需求增速加快；当人均GDP超过5000美元时，服务需求不断增加，最终占据主导地位。

从表1中美两国人均GDP水平比较来看，2015年我国人均GDP突破8000美元，接近于美国20世纪70年代末期的水平。但是，由于我国不同城市和农村经济发展水平与贫富差距较大，北上广深一线城市2014年人均GDP已经超过18000美元，相当于美国20世纪80年代后期的水平。而美国在70年代初的服务消费支出已上升到个人总消费支出的一半，到2011年其服务消费支出已经占据主导地位（见图1）。从收入弹性的变化反映消费趋势的角度来看，作者分三段测算了各类消费品对于可支配收入的弹性，即某类消费支出的当期变化率与当期可支配收入的变化率之比。通过测算发现，1980年之后，美国消费品随着人均收入的增加，以娱乐、金融和医疗为代表的服务消费的收入弹性增大，而食品、衣着等基本需求的收入弹性变小（见表2、图2和图3）。

表1 中美两国人均GDP比较　　　　　　　　（单位：美元）

年份	中国	年份	北上广深	年份	美国
2008	3441	2002	5458	1960	3006
2009	3800	2005	8313	1969	5031
2010	4515	2007	10764	1976	8609

[①] 张颖熙，夏杰长. 服务消费结构升级的经验和启示[J]. 重庆社会科学，2011 (11).

续表

年份	中国	年份	北上广深	年份	美国
2011	5574	2010	13035	1978	10585
2012	6265	2011	14629	1983	15526
2013	6992	2012	15799	1986	19071
2014	7594	2013	17382	2004	41857
2015	8016	2014	18686	2015	56066

资料来源：CEIC 数据库和 Wind 资讯。

从美国人均收入和各类消费品支出结构变化可以看出，人均 GDP 超过 5000 美元之后，随着收入的增长，以医疗保健、文化娱乐等为代表的服务需求必将进入加速增长阶段。

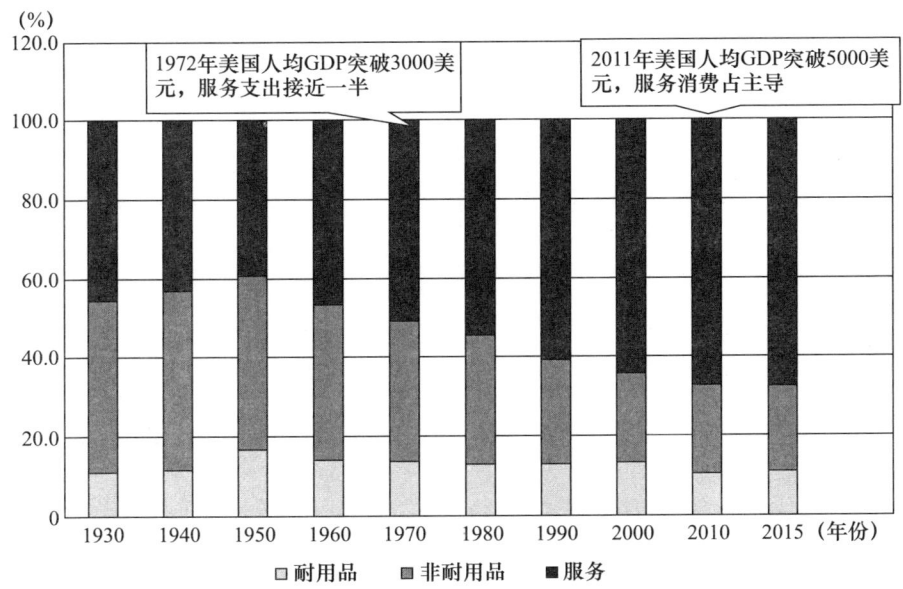

图1 美国1930~2015年个人消费支出结构

资料来源：根据 Wind 资讯相关数据计算整理。

表2 20世纪70年代以来美国各类消费品的收入弹性变化

	1971~1980年	1981~1990年	1991~2000年
娱乐	1.11	1.5	1.43
金融服务和保险	1.17	1.33	1.61
医疗护理	1.35	1.49	1.15

续表

	1971~1980年	1981~1990年	1991~2000年
娱乐商品和车辆	1.02	1.13	1.54
家庭服务	1.11	1.22	1.18
交通运输	1.08	1.11	1.61
服装	0.84	0.85	0.68
家庭经营	1.09	1.08	1.04
家具和家用设备	0.92	0.87	1.16
食品和住宿	1.12	1.06	0.82
食品	0.85	0.65	0.63
机动车辆及零件	1.55	1.31	1.44
汽油、燃油及其他	1.44	0.89	1.17

资料来源：根据 Wind 资讯相关数据计算整理。

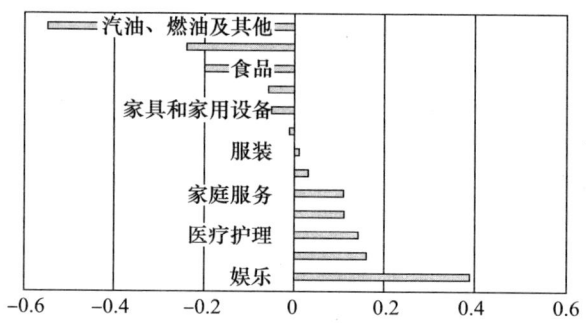

图2 1981~1990年相比1971~1980年美国各类消费的收入弹性均值变化
资料来源：同表2。

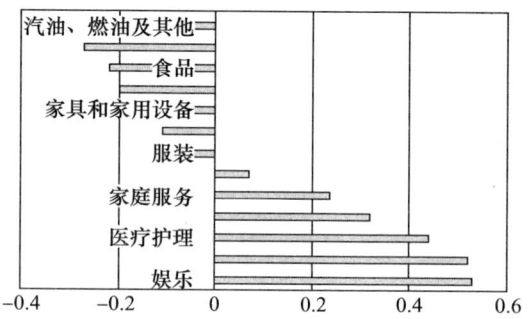

图3 1991~2000年相比1971~1980年美国各类消费的收入弹性均值变化
资料来源：同表2。

二、我国消费结构升级现状与趋势分析

消费升级,确切地说,是指"消费结构升级和消费品质升级"两个方面。具体指各类消费支出在消费总支出中的结构升级和层次提高的过程,它直接反映了一个国家和社会的消费水平与发展趋势。

(一)从消费结构升级角度看服务消费变化

消费结构升级反映了生活必需品消费和非生活必需品消费在消费中的比重变化。从恩格尔系数来看,自1995年以来,中国城乡居民家庭的恩格尔系数均呈现出下降趋势,特别是农村居民家庭的恩格尔系数下降较快,到2015年,中国城镇居民家庭的恩格尔系数为34.8,而农村居民家庭为37.1(见图4)。也就是说,我国居民消费已不再仅仅是保障基本生活为主的消费,不再以商品消费为主导,而扩展到衣食住行、教育培训、健康管理、金融、旅游等各个环节的生活性服务,服务型消费迅速增长。

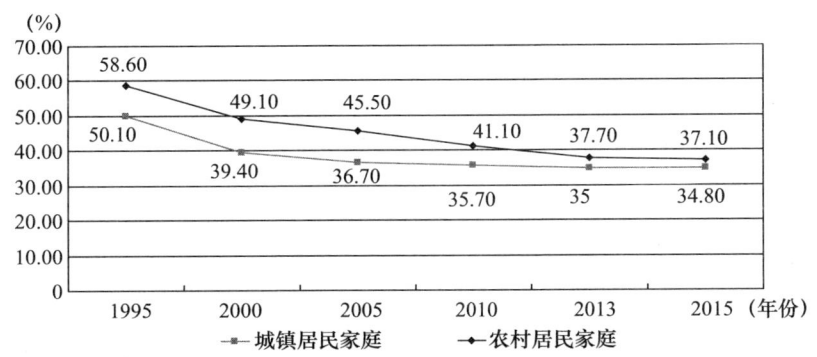

图4 1995~2015年中国城乡居民家庭恩格尔系数变化

资料来源:《中国统计年鉴2015》和Wind资讯。

从服务消费占总消费支出的比重来看,1995年以来,城乡居民家庭的服务消费占比逐年提升,到2014年,城镇居民家庭年人均服务消费占总消费支出的比重为34.1%,比1995年提高了16.5个百分点,农村居民家庭的服务消费比重

为31%,比1995年提高了17.4个百分点(见图5、图6)。① 1995年以来,城乡居民家庭年人均服务消费均保持13%左右的年复合增长率。截至2014年,城镇居民家庭人均年服务消费支出达6085.2元,农村居民家庭人均年服务消费支出达1895.3元,城镇居民家庭的服务消费水平是农村家庭的3倍多,这和我们以往用2009年的数据得到的结论基本一致。②

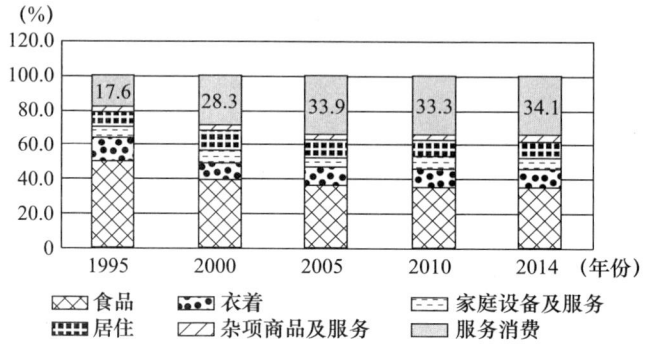

图5 1995~2014年中国城镇居民家庭人均年消费支出结构

资料来源:Wind资讯相关数据计算整理。

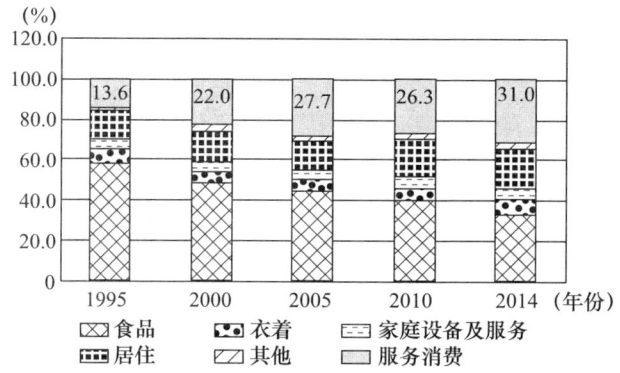

图6 1995~2014年中国农村居民家庭人均年消费支出结构

资料来源:同图5。

---

① 依据国家统计局的统计口径,本研究的服务消费只包含"交通通信、医疗保健、教育和文化娱乐服务"这四大项。因"食品"支出项中的"在外用餐服务"、"衣着"支出项中的"加工服务"、"居住"支出项中的"物业管理服务"、"家庭设备用品及服务"支出项中的"家庭服务"缺乏连续的统计数据,并且这一部分支出相对于总消费支出比重较小,所以对整体统计结果不会产生较大影响。

② 张颖熙,夏杰长. 我国城乡居民服务消费现状、趋势及政策建议[J]. 宏观经济研究,2012(4).

从服务消费内部结构来看，对城镇居民家庭来说，"交通和文化娱乐"两大领域的消费支出上涨最为明显，交通支出占总消费支出的比重从1995年的2.6%上升到2014年的10%，文化娱乐支出从1995年的4.7%上升到2014年的7.7%（见图7）；对农村居民家庭来说，"交通通信和医疗保健"两大领域的消费支出上升最为突出，交通通信占总消费支出的比重从1995年的2.6%上升到2014年的13%，医疗保健支出从1995年的3.2%上升到2014年的10%（见图8）。这说明，随着经济发展、交通基础设施的日益完善以及居民收入水平的不断提高，城乡居民在交通出行方面的开支显著增加。由于城市的基础设施和公共服务更加完善，城镇居民家庭在教育和文化娱乐方面的支出增长相对显著，而对农村居民来说，随着新农合广泛普及，极大地释放了农村居民的看病需求。

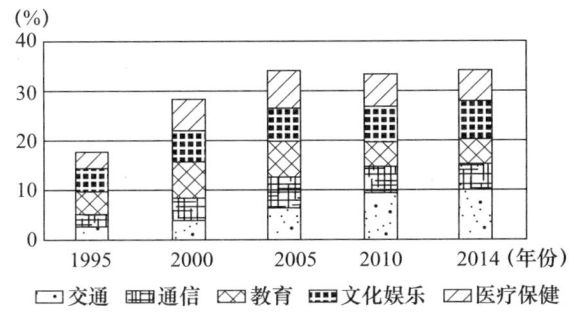

图7　1995～2014年中国城镇居民家庭服务消费内部结构

资料来源：同图5。

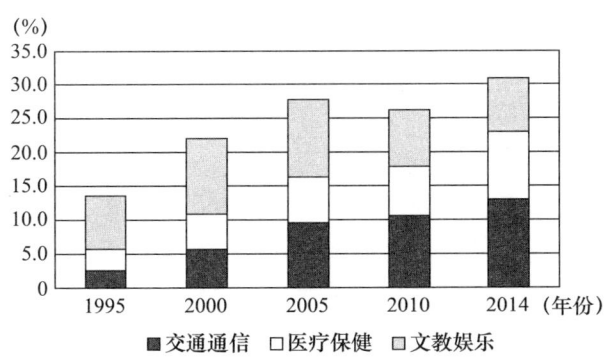

图8　1995～2014年中国农村居民家庭服务消费内部结构

资料来源：同图5。

参考以美国为代表的发达国家的消费升级趋势，随着收入水平的不断提高、城镇化进程的加快、"互联网+"对行业的渗透以及社会保障程度的日益提高,未来中国服务消费支出将会持续增长。据麦肯锡预测,到2020年,中国城乡居民家庭在医疗保健、休闲和文化服务、交通领域的消费支出增长均呈上升趋势(见表3)。

表3 2000~2020年中国家庭各类消费品增长率 (单位:%)

	2000年	2010年	2020年(预测)
食品	43	28	20
服装	8	12	10
医疗保健	6	9	10
家具产品	6	6	5
住房及公用事业	12	10	12
个人用品及服务	3	4	5
休闲娱乐用品	2	5	8
休闲和文化服务	2	3	4
教育	10	5	5
交通	3	7	13
通信	4	9	8

资料来源:麦肯锡研究报告:《"会面"2020中国消费者》。

(二) 从消费品质升级角度看服务消费新趋势

消费品质升级表现为消费者用于自身发展、休闲享受的服务消费的比重、内容方式不断增多,居民消费质量不断提高。随着需求的多元化,消费者越来越强调个性化的定制需求以及独一无二的购物体验,从而倒逼商家在交易环节中嵌入物流、在线支付、金融、社区生活服务等。

以旅游业为例,据国家旅游局的数据显示,2015年,中国公民出境旅游人数达到1.2亿人次,旅游花费1045亿美元,同比分别增长12%和16.7%。旅游信息、产品和商业模式不断个性化、当地化、深度化发展,使自由行成为一种新兴、时尚的旅行生活方式。据统计,2014年,96%的国内游和64%的出境游消费者选择自由行产品;2015年上半年,自由行保持上扬势头,国内游、出境游和入境游人数分别为20.24亿人次、6190万人次和6510万人次。国内游自由行人数占国内出游总人数的98%，出境游、入境游分别有67%和90%的游客选择自由行（见图9）。

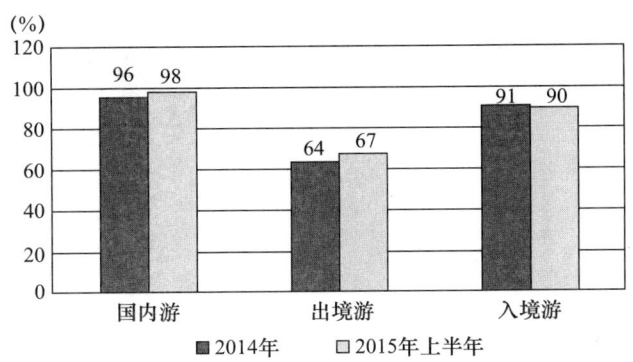

图9 国内各类自由行占比

资料来源：中国旅游研究院（2015）。

进入服务消费阶段，消费者的购物习惯日益呈现出碎片化、个性化、体验化和社区化趋势。以体育行业为例，近年来体育行业开始成为城市中产阶级追求的一种时尚生活方式，从最初强身健体的基础认知上升到追求自我完善的生活方式。特别是社交平台的出现，让人们更乐于展示自己，运动成为一种时尚追求。据调查数据显示，近六成消费者会在社交平台晒出运动时的照片，"强身"、"爱秀"和"观察"成为体育消费人群的三大标签。尼尔森研究发现，体育人群相对来说具有高学历、高收入和高职位的特点，其家庭月收入达到10699元，比非体育人群高出36个百分点，67%持有本科以上学历，其中，接近三成是企业管理层人员。[①] 从宏观角度考察体育行业，2015年，我国体育总产值1.8万亿元，产业增加值占当年GDP的0.6%，远低于同期全球平均值（见图10）。体育产业在欧美日韩等国家位列10大支柱产业之一，韩国、美国、法国、日本等国家体育产业年增加值占GDP比例分别为3%、2.9%、2.9%和2.5%（见图11）。国家体育"十三五"规划提出（见表4），到2020年，我国体育产业总规模超过3万亿元，体育产业增加值的年均增长速度明显快于同期经济增长速度，在国内生产总值中的比重达到1%，体育服务业增加值占比超过30%，体育消费额占人均居民可支配收入的比例超过2.5%。

---

① 信达证券研究报告. 产品消费稳健成熟，服务消费高速增长[R]. 2016-06-27.

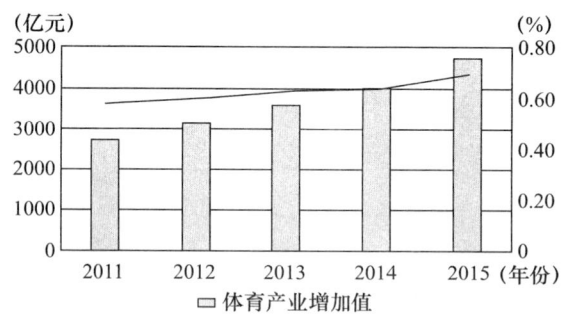

图 10　2011～2015 年中国体育产业年增加值及占 GDP 比例

资料来源：国家统计局网站。

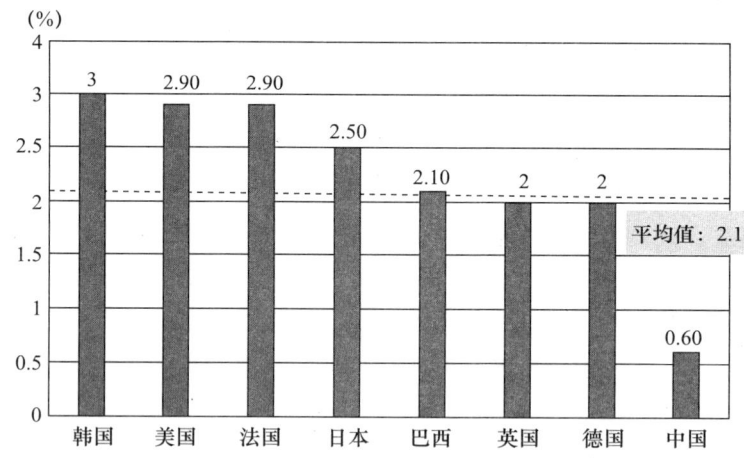

图 11　2013 年各国体育产业增加值占 GDP 比例

资料来源：同图 10。

表 4　国家体育"十三五"规划相关指标

年份	2015	2020	2025
体育行业总产值（万亿元）	1.8	3	5
体育人口（亿人）	4	4.4	5
体育行业 GDP 占比（%）	0.7	1.0	2
体育服务业的产业占比（%）	21	>30	

资料来源：国家体育总局。

三、促进中国服务消费快速增长的五大驱动力

根据马斯洛需求层次理论，人的需求分为生存需求、安全需求、爱和归属感、尊重和自我实现这五个层次。从个人层面讲，随着个人收入和其他客观条件的改善，人的需求会自动出现升级现象，例如在经济发展的低水平阶段，居民的需求多停留在生存需求层次，而进入高水平阶段以后，需求层次往往已经摆脱了生存需求。如果整个社会正好处于需求层次升级的过程，那么所带来的结果就是消费升级。服务消费代表着消费升级的较高阶段，服务消费更注重消费者的体验和自我价值的提升，这一点和马斯洛需求层次理论不谋而合。经济发展速度、人口年龄结构等因素决定了中国消费升级需要持续一段时间。通过分析，我们梳理出未来带动我国消费升级的五大驱动力。

（一）人均可支配收入持续增长

收入是决定消费的首要因素。如图12所示，我国居民的人均可支配收入从2003~2015年呈现直线上升的趋势，城镇居民人均可支配收入从2003年的8472元上升到2015年的31790元，年复合增长率达到11.7%。农村居民家庭人均纯收入也呈上升趋势，从2003年的2622元上升到2015年的10772元，年复合增长率为12.4%。但是考虑到我国城乡二元化结构明显，城镇居民和农村居民在绝对水平上还相差较大，如2015年城镇居民人均可支配收入是农村居民的3倍。农村居民增收潜力巨大，将为我国消费升级提供持久动力。

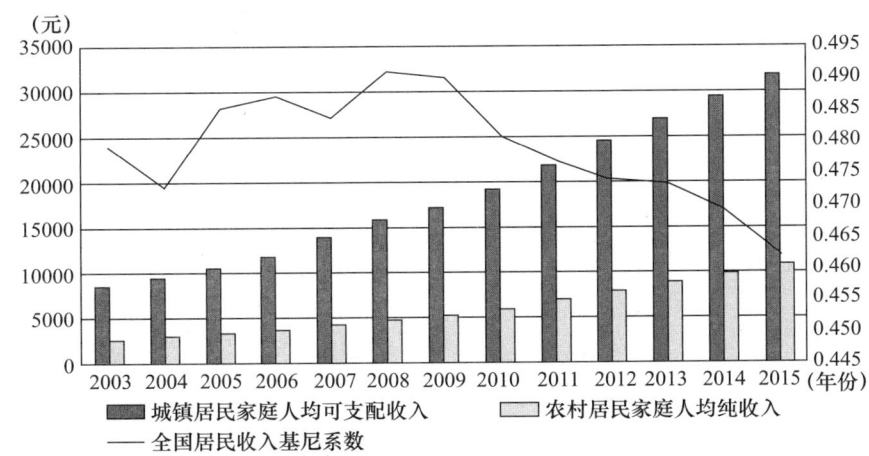

图12 2003~2015年我国城乡居民家庭人均可支配收入及基尼系数变化

资料来源：Wind资讯。

从收入分配角度来看,我国居民收入分配趋于均衡状况。用基尼系数来衡量,以2008年为界,基尼系数基本呈现先升后降的趋势。2008年系数达到最高点0.491,其后一路向下到2015年的0.462,这说明我国居民的收入分配逐步趋于均衡。

(二)中产阶级的崛起与壮大

根据麦肯锡的报告(见表5),2000年中国的城市中只有4%的家庭属于中产阶级。截至2012年,这一比例升至68%,预计到2022年将增至6.3亿人,占城市家庭总量的76%,占全国人口数量的45%。伴随着中产阶级的壮大,他们将逐步成为中国消费的主力军。中产阶级的消费结构中,基础消费的占比将逐渐减少,高品质的物质消费和追求休闲娱乐的服务消费占比将逐步增大。从消费观的角度来看,越来越多的中产阶级消费者趋于理性,炫耀性消费在不断减少,取而代之的是旅游、健康、娱乐、教育等对丰富生活体验、提升社会地位、开拓社会资源有帮助的服务性消费,以追求健康快乐及自我价值的实现。

表5 中国家庭收入阶层结构变化及预测

年均家庭收入(美元)	城市家庭(百万)			家庭数量变化 2002~2022E
	2002年 100%=165	2012年 100%=256	2022年预期 100%=357	
富裕阶层	>34000	1%	3%	9%	29
上层中产阶层	16000~34000	2%	14%	54%	188
大众中产阶层	9000~16000	7%	54%	22%	66
贫困阶层	<9000	90%	29%	16%	-92

资料来源:麦肯锡研究报告:《"会面"2020中国消费者》。

(三)"互联网+"商业模式创新

"互联网+"成为推动社会经济发展的最新动力。在这一轮"万众创业、大众创新"的过程中,"互联网+"作为创新创业的重要方式,提升了研发、生产、流通等各个商业环节的效率,出现了许多颠覆传统商业模式的新商业模式,涌现了一大批诸如京东、小米、大众点评、携程、滴滴打车等除BAT之外的业界翘楚。新商业模式的优势在于降低了全社会的交易成本,生产流通成本下降,自然释放出大量的消费者需求。例如,作为"互联网+"排头兵的O2O商业模式,在各个领域与传统产业进行创新融合发展,提升了传统行业的服务深度和质量,刺激了消费需求。目前,O2O几乎全面覆盖了旅游休闲、家庭服务、养老保健、交通通信等服务领域。据统计，到2015年上半年，O2O市场规模已达3049.4亿元，同比增长高达80%。①生活服务类O2O拓宽了企业的销售半径，对居民的消费方式产生了深远影响，为消费者带来更多选择，支付手段更加便利，促进服务消费需求和供给更加匹配。特别是优质O2O服务快速带动了极具消费能力的一二线城市生活服务消费的快速增长。例如，自京东到家O2O服务2015年4月正式上线以来，在一二线城市快速推进，截至2015年12月底，销售额平均季度环比增长340.6%，订单平均季度环比增长252.9%。②

（四）人口结构的深刻变化

人口因素往往能够决定消费结构升级的强度和持久度。从国外经验来看，美国战后的婴儿潮出现在1946~1964年期间，其中出生人口的高峰期在1955~1960年。而这代人成长消费的历程基本上主导了美国消费业的发展史：婴儿潮的少年阶段拉动美国的玩具动画产业快速发展，例如迪士尼的一些代表作品都产生于这一时期；青年阶段带动了电脑和互联网的大规模创业和应用，例如微软、苹果等代表公司基本都成立于这个时期；中年阶段拉动了房地产等资产类消费的泡沫，而在步入老年后又带来了美国医疗开支的提升。③

我国现阶段人口的年龄分布和城乡分布对消费结构升级均起到推动作用。

首先，我国的人口年龄结构正在经历重大的变化，主要体现在三个方面：

一是人口的老龄化，即20世纪60年代出生的第一代婴儿潮将由中年步入老年而带来的人口老龄化。据联合国《2015年全球人口发展报告》显示（见图13），2015年中国60岁以上的人口比重达到15.2%，预计到2050年60岁以上人口比重将达到36.5%。随着预期寿命的延长以及这批婴儿潮人口步入老年阶段，未来10~15年中国的老龄化将进一步加速。随着老龄人口数量的上升，对养老、家政和医疗保健等服务的消费需求势必日益增加。从发达国家经验、社会价值观和商业模式设计等方面看，居家养老都是当前最可行和发展最快的模式。大多数有自理能力的老人都愿意选择居家养老，并乐意生活在一个正常的社区环境里，对自己的生活区域有一定程度的掌控。这样的生活习惯在需求层面表现为老人第一需要的不是养老院式的集中养老，而是能够24小时存在的有效支持服务体系，需要的时候可以随叫随到的家政、医疗、保健、社交活动等相关服务。因此，如何有效满足不同层次的养老需求，是当前我国养老服务产业发展的首要问题。

---

①② 信达证券. 产品消费稳健成熟，服务消费高速增长——2016年中期消费行业投资策略[R]. 2016-06-27.
③ 国信证券. 美丽、健康、愉悦——人口结构变迁下的新消费趋势[R]. 2016-01-05.

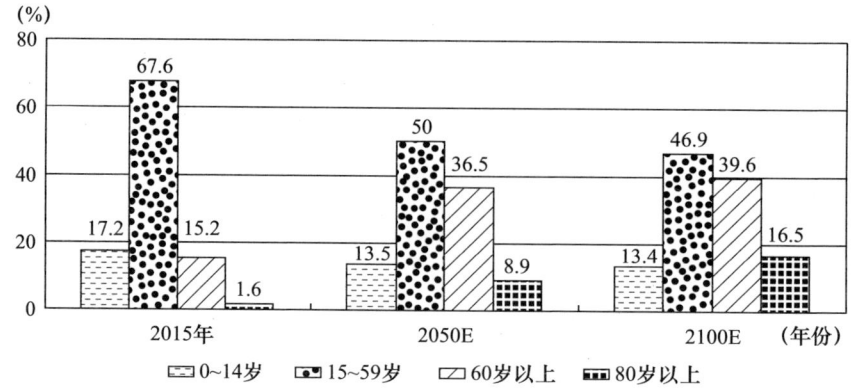

图 13 未来中国人口结构预测

资料来源：联合国《2015 年全球人口发展报告》。

二是劳动力人口下降，即由于人口结构的变化，80~90 年代出生的第二代婴儿潮人口取代第一代婴儿潮，逐渐开始成为社会生产和消费的中坚力量。"80后"正处于结婚、买房、生子的人生阶段，对住房、早教、家庭服务等领域的消费需求较大。而"90后"这一代目前年龄在 15~25 岁，他们的父母往往有一定的财富积累，而且随着步入职场人数的增加，这一群体的消费能力将进一步增强。据调查显示，"90后"人口总数比"80后"缩减了 23%，但"90后"的平均消费倾向更高（见图14）。与此同时，追求个性和自我感受使得"90后"更容易为情感互动和价值认同买单，从而带动文化娱乐、社交媒体等领域的消费。

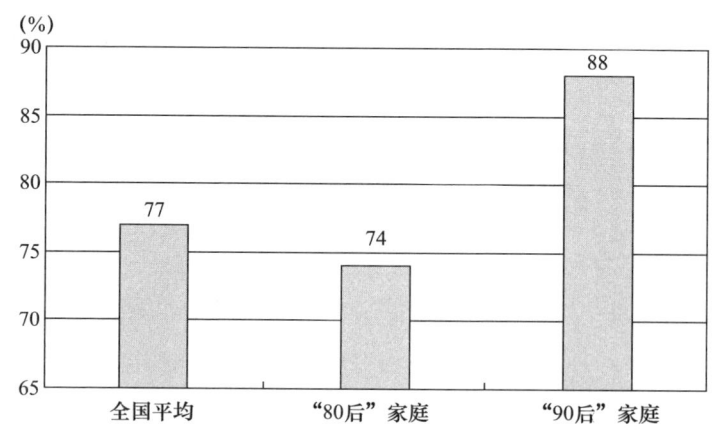

图 14 "80后"家庭和"90后"家庭的消费倾向对比

资料来源：中金公司研究报告. 不一样的消费升级——可消费篇[R]. 2016-10-26.

三是随着第二代婴儿潮进入生育期以及人口政策的调整,未来将迎来第三次婴儿潮,婴幼儿人数将提升。新修订的《人口与计划生育法》已于2016年元旦正式实施,据国家统计局抽样结果显示,我国育龄女性人数基本稳定,二孩生育率呈持续上升的态势,预计二胎全面放开后我国每年将新增200万~300万的新生儿童。前面已经提到,"80后"、"90后"将陆续进入适婚年龄,这将使得我国育龄女性保持在较高的水平。新人口红利对教育、家庭服务等的消费需求将带来积极的提振作用。

其次,从人口城乡分布角度,城镇化进程的推进将进一步加快消费升级步伐,缩小城乡消费水平的差距。目前,我国的城市化率正处于稳步提升的阶段,从2000年的36.2%提高到了2015年的56.1%。这说明我国的农村人口正在加速转变为城镇人口。此外,城镇居民的消费倾向明显高于农村居民。这是因为城镇居民所有的生存资料都需要消费来购买,农村居民的基本生产资料则基本可以自给自足,而且城市居民的消费往往更加高档化。因此,加速的城镇化进程所带来的结果之一就是带动整个社会的消费倾向提升,城镇化的推进使得住房、交通、旅游、医疗等行业明显受益。

(五)宏观政策的积极引导

我国正在面临经济转型,从GDP三大需求角度来分析,鉴于国际需求萎靡等因素,2015年上半年,消费支出对GDP的贡献达到60%,体现出消费环节在我国当前经济发展中起到的重要作用。国家宏观政策的导向已从简单刺激消费需求转变为创新并扩大有效供给,发展服务业,发挥新消费引领作用,加快培育形成新供给新动力,从而促进消费升级,创造新的空间。2015年下半年国务院同时印发了《关于积极发挥新消费引领作用 加快培育形成新供给新动力的指导意见》和《关于加快发展生活性服务业 促进消费结构升级的指导意见》。关于"新消费"的文件中,将服务消费列于消费升级的第一重点领域,引导教育培训、医疗保健、养老、文化创意、旅游服务相关产业、基础设施和公共服务投资迅速成长,扩展未来发展空间。关于"生活性服务业"的文件中,强调要重点发展居民和家庭、健康、养老、旅游、体育、文化、法律、批发零售、住宿餐饮、教育培训等贴近人民群众生活、需求潜力大、带动作用强的生活性服务领域,推动生活消费方式由生存型、传统型、物质型向发展型、现代型、服务型转变。由此,可以预期消费升级的这条政策主线在未来较长的一段时间内都不会改变。

四、以扩大服务消费引领消费结构升级的对策建议

（一）有效增加服务供给，满足多层次服务消费需求

从现实情况看，"有需求而缺供给"成为当前我国进一步扩大服务消费需求的突出问题。以健康服务为例，我国健康服务业占GDP的比重仅有5%左右，与美国17.6%和其他OECD国家10%的水平相去甚远。在一些大城市，要进公立养老机构，如果50岁开始排队，要排上30年，甚至40年，养老服务供给严重不足。因此，扩大服务消费必须要高度重视如何有效增加服务供给。具体来说，鼓励和支持民间资本进入服务业，增加教育、医疗、社保等公共服务业和社区服务、养老服务等生活性服务业供给；鼓励服务性企业采用新技术和新设备、运用现代经营方式和管理理念改造提升传统消费性服务，促进休闲娱乐、文化创意等现代消费性服务业发展；注重扶持新兴服务业行业，积极拓展动漫游戏、移动增值、数字新媒体等新型服务业态，开拓新的服务消费热点，满足居民消费结构升级的需要；提高服务业从业人员素质，加强专业化技能、规范化服务的培训，提高服务消费水平。

（二）加快收入分配制度改革，提高居民收入水平

在目前居民消费倾向较高的环境下，扩大服务消费的关键是提高居民收入，使收入分配向居民倾斜。完善初次分配应当是我国收入分配制度改革的核心，具体包括实行减税、控费，降低中低收入人群税负，合理提高高收入人群税负，并实行超收税费退税制度，控制各级政府超收税费的冲动；打破行业壁垒，严查灰色收入，缩小行业间收入差距，实现收入平等化；加快国有企业改革，真正解决软预算约束，形成有效的成本控制和利润激励机制，并建立机制让全民分享国有企业盈利。

（三）加大社会福利投入，增加政府消费支出

调整政府支出结构、向消费倾斜是扩大服务消费的一个重要措施。具体来说，政府应大力加强对教育、医疗、住房、居民生活保障、失业补贴等方面的消费性支出，提高公共服务水平。公共服务是增强消费对经济增长拉动作用的重要途径。完善的公共服务和社会福利能够降低居民的预防性储蓄动机，改善消费储蓄决策，提高当期消费意愿。这其中的一个难点是需要对政府管理模式，特别是

政绩考核模式进行深入的改革。目前自上而下、GDP目标导向兼顾民生的政绩考核模式对各级政府产生了重产出轻消费的激励效应，即使是民生支出也倾向于固定资产投资，如医疗投入、教育投入往往被用来增加硬件投入而不是补贴居民消费，效率低下。

（四）深化服务业体制改革，完善服务消费环境

中国服务业经过多年改革，形成了服务业产权主体多元化的格局，但是新旧体制的矛盾还很多。需要通过体制改革，调动社会各方面的力量兴办服务业。应以市场化方向发展现代服务消费产业，允许更多的企业进入垄断经营的服务领域。中国（海南）改革发展研究院院长迟福林建议，要把破除行政垄断作为加快服务业市场开放的重点，在加强服务业领域反垄断的同时，尽快放开服务业领域的价格管制，以形成市场决定服务业领域资源配置的新格局。在完善消费市场环境方面，重要的是规范服务市场支出，对于新兴的、暂不能实现标准化的服务领域，应广泛推行服务承诺、公约和规范等制度。建立社会信用体系，健全消费维权机制，加大违法惩治力度，切实维护消费者合法权益。

参考文献

[1] 马薇薇. 美国服务消费结构升级经验及对上海的启示[J]. 统计科学与实践，2013 (2).

[2] 叶胥，毛中根. 服务消费增长的难点及对策分析[J]. 消费经济，2015 (3).

[3] 沈家文，刘中伟. 促进中国居民服务消费的影响因素分析[J]. 经济与管理研究，2013 (1).

[4] 邹红，喻开志. 收入结构视角下扩大居民服务消费的实证研究[J]. 经济经纬，2013 (302).

[5] 夏杰长，毛中根. 中国居民服务消费的实证分析与应对策略[J]. 黑龙江社会科学，2012 (1).

[6] 张颖熙，夏杰长. 服务消费结构升级的国际经验及启示[J]. 重庆社会科学，2011 (11).

[7] 夏杰长，张颖熙. 我国城乡居民服务消费现状、趋势及政策建议[J]. 宏观经济研究，2012 (4).

[8] 国信证券. 美丽、健康、愉悦——人口结构变迁下的新消费趋势[R]. 2016 - 01 - 05.

[9] 信达证券. 产品消费稳健成熟，服务消费高速增长——2016年中期消费行业投资策略[R]. 2016 - 06 - 27.

[10] 迟福林. 以转型改革加快"十三五"服务型经济发展[N]. 光明日报，2015 - 10 - 28.

专题八 空间结构优化：打造多层次的服务业集聚中心

刘奕

摘 要：本研究把要素禀赋、外向联系、内向联系、制度因素、市场规模、知识资本、发展成本和消费等影响因素纳入统一的分析框架，将实证分析和功能性分析相结合，通过综合考察我国各等级城市的历史渊源及其在服务业发展中的战略作用，结合提升我国全球经济控制力，从空间上探讨建设服务业强国的方向与路径。综合考虑城市的历史地位、国家战略导向、第三产业占比、地域平衡等多方面因素，特别是"一带一路"战略实施后我国服务业空间格局的变化，北京、上海是我国打造世界服务业中心城市的不二选择；广州、重庆、天津、深圳、武汉、杭州、南京、成都、西安、郑州、沈阳、青岛、长沙、昆明和乌鲁木齐十五大城市，目前最有希望成为具有金融、贸易、科技创新、商务服务枢纽和文化交流门户等综合服务或专业化功能的国家服务业中心城市。

关键词：空间结构；服务业集聚区；国家服务业中心城市；全球经济控制力

一、研究背景

从20世纪50年代开始，越来越多的人开始生活在城市。过去25年里，全世界的城市人口快速增长，城市居民从1990年的42.9%增加到2015年的超过54%（见图1），产出了全世界80%以上的GDP。其中，1/8左右的城市居民生活在人口数超过千万的大城市中，德里、上海和北京等大城市在此期间人口增加了2倍（见图2）。目前，全球的城市化进程仍在持续推进，根据联合国的估计，到2030年，全球的城市居民将达到2/3，有41个大城市人口将超千万。

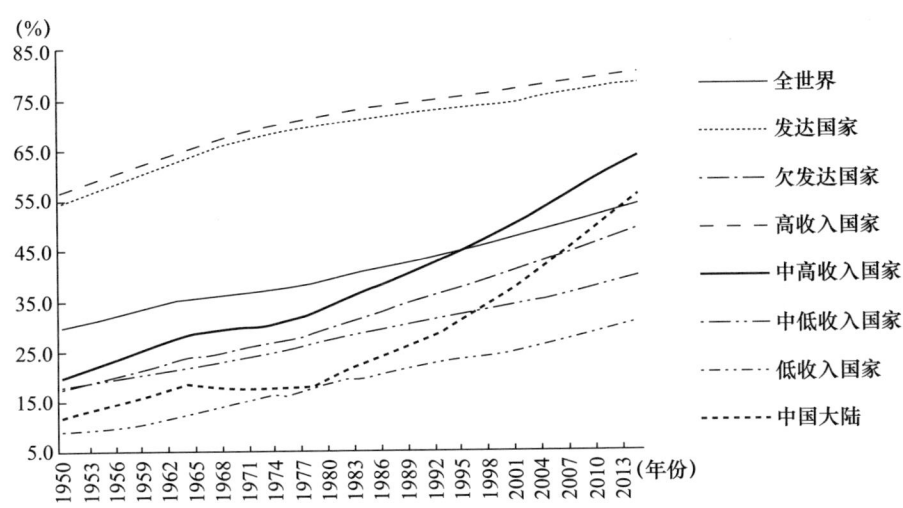

图1 1950~2014年全球主要地区城市居民比例

资料来源：United Nations.

在城市规模日益扩张的同时，伴随全球化的推进和跨国公司的发展，城市特别是中心城市对于提升国家经济控制力的作用越发重要，城市间对于企业、投资和人才的竞争也越来越激烈。已有研究表明，国家中心城市在全球城市体系中的等级反映了该国在全球经济治理体系中的位置[1]（Alderson 等，2010）；而国家中心城市在世界城市网络中的战略地位，主要是由服务业特别是高端生产性服务业APS 的功能体现出来的——这些城市通常是高度集中的世界控制和管理中心、金融等服务业的集中地和创新基地，控制着全球经济系统的运行[2]（Sassen，2006）。全球服务网络中的顶端城市虽然主要分布在美国和欧洲，但亚洲的崛起势头很明显，中国的国家中心城市在全球中心城市等级体系中的中心性也越来越强[3]（Timberlake 等，2014）。我国的许多区域中心城市已经在不同程度上嵌入了全球服务网络，呈现出一定的指挥控制功能和等级特征，对其经济和社会发展也产生了深远影响。因此，从经济控制力提升出发，在新的发展阶段建设服务业强国，在空间结构优化方面主要表现为多层次国家服务业中心城市的功能建设和战略布局。

---

[1] Alderson A., J. Beckfield and J. Sprague – Jones. Intercity Relations and Globalization: The Evolution of the Global Urban Hierarchy, 1981 – 2007 [J]. Urban Studies, 2010, 47 (9): 1899 – 1923.

[2] Sassen S. Cities in a World Economy, 3rd ed [M]. Thousand Oaks, CA: Pine Forge Press, 2006.

[3] Timberlake M., Y. D. Wei, X. L. Ma and J. M. Hao. Global Cities with Chinese Characteristics [J]. Cities, 2014 (42): 162 – 170.

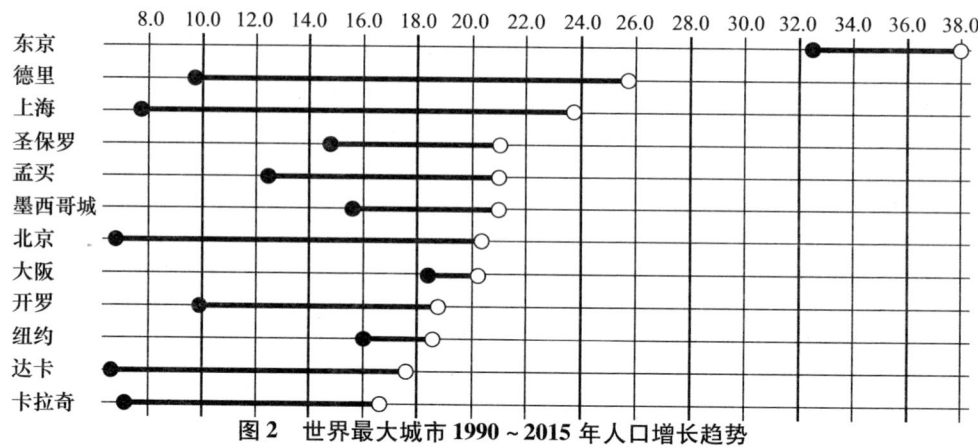

图 2　世界最大城市 1990~2015 年人口增长趋势

资料来源：2014 Revision of World Urbanization Prospects.

2007 年，《全国城镇体系规划（2006~2020 年）》中首次提出了"国家中心城市"的概念，将其定义为我国金融、贸易、管理、文化中心和交通枢纽，发展外向型经济和推动国际文化交流的对外门户，具有全国层次的中心性和一定范围的国际性两大基本特征。由此推演开来，国家服务业中心城市是我国参与服务业全球竞争的核心地域、国际交往的国家门户，同时也是对所在区域（跨省地区）具有强大的服务能力和辐射影响力的城市。其中，中心性至关重要，体现在市场中心和网络中心两方面；国际性是重要因素，体现在国际门户、创新中心等方面。作为全国服务业空间网络的"顶端"城市，国家服务业中心城市的空间布局事关我国服务业的对外开放及城镇化的健康可持续发展，事关产业结构优化升级和区域创新转型。

近年来，地方政府打造全球城市、世界城市的热情方兴未艾，有 183 个城市提出要建设国际化大都市。由于 Friedmann 和 Sassen 的假说均强调跨国资本汇集功能，地方建设全球城市的实践也主要表现为在吸引外资和世界 500 强方面的激烈竞争。然而，在五彩斑斓的全球城市版图上，每个城市的发展路径不是完全相同的，服务业中心城市的形成模式也不是一成不变的。选择我国各层级服务业中心城市的前提是，明确城市在我国建设服务业强国中的战略定位，并据此确定发展重点，力求通过协同和联合，拓展服务业的发展空间，与周边地区一起形成可持续的服务业成长机制。本研究在回顾全球服务业中心城市发展规律的基础上，结合我国 105 个城市的区位特点和资源条件，从新经济地理学关于产业集聚形成的基本原理入手，通过建构服务业集聚中心竞争力分析指标体系，首先对各区域中心城市在国家服务业中心城市打造方面的综合实力、优势及短板进行评价；在此基础上,从功能分析法(Functional Approach)出发,结合城市独特的历史渊源、发展脉络及国家战略,综合描画出各层级服务业集聚中心的功能定位和发展路径。

二、控制力提升视角下的服务业空间结构优化:已有研究评述

(一)对全球城市网络形成中 APS(高端生产性服务业)作用的认识深化

全球城市的概念最早由 Hall(1966)[①] 提出。他通过对伦敦、巴黎、兰斯塔德、莱茵—鲁尔、莫斯科、纽约、东京的观察认识到,一些城市在世界经济运行中的政治和经济地位非同寻常,不仅吸引了大量国际组织和国家政治机构,而且是世界的经济权力中心,是贸易、金融和人才集聚的中心。Friedmann(1986)在其后的研究中指出,经济因素特别是新的国际劳动分工秩序对于全球城市的形成至关重要,并通过建构就业结构、外部贸易、FDI、移民等七个方面的指标,将全球城市的等级结构分为核心国第一序列、第二序列和边缘国第一序列、第二序列。[②] 20世纪 90 年代后,发达国家进入了再城市化和城市复兴发展阶段,发展中国家的城市化更加快速全面地推进,国与国之间的竞争越来越表现为城市之间特别是国家中心城市之间的竞争。在这样的背景下,Sassen(1991)通过对纽约、伦敦和东京的案例分析[③],认为银行、金融、保险、会计等高端生产性服务业(APS)和领先的跨国公司与指挥及控制功能紧密相关,是塑造全球城市的最主要因素。Derudder(2006)的研究进一步指出,使用全球化的关联程度度量全球城市的空间等级体系时,可以使用两类指标:第一类是连接外部性(Connectivity Externalities),包括电信网络的渗透率、机场旅客或海上交通流量;第二类是跨国公司跨国服务网络的地理分布。[④]

循着上述思路,全球和世界研究网络(GaWC,2010)用高端生产性服务企业的网络空间分布给出了世界城市的位次,但同时发现这样的研究框架在分析发

[①] Hall P. M. The World Cities [M]. Weidenfeld & Nicolson, 1966.
[②] Friedmann J. The World City Hypothesis [J]. Development and Change, 1986, 17 (1): 69 – 84.
[③] Sassen S. The Global City: New York, London, Tokyo [M]. NJ: Princeton, 1991.
[④] Derudder B. On Conceptual Confusion in Empirical Analyses of a Transnational Urban Network [J]. Urban Studies, 2006, 43 (11): 2027 – 2046.

展中国家特别是具有东方文化背景的国家时,适用性存在一定的瑕疵。① 东京和首尔是作为国家中心城市成长起来的,其世界城市的成长路线不仅是一个经济过程,更是政治上努力的结果,并不符合纽约那样"标准的"世界城市成长路径(Hill 和 Kim,2000)②。因此,除了高端生产性服务业和跨国公司服务网络之外,还应综合考虑城市发展的社会、政治和外在环境因素,如外国居民和国外游客、科学研发活动、举办国内外文化和体育赛事、文化影响力、城市可及性和宜居度等(Cook,2006)③。

综合考虑上述指标,已有对于全球城市的研究中,中国有五个城市受到最多关注,分别是北京、上海、香港、广州、深圳(见表1)。在这样的语境下,具有较强指挥控制力的政治中心(如北京)、科学研究和教育枢纽、全球制造业中枢(如苏州)等城市均有望成长为全球城市。

表1 中国五大城市在全球城市各代表性排名中的位次

指标名称	城市总数	香港	北京	上海	广州	深圳	提及的其他中国大陆城市
Global Power City Index(Mori Foundation,2012)	40	9	1	4	—	—	—
Global Cities Index(Knight Frank,2011)	40	17	8	8	—	—	—
Global Cities Index 2015(A. T. Kearney,2016)	125	5	9	0	1	3	南京、天津、成都、武汉、大连、苏州、青岛、重庆、西安、杭州、哈尔滨、郑州、沈阳、东莞、泉州
Global Cities Outlook 2015 - 2016(A. T. Kearney,2016)	125	7	2	3	1	0	南京、天津、成都、武汉、大连、苏州、青岛、重庆、西安、杭州、哈尔滨、郑州、沈阳、东莞、泉州

---

① GaWC. The World according to GaWC 2010 [EB/OL]. http://www.lboro.ac.uk/gawc/world2010t.html.
② Hill R. C. and J. W. Kim. Global Cities and Development States:New York,Tokyo and Seoul [J]. Urban Studies,2000,37(12):2167 - 2195.
③ Cook I. Beijing:An "Internationalized Metropolis". In F. Wu (Ed.),Globalization and the Chinese City [M]. London:Routledge,2006:63 - 84.

续表

指标名称	城市总数	香港	北京	上海	广州	深圳	提及的其他中国大陆城市
Global City Competitiveness Index (The Economist Intelligence Unit, 2012)	120	-5	9	3	4	2	天津、大连、成都、苏州、重庆、青岛、杭州
The World According to GaWC (2010)	296	2	3	2	6	7	天津、南京、成都、杭州、青岛、大连
Global Urban Competitiveness Report (Ni, 2011)	500	1	9	7	20	1	天津、东莞（前200强）

资料来源：作者整理。

（二）从APS空间格局看全球城市的战略地位

Sassen（2005）指出，全球化的推进使得跨国公司在空间上愈发分散，为履行日益复杂的管理、协调、服务、融资等战略功能，跨国公司总部将越来越多的会计、法律、公共关系、电信等服务外包，并在部分城市形成了高度专业化的跨国服务网络。[①] 因此，Sheppard（2002）从城市在全球化进程中的位置出发，认为城市的战略地位表现为其在跨国网络中的位置和互动关系[②]。考虑到高级生产性服务业是全球网络的塑造者，城市战略地位不仅表现为会计、广告、建筑、金融、法律等领域的关键生产性服务企业在城市中的运作，更体现为城市关键企业服务网络构建中存在的必要性[③]（Taylor等，2014）。

从高端生产性服务业的空间战略上看，如果将APS在中心城市的存在分为普遍性存在和战略性存在两种，则四大会计师事务所、主要金融机构、临时工作机构的布局战略多为前者，主要是通过服务于本地客户需求实现利润最大化；而战略性存在则多体现为广告、建筑设计和法律服务的存在，上述服务企业总是选择战略上最具重要性、最具全球影响力、与全球市场最为连通、在创新上走在前沿

[①] Sassen S. Global City: Introducing a Concept [J]. Brown Journal of World Affairs, 2005 Winter/Spring, XI (2): 27-43.

[②] Sheppard E. The Spaces and Times of Globalization: Place, Scale, Networks, and Positionality [J]. Economic Geography, 2002 (78): 307-330.

[③] Taylor P., B. Derudder J. Faulconbridge M. Hoyler and P. Ni. Advanced Producer Service Firms as Strategic Networks, Global Cities as Strategic Places [J]. Economic Geography, 2014, 90 (3): 267-291.

的城市进行布局①（Goerzen 等，2013）。从空间组织形式上看，高端生产性服务企业在国际化进程中可能会选择多个地点设立多个办公室，这些办公室彼此连接构成 APS 企业的全球服务网络，但这些地点在战略上的重要性却是完全不同的。采用直接设立自有办公室以实现战略存在的城市主要集中在伦敦、纽约、法兰克福等全球服务业价值链顶端的城市，这些城市雇员更多、存在规模更大；而临时服务机构主要存在于在服务网络中目前市场较小、战略性较弱但未来较有前景的城市，如墨西哥城、蒙特雷、奥克兰等。总体上看，城市在服务网络中的战略地位，主要体现在高端生产性服务企业在此施展并增进其核心竞争力的能力②（Faulconbridge 等，2011）。

通过定义反映 175 个 APS 企业在 526 个城市间的工作、信息和知识联系强度的指标，Taylor 等（2014）衡量了 2010 年各个城市在全球服务网络中的作用。③研究结果表明，全球服务网络中的顶端城市主要分布在美国和欧洲，亚洲的崛起势头也很明显。纽约和伦敦在全球服务网络中的引领地位显著；香港、上海和北京分别居于第 5 位、第 11 位和第 14 位，美国有 6 个城市进入了前 20 强（见表 2）。对战略网络联系强度与全球网络联系强度及残差的相关分析进一步表明，纽约在战略地位上远胜伦敦，因为伦敦在全球服务网络中的作用主要体现在中介融通上（Hub - Like），而纽约的作用则主要表现为对新功能的驱动上（Node - Like）。从中国的情况看，上海作为服务业中心城市的战略地位最为显著，主要承担经济中心的作用；北京在全球的服务网络中战略地位次之，主要承担政治中心的角色；香港的作用则类似于伦敦，为中国的离岸服务中心。

表2 世界城市服务战略网络联系强度排名（Top20）

排名	城市	战略网络联系强度	办公室数量	每办公室平均联系强度
1	纽约	10951	25	438.04
2	伦敦	9316	25	372.64
3	芝加哥	7629	24	317.88
4	巴黎	7023	22	319.23
5	香港	6744	20	337.20

---

① Goerzen A., C. G. Asmussen and B. B. Nielsen. Global Cities and Multinational Enterprise Location Strategy [J]. Journal of International Business Studies, 2013（44）：427 - 450.

② Faulconbridge J. R., Beaverstock J. V., Nativel C. and Taylor P. J. The Globalization of Advertising: Agencies, Cities and Spaces of Creativity [M]. London: Routledge, 2011.

③ Taylor P., B. Derudder, J. Faulconbridge, M. Hoyler and P. Ni. Advanced Producer Service Firms as Strategic Networks, Global Cities as Strategic Places [J]. Economic Geography, 2014, 90（3）：267 - 291.

续表

排名	城市	战略网络联系强度	办公室数量	每办公室平均联系强度
6	旧金山	6484	24	270.17
7	洛杉矶	6325	23	275.00
8	悉尼	6219	18	345.50
9	新加坡	6126	17	360.35
10	东京	6110	22	277.73
11	上海	6019	23	261.70
12	米兰	5731	19	301.63
13	法兰克福	5613	20	280.65
14	北京	5581	22	253.68
15	莫斯科	5201	17	305.94
16	迈阿密	5040	11	458.18
17	圣保罗	4994	15	332.93
18	迪拜	4937	15	329.13
19	曼谷	4766	13	366.62
20	华盛顿	4748	19	249.89

资料来源：Taylor 等（2014）。

（三）已有研究评述

目前解释城市在全球服务网络中地位的文献分为两个流派：一是以 Sassen 为代表的全球城市控制力的研究，主要基于对纽约、伦敦、东京等超级城市（Hyper Global City）的个例分析，把城市的战略地位等同于国际高端生产性服务中心；二是以 Taylor 为代表的全球服务网络空间的研究，通过建立对网络联系强度的一个普适性分析框架，对全球城市在服务网络中的战略地位进行了较好的刻画。

然而，回顾已有研究即可看到，其一，现有对全球城市的分析都是基于发达国家的，所有城市均为地图上的一个点，其注意力集中于等级体系、网络组织和空间联系，对于全球服务网络核心节点特别是高等级服务中心城市的形成机理和路径描述千篇一律[1]（Bassens 等，2012），忽略了城市的地理区位、历史联系和

---

[1] Bassens D., B. Derudder, K. M. Otiso, T. Storme and F. Witlox. African Gateways: Measuring Airline Connectivity Change for Africa's Global Urban Networks in the 2003–2009 Period [J]. South African Geographical Journal, 2012, 94 (2): 103–119.

国家战略导向,对于市场规模、规制特征、进入障碍、人力资源、实物资产等高级生产性服务企业国际化过程中的重要因素①(Bagchi-Sen 和 Sen,1997),现有研究并未加以考虑。其二,已有文献仅考虑高级生产性服务企业的作用,即过分重视城市的生产功能,虽然在城市经济学研究中,城市在功能上一直被视作强于生产而弱于消费(Glaeser,Kolko 和 Saiz,2000)②,但消费功能如商业、旅游等在判定全球城市的战略地位上确实起到了非常重要的作用。其三,城市的战略地位不仅取决于外向联系,更多地表现为内向联系即与腹地的关联。APS 所起的作用就是将全球服务网络同本地化经济联系起来,对于中国来说更是如此。正如 Olds 和 Yeung(2004)指出的,发展中国家全球城市并不一定依托于全球化管理中心的形成,而更依赖于资本、人员、产品和服务以及信息在全球化经济背景下的内部流动,但现有研究并未关注到国家内部服务网络的城市等级体系及其空间组织形式。其四,已有研究框架忽略了中央和地方政府在国家服务业中心城市构建中的特殊作用,而政府在东亚各国资源配置和创新能力形成过程中的作用尤为显著。其五,现有文献过分强调全球城市和世界城市在国家经济控制力形成中的作用,阻碍了我们对第二等级城市作用的认识③(Chen 和 Kanna,2012)。研究区域中心城市在全球化浪潮中的地方实践,对于系统性认识国家在全球经济中的战略位置和控制力形成机制尤为重要。

正如已有研究指出的,当一国中有几个全球城市崛起时,自然会推动其在国内的城市等级体系中找到自己的位置并形成合作网络。探寻全球城市在世界服务网络中的战略作用,不仅需要重视 APS 等经济指标衡量的该城市与外部世界的联系度,更需要深入研究每个城市在本国城市等级体系中的功能及其承担的特殊作用④(Chubarov 和 Brooker,2013)。

因此,本研究试图将要素禀赋、外向联系、内向联系、制度因素、市场规模、知识资本、发展成本和消费等影响因素纳入统一的分析框架,将实证分析和功能性分析相结合,通过综合考察我国各等级城市的历史渊源及其在服务业发展中的战略作用,结合提升我国全球经济控制力,从空间上指出建设服务业强国的方向与路径。

---

① Bagchi-Sen S. and Sen J. The Current State of Knowledge in International Business in Producer Services [J]. Environment and Planning, 1997 (29): 1153–1174.

② Glaeser E., J. Kolko and A. Saiz. Consumer City [R]. Working Paper of Harvard Institute of Economic Research, Discussion Paper No. 1901, 2000, June.

③ Chen X. and A. Kanna. Rethinking Global Urbanism: Comparative Insights from Secondary Cities [M]. New York: Routledge, 2012.

④ Chubarov I. and D. Brooker. Multiple Pathways to Global City Formation: A Functional Approach and Review of Recent Evidence in China [J]. Cities, 2013 (35): 181–189.

三、服务业集聚中心的综合评价指标设置

（一）服务业集聚中心评价体系设计

本部分将从新经济地理学关于产业集聚形成的基本原理出发，通过衡量服务业集聚中心形成所需的本地市场效应、消费成本效应和挤出效应，并添加促进服务业集聚的政府作用以及载体建设、公共服务、人力资本等潜变量，建构城市服务业竞争力综合分析指标体系。根据各个指标的表现，得出全国105个城市服务业发展综合竞争力排名与分项指标竞争力排名，并据此对国家服务业中心打造方面的综合实力进行评价。

针对105个城市设计的这套服务业集聚中心竞争力评价指标体系，能够从发展的需求结构、质量和效益等不同角度解释服务业集聚形成的竞争力水平，能够准确把握区域服务业的发展状况，并有针对性地衡量政府的引导作用。指标选择符合以下原则：①科学性与可行性。指标概念明确，指标名称、定义和计算方法有科学依据，选取的指标易于量化，便于计算。②完备性。指标体系是一个完整的系统。兼顾服务业发展的方方面面，在满足完备性的前提下，指标体系要力求简洁。③动态性与静态性结合。动态指标反映的是研究对象的发展速度和变化趋势等特征；而静态指标则反映了研究对象的发展规模和结构等特征。④区域性与可比性。指标的选择既考虑各地区的特征，又考虑地区间的可比性；既反映当前的发展状况，又考虑指标的历史延续性。

指标体系的设计着重考虑了城市服务业发展的质量和潜力，特别是将服务业发展的载体空间、发展成本、融通能力等纳入指标体系进行统一考核。根据服务业集聚的原理，按照科学性、系统性、导向性、可操作性的原则，综合评价模型将国家服务业中心城市的竞争力分解为本地消费规模、制造业中间需求、发展成本、外部需求、业态先进性、载体支撑、融资支撑、公共服务支撑、地区创新环境和地方政府行为10类一级指标，并在一级指标框架基础上细化出22个二级指标。之后根据因变量之间不相关、因变量与自变量强相关、自变量与自变量强相关三个原则进行两两偏相关系数分析，剔除了1个一级指标和1个二级指标，最终形成了9个一级指标、21个二级指标的服务业集聚中心竞争力分析指标体系，如表3所示。

表3　城市服务业竞争力评价指标体系

一级指标	二级指标	计算方法
本地消费规模	市辖区人口密度	市辖区总人口/建成区土地面积
	居民支付能力	在岗职工平均工资
制造业中间需求	工业总产值	工业总产值
	劳动生产率	全员劳动生产率
	企业在价值链的位置	规模以上工业企业利税额
	企业服务外包需求	规模以上工业企业平均产值的倒数
发展成本	商业用地地价	商业用地地价
外部需求	客运总量	客运总量
	房地产开发投资完成额	房地产开发投资完成额
	货运总量	货运总量
业态先进性	第三产业增加值占比	第三产业增加值占比
	支持性服务业占比	支持性服务业从业人数占比
载体支撑	国有新增建设用地面积	国有新增建设用地面积
	商服用地占比	商服用地占新增国有建设用地面积的比重
公共服务支撑	软环境	剧场、影剧院数
	公共服务	医院卫生院人均床位数
地区创新环境	高等学校普通本、专科在校学生数	高等学校普通本、专科在校学生数
	信息服务	人均电信业务收入
	第一知识基	科学支出
地方政府行为	GDP增速×服务业占比交互项	GDP增长率×第三产业增加值占比
	地方财政能力	人均地方财政一般预算内收入

（二）指标体系选取依据

已有研究表明，从产业间垂直联系的角度看，上下游关系的产业区位不仅相互影响，而且还受到市场规模、生产成本和交易成本的共同影响。

服务业倾向于定位在供应商和需求方密集之地[①]（Glaeser 和 Kohlhase，2004），因此，这里用居民支付能力代表本地的服务需求，用客运总量、货运总量和房地产开发投资完成额来表示服务业的外部需求。考虑到服务业供给具有一

---

① Glaeser E. L. and J. E. Kohlhase. Cities, Regions and the Decline of Transport Costs [J]. Regional Science, 2004, 83 (1): 197 – 228.

定的阈值,此处将市辖区人口密度作为影响服务业集聚的变量纳入考虑。

知识密集型生产性服务业会在其客户如服务提供商、制造企业总部和大的公共组织旁边集聚[1](Shearmur 和 Doloreux,2008)。竞争性服务经济的发展能力,取决于作为生产性服务业最密集使用者的制造部门的结构[2](Andersson,2004)。因此,这里用工业总产值表示来自制造业的本地中间需求。在生产效率的表征方面,采用单位劳动力的产值即全员劳动生产率。在制造业附加值描述方面,由于制造业在价值链上的位置可以用附加值提升来体现,相比于工业增加值、劳动生产率等非市场化的效率指标,此处借鉴美国管理学家德鲁克的研究,用"贡献价值"即企业生产的产品或提供的服务所得之总额与由外部买进的原材料或服务的采购额之间的差值表征企业的产出价值和创造最终收益的能力。由于该定义与中国统计体系中的"利税"这一指标吻合,故本研究采用规模以上工业企业利税额[3]来表征工业企业在价值链上的位置。

科研机构和高等教育机构等构成区域创新系统内的第一知识基,它们发挥着新知识、新技术的生产功能;服务业作为外部知识源的一种补充而非替代,能够促进第一知识基创造的新知识有效扩散,获取知识、整合知识及传递知识三个阶段在区域创新系统中与制造业互动[4](Strambach,2001),因而被称为第二知识基。这里用每万人拥有的普通高等学校在校学生数来刻画区域创新系统。此外,已有研究显示,可贸易性促使居于中心城市的生产性服务企业与其对应等级市场区域的企业之间存在频繁的信息流、资金流和人才流等要素交换,而供需双方以基础设施为支撑的通达性、由多种交通与信息通信技术手段相结合的综合溢出成本将对生产性服务业与制造业的融合产生影响[5](方远平等,2008)。信息化水平的提高不但将促进生产性服务业的集聚[6](Coffey 等,1992),还将使得生产性

---

[1] Shearmur R. and D. Doloreux. Urban Hierarchy or Local Buzz? High – order Producer Services and (or) Knowledge—intensive Business Service Location in Canada, 1991 – 2001 [J]. The Professional Geographer, 2008, 60 (3): 333 – 355.

[2] Andersson M. Co – location of Manufacturing and Producer Services—A Simultaneous Equation Approach [R]. Electronic Working Paper Series CESIS, 2004.

[3] 工业企业利税额指工业企业产品销售税金、教育费附加、资源税和利润总额之和,这里用主营业务税金及附加 + 利润总额来表示。产品销售税金不仅包括主要经营业务应负担的增值税,还包括产品税、营业税、城市维护建设税等,但由于2009年之前未统计主营业务税金及附加,这里以本年应缴增值税代替。

[4] Strambach S. Innovation Processes and the Role of Knowledge—intensive Business Services (KIBS). Koschatzky K. Innovation Networks: Concepts and Challenges in the European Perspective [M]. Heidelberg: Physica – Verlag, 2001.

[5] 方远平,阎小培. 大都市服务业区位理论与实证研究[M]. 北京:商务印书馆,2008.

[6] Coffey W. J. and A. S. Bailly. Producer Services and System of Flexible Production [J]. Urban Studies, 1992, 29 (6): 857 – 868.

服务业与制造业在空间上的互动成本逐渐降低，进而极大地促进生产性服务外包，故用各地区人均电信业务收入来衡量服务业信息外溢的便利程度。

考虑到我国发展实际，服务业集聚的形成和发展除了所依托的高素质劳动力和资金支持之外，还需要土地资源特别是园区载体等要素投入的支持，而新增用地资源不足和高企的商务成本，近年来也成为影响中心城市服务业发展的主要因素之一。因此，这里将国有新增建设用地面积、商服用地与新增国有建设用地面积的比重纳入考虑。

服务业的从业者通常是高层次、高创造力的创意阶层，在对城市的选择上表现为强的偏好异质性，除了产品和服务多样性因素之外，对软性要素特别是公共服务的追求也是其区位选择的重要决定因素之一[①]（刘奕等，2013）。因此，政府对软环境和公共产品的投资也将对服务业集聚产生显著影响，这里用人均床位数和剧场、影剧院数表示。

（三）计量方法

本研究采用主成分分析法，即利用降维的思想将多个变量通过线性变换选出较少个数重要变量的多元统计分析方法。通过少数几个主成分来揭示多个变量间的内部结构，设法将原来众多的具有一定相关性的指标，重新组合成一组新的互相无关的综合指标来代替原来的指标。即从原始变量中导出少数几个主成分，使它们尽可能多地保留原始变量的信息，且彼此间互不相关。

四、建设多层次的服务业集聚中心：城市服务业竞争力分析

（一）服务业集聚中心综合竞争力分析成分提取

应用上述指标体系，采用主成分分析法，对2014年全国105个城市进行服务业集聚竞争力分析，共提取出五个主成分，信息丢失较少，基本符合主成分分析法的要求（见表4）。

同时，得到旋转后的因子载荷矩阵。第一个主成分在居民支付能力、工业发展规模和层次、发展成本、外部需求、业态先进性、公共服务支撑、地区创新环境等绝大多数变量上均具有较高的载荷，故命名为"发展条件"；第二个主成分

---

① 刘奕，田侃. 国外创意阶层的崛起[J]. 国外社会科学，2013（8）.

表4 主成分提取结果

成分	合计	方差贡献率（%）	累计方差贡献率（%）
1	8.751	41.673	41.673
2	2.265	10.784	52.457
3	1.457	6.939	59.396
4	1.451	6.910	66.306
5	1.114	5.305	71.611

在劳动生产率、人力资本支撑等变量上具有较高的载荷，故命名为"发展效率"；第三个主成分在市辖区人口密度、商服用地占比、第一知识基等变量上具有较高的载荷，故命名为"要素支撑"；第四个主成分在企业服务外包需求上具有较高的载荷，故命名为"需求支撑"；第五个主成分在地方服务业发展意愿、支持性服务业占比等变量上具有较高的载荷，故命名为"政策环境"（见表5）。

表5 因子载荷矩阵

	成分				
	F1	F2	F3	F4	F5
S1	-0.188	0.322	0.557	0.490	0.263
S2	0.842	-0.132	0.040	-0.103	0.198
S3	0.814	0.058	0.346	-0.123	-0.062
S4	-0.263	0.354	0.317	-0.588	0.320
S5	0.834	0.137	0.361	-0.145	-0.003
S6	-0.280	-0.308	0.071	0.517	-0.406
S7	0.769	-0.346	0.023	0.046	-0.063
S8	0.676	0.298	-0.109	0.219	-0.220
S9	0.903	0.254	0.006	0.119	-0.083
S10	0.692	0.378	0.089	0.064	-0.219
S11	0.667	-0.248	-0.301	0.195	0.202
S12	0.718	-0.222	-0.161	-0.221	0.214
S13	0.116	0.269	-0.353	-0.145	-0.183
S14	-0.042	-0.346	0.620	0.048	-0.235
S15	0.699	0.101	-0.050	0.010	0.089
S16	0.775	0.470	0.036	0.138	-0.140
S17	0.711	0.395	-0.306	0.095	0.002

续表

	成分				
	F1	F2	F3	F4	F5
S18	0.554	-0.687	-0.056	-0.017	-0.016
S19	0.841	-0.046	0.185	-0.043	0.016
S20	0.113	-0.028	-0.040	0.570	0.651
S21	0.748	-0.566	0.092	-0.131	0.027

注：提取方法为主成分分析法。

（二）服务业集聚中心综合竞争力分析结果

分析得出各个主成分的值 F1、F2、F3、F4、F5，以各个主成分的方差贡献率作为权数加权，可以得到综合排名、分项排名（见附表）以及综合得分、分项得分（见表6）。

从城市综合得分来看，北京、上海的得分均在5分以上，同后续城市拉开了较大差距，故应依托北京和上海建设世界服务业中心城市。在国家服务业中心城市的选择上，依据排名结果，广州、重庆、天津、深圳、武汉、杭州、南京、苏州、成都、西安、郑州、宁波、沈阳、青岛和长沙分别居于3~17位，综合得分在0.89以上，昆明和乌鲁木齐分别居于第24位和第47位。

表6 全国各城市服务业分项得分及总排名情况

城市	F1得分	F2得分	F3得分	F4得分	F5得分	综合得分	综合排名
北京市	12.66775	-0.05361	-0.38559	0.131712	1.592018	5.34	1
上海市	12.33304	-0.33796	3.160195	-0.1778	-0.62089	5.28	2
广州市	8.351345	1.588187	-1.01164	1.098388	-1.62439	3.57	3
重庆市	6.065732	5.503346	0.904935	3.215618	-2.81662	3.26	4
天津市	5.793539	1.495962	1.862404	-0.97185	0.561569	2.67	5
深圳市	7.994546	-8.07548	1.147174	-1.65903	-0.25594	2.41	6
武汉市	4.832223	2.253179	-0.82222	0.263823	0.038911	2.22	7
杭州市	4.493992	-0.21803	-0.19637	0.719257	0.015296	1.89	8
南京市	4.465539	-0.01682	-0.73729	-0.59859	1.303211	1.84	9
苏州市	4.400188	-0.72308	1.219788	-0.21207	-0.8864	1.78	10
成都市	3.594455	1.433936	-0.91582	0.807975	-0.41342	1.62	11
西安市	2.626959	1.409085	-1.69655	1.374915	0.584593	1.25	12

续表

城市	F1 得分	F2 得分	F3 得分	F4 得分	F5 得分	综合得分	综合排名
郑州市	2.197129	1.934189	-0.34799	0.609797	0.053991	1.14	13
宁波市	2.925664	-0.85945	0.422942	-0.13996	-0.62177	1.11	14
沈阳市	2.083617	1.75623	0.418561	-0.81562	0.440636	1.05	15
青岛市	2.237152	-0.03418	-0.10846	-0.59701	0.100035	0.89	16
长沙市	1.938193	1.075911	-0.12695	-0.45405	0.177452	0.89	17
大连市	2.103782	0.085821	-0.24496	-0.84557	-0.08913	0.81	18
佛山市	0.841906	-0.32521	5.447828	1.401436	-0.46816	0.77	19
贵阳市	1.740296	0.266967	-1.73691	1.343749	-0.24499	0.71	20
无锡市	1.998651	-1.13982	0.282102	-0.52053	0.095192	0.7	21
合肥市	2.003287	3.097279	-4.25807	-1.72763	-1.88399	0.65	22
济南市	1.508584	0.137425	-1.62027	0.326099	0.782755	0.6	23
昆明市	1.693326	-0.24563	-1.45933	0.429537	-0.24876	0.59	24
福州市	1.459497	-0.32362	-0.87693	0.020426	0.025366	0.52	25
哈尔滨市	0.881594	0.62865	-1.1135	1.326722	0.033636	0.45	26
南通市	0.852081	-0.21335	1.326643	-0.33937	0.329305	0.42	27
厦门市	2.139305	-4.14027	-0.7667	0.21468	-0.19162	0.4	28
长春市	0.937812	0.977913	-0.68679	-1.42392	0.686092	0.39	29
石家庄市	0.165326	1.852018	0.65713	-0.22508	0.878497	0.35	30
徐州市	-0.15754	1.508696	1.954817	-0.91165	0.749555	0.21	31
常州市	0.312424	-0.60163	0.925936	-0.50702	0.850407	0.14	32
烟台市	0.354316	0.738165	0.025437	-1.52398	0.137381	0.13	33
南宁市	0.168753	0.449603	-1.22555	0.228131	0.365422	0.07	34
潍坊市	-0.40895	1.298848	1.032945	-0.70373	0.000186	-0.01	35
东莞市	1.413139	-3.90151	-1.86949	-0.31723	-0.73373	-0.02	36
唐山市	-0.62044	1.541117	1.957608	-1.30107	0.160606	-0.04	37
太原市	0.207378	-0.31505	-1.54218	-0.04893	0.373409	-0.04	38
汕头市	-2.07683	-0.37471	0.767691	7.006407	5.909322	-0.05	39
南昌市	-0.01425	0.05771	-1.25324	-0.22508	0.293361	-0.09	40
扬州市	-0.65445	0.084032	1.302482	0.001646	1.310055	-0.1	41
兰州市	-0.24234	0.152448	-1.58882	-0.14473	1.752176	-0.11	42
珠海市	0.291466	-2.36198	-0.1088	-0.03881	0.394116	-0.12	43
泉州市	-0.08224	-0.06412	-0.58569	-0.01694	-1.14422	-0.14	44

续表

城市	F1 得分	F2 得分	F3 得分	F4 得分	F5 得分	综合得分	综合排名
临沂市	-0.93169	1.175119	0.846203	0.22023	0.018384	-0.19	45
中山市	-0.03692	-2.47036	0.167491	1.078302	-0.15779	-0.2	46
乌鲁木齐市	-0.10892	-1.1766	-0.67259	-0.89342	1.378279	-0.21	47
嘉兴市	-0.18609	-1.34813	-0.03482	0.680128	-0.86674	-0.22	48
温州市	-0.16651	-1.62319	-0.66029	2.053602	-1.94725	-0.25	49
呼和浩特市	-0.13953	-0.92517	-1.55598	-0.88786	1.239921	-0.26	50
淄博市	-0.83318	0.571771	0.726536	-1.34961	0.769858	-0.29	51
海口市	-0.50087	-1.90025	-1.06403	1.462966	0.855239	-0.34	52
包头市	-0.55589	-0.40556	-0.86628	-0.79921	0.627161	-0.36	53
芜湖市	-0.96985	0.15044	1.134686	-0.63489	-0.53377	-0.38	54
邯郸市	-1.51091	1.692187	0.586738	-0.18955	0.061286	-0.42	55
洛阳市	-1.09789	0.647513	-0.27535	-0.32454	0.23864	-0.42	56
湛江市	-1.47182	0.962832	0.492096	0.629747	0.220709	-0.42	57
保定市	-0.94383	0.516927	-0.54397	-0.11287	-0.80651	-0.43	58
济宁市	-1.07164	0.384932	-0.06455	-0.42256	-0.57946	-0.47	59
襄樊市	-1.59362	0.895049	0.532053	1.022821	-0.51487	-0.49	60
廊坊市	-1.26229	-0.09484	-0.26622	0.037643	0.599715	-0.52	61
大庆市	-1.03263	0.537041	1.115504	-4.5818	1.639295	-0.52	62
银川市	-0.83251	-0.84555	-0.99148	-0.87826	0.596	-0.54	63
大同市	-1.63881	0.243934	0.230764	0.116898	0.9348	-0.58	64
湖州市	-1.28122	-1.00588	-0.06089	0.6192	-0.19356	-0.61	65
泰安市	-1.75628	0.532673	0.631667	-0.28035	0.721768	-0.61	66
岳阳市	-1.80981	1.131341	0.51171	-0.5693	0.255009	-0.62	67
株洲市	-1.40871	-0.03241	-0.53042	0.277941	-0.5428	-0.64	68
西宁市	-1.40169	-0.69428	-0.70183	-0.05942	1.272616	-0.64	69
鞍山市	-1.32072	-0.19266	-0.96415	-0.0801	-0.17674	-0.65	70
柳州市	-1.32126	0.068251	-0.82682	-1.38795	0.370759	-0.68	71
蚌埠市	-1.78219	0.704763	0.163285	-0.58327	-0.34647	-0.71	72
牡丹江市	-1.68863	-0.37337	-0.38399	0.48895	-0.15496	-0.74	73
平顶山市	-2.10054	0.599517	0.312615	0.666912	-0.0374	-0.74	74
九江市	-1.66099	0.351494	-0.43203	-1.05999	0.087261	-0.75	75
宜昌市	-1.60893	0.131384	-0.52037	-0.32262	-0.62808	-0.75	76

续表

城市	F1 得分	F2 得分	F3 得分	F4 得分	F5 得分	综合得分	综合排名
拉萨市	-1.09896	-3.75608	-0.38617	2.115273	-0.22642	-0.76	77
秦皇岛市	-1.5752	-0.40111	-0.97471	-0.14815	0.191172	-0.77	78
锦州市	-2.04265	-0.46015	3.011153	-0.98028	-0.33732	-0.78	79
淮南市	-2.18945	0.3476	0.635664	0.494152	-0.05075	-0.8	80
衡阳市	-1.81121	0.41477	-1.08269	0.246052	-0.97972	-0.82	81
新乡市	-2.08662	0.685645	-0.33249	0.256975	-0.62031	-0.83	82
安阳市	-2.21134	0.458171	0.127647	-0.24571	-0.00627	-0.88	83
枣庄市	-2.50007	0.240921	1.089826	0.400564	0.330217	-0.89	84
吉林市	-1.91215	0.031392	-0.88372	-0.51688	-0.12857	-0.9	85
荆州市	-2.50698	0.611424	0.267978	1.371044	-0.59262	-0.9	86
宜宾市	-2.51018	0.716783	0.559892	0.56761	-0.0923	-0.9	87
齐齐哈尔市	-2.05407	-0.19265	-0.63125	0.526009	-0.52946	-0.91	88
南充市	-2.6791	0.751527	1.441621	0.646162	-0.27212	-0.91	89
抚顺市	-2.16964	0.020016	0.376477	-1.28062	0.643716	-0.93	90
焦作市	-2.23442	0.523251	0.021257	-0.68063	-0.28787	-0.94	91
淮北市	-2.51591	-0.17018	2.249191	-0.30195	-0.37713	-0.95	92
湘潭市	-2.32169	0.137956	-0.05491	-0.25357	0.299934	-0.96	93
本溪市	-2.08415	-0.43721	-0.16507	-0.99562	0.228492	-0.98	94
辽阳市	-2.16554	-0.31725	0.338461	-1.01634	-0.12799	-0.99	95
丹东市	-2.64762	-0.23143	0.292475	1.041239	-0.39783	-1.06	96
北海市	-2.51847	0.485844	-0.1377	-1.92917	1.1711	-1.08	97
张家口市	-2.62773	-0.04787	-0.01603	0.095106	-0.40479	-1.12	98
开封市	-2.62383	-0.12448	-0.68952	1.151243	-1.52591	-1.16	99
黄石市	-2.80718	0.152116	-0.64731	-0.02973	-0.30278	-1.22	100
佳木斯市	-2.83079	-0.20626	-0.16214	-0.35833	-0.06894	-1.24	101
鸡西市	-2.93579	-0.36488	-0.44317	0.290673	-0.77818	-1.31	102
阜新市	-3.06735	-0.19501	0.456623	-0.59066	-0.319	-1.33	103
鹤岗市	-3.53736	-1.62181	2.128814	1.101344	-2.84661	-1.58	104
伊春市	-3.52518	-2.26113	0.043039	1.013281	-3.74855	-1.84	105

五、中国多层次服务业中心城市选择：功能分析法视角

（一）从经济格局演进看我国服务业中心城市选择

从历史渊源上看，无论是大一统时期，还是分裂对峙时期，国家重要的中心城市始终表现出多中心发展态势。通过对经济、政治、文化、军事、交通和人口等方面指标的综合分析，我国古代中央王朝统一时期，具有跨区域影响力的城市始终保持在8~12个。

改革开放以来，国家出口导向战略下的沿海工业化、城镇化打破了计划经济时期的封闭式经济体系，跨区域的产业经济联系加强，北京、上海等中心城市也从计划经济时代的工业经济中心与交通枢纽，转向拥有全国性的高端生产服务职能、国际门户职能和高端消费服务职能的国家服务业中心城市。2008年以来，我国加强内需市场培育，各类开放政策也逐步向内陆地区倾斜，一些经济实力较强的城市通过交通枢纽、空港建设，极大地提升了其在全国的枢纽地位和全球中的开放地位，国家区域经济格局逐步走向相对均衡发展。

未来10年，从服务业发展的外部环境看，随着全球化的深入推进、我国经济总量的增长和国际地位的进一步提升，特别是"一带一路"战略和各项多边双边自由贸易安排的实施，客观上会为北京、上海等国家级服务业中心城市在更大空间范围内配置各种要素提供有利条件，使其在文化、科技、创新服务、高端消费等国际性职能方面有更大突破，逐渐向全球城市服务业网络体系顶端移动。北京、上海这两大世界服务业中心城市的打造，将在不断提高我国服务业集聚度的同时，整体提升我国在世界服务网络中的引领和控制能力。

在国家服务业中心城市的选择上，杭州、成都、南京、西安、广州是历史悠久的国家历史文化名城，也是具有跨省域范围中心职能的城市，主要体现在交通枢纽、科技教育、文化交流等方面。由于其兼具历史文化名城和区域性中心的优势，在这类条件下形成的国家服务业中心城市，其成长路径应尤其突出国家文化交往中心和品质宜居两大功能。加之未来10年是国家全面推进产业结构调整、推动"大众创业、万众创新"的关键时期，上述科研实力较强的内地城市以及深圳、武汉等有望适应国际产业研发转移趋势，在新技术成果的孵化与市场交易上、产业经济价值链的延伸与市场化上形成具有较强科技能力的国际创新服务中心。

武汉、长沙、沈阳、郑州这四座城市在近现代中国发展史上都具有举足轻重的地位，分别是中国长江中游地区、东北地区和黄河中游地区传统意义上的经济中心和交通枢纽城市。更为重要的是，这四座城市是我国推进制造业2025战略的重镇，区域经济的可持续发展离不开生产性服务业的全面扩展及其对制造业转型升级的支撑。加之未来10年，随着长江中游地区、黄河中下游地区、成渝地区等区域在"十三五"时期形成新的人口集聚中心，由此带来的商贸物流、教育文化、健康服务、休闲旅游等服务需求也将引发生活服务业在郑州、武汉、长沙等地的集中布局。

国际空港、陆港门户和能源设施的兴建，加之相对均衡城镇化发展战略的实施、内陆开放型经济试验区的获批以及战略性互联互通等重大项目的启动，将引导服务要素、创新要素和信息要素在这些区域的集中，一方面，有利于面向新亚欧大陆桥、中蒙俄、中国—中亚—西亚、湄公河次区域等国际次区域的边境省区中心城市如乌鲁木齐、昆明等，在"一带一路"战略引领下，在国际贸易、科技与文化交流、国际门户职能发展方面有所作为，培育成为新的交通枢纽和贸易中心；另一方面，国际经济合作走廊上的海港、空港、陆港门户城市如重庆、天津、郑州、青岛等，是我国服务业深化对外开放功能、寻求贸易创新发展的核心城市，有望形成新的国际商贸物流网络中心。上述变化都将使得未来10年服务业在高端集聚的同时，形成沿海与内地、发达与欠发达地区平衡协调、纵深联动的服务业增长格局。

（二）综合分析结果

从城市综合得分来看，北京、上海的得分均在5分以上，同后续城市拉开了较大差距，故应依托北京和上海建设世界服务业中心城市。在国家服务业中心城市的选择上，依据排名结果，广州、重庆、天津、深圳、武汉、杭州、南京、苏州、成都、西安、郑州、宁波、沈阳、青岛和长沙分别居于第3~17位，综合得分在0.89以上，昆明和乌鲁木齐分别居于第24位和第47位。

以上述排序结果为基本依托，综合考虑城市的历史地位、国家战略导向、第三产业占比、地域平衡等多方面因素，特别是"一带一路"战略实施后我国服务业空间格局的变化，北京、上海是我国打造世界服务业中心城市的不二选择；广州、重庆、天津、深圳、武汉、杭州、南京、成都、西安、郑州、沈阳、青岛、长沙、昆明和乌鲁木齐十五大城市，目前最有希望成为具有金融、贸易、科技创新、商务服务枢纽和文化交流门户等综合服务或专业化功能的国家服务业中心城市。应特别说明的是，服务业中心城市与城市等级紧密相关，通常情况下，行政等级越高的城市服务业越发达、多样化程度越高，如苏州、宁波虽然均位于长三角地区，但第三产业占比相比区域内其他中心城市而言相对较低，故未能纳入名单之中。而以哈尔滨、长春、南宁、大连为代表的一些城市，作为内陆地区面向一定区域范围（中国—东北亚、中国—东南亚）的潜在国际化中心城市、文化名城，在经济总量、服务业体量、人口规模、工业企业服务外包需求等方面，目前尚不足以达到国家服务业中心城市的要求，故未能纳入排名。

六、建设多层次的服务业集聚中心：政策建议

从经济控制力角度出发，为优化服务业强国的发展空间，形成多层次的服务业集聚中心，不仅需要顶层设计，更需要相关政策体系的配合。为更好地适应内外部发展环境的变化，促进服务业尽快形成布局科学、分工合理的区域空间发展格局，以下政策需做出相应调整：

（1）将各层次服务业中心城市梯队纳入国家战略体系，借相关政策规划编制之机，从国家层面加以统筹推动。以整合区域空间和创新区域一体化政策为前提，以都市区空间协调管制和战略性服务设施布局为抓手，加快区域产业空间结构转型，不断完善区域中心城市的服务功能，积极推进以都市圈、城市带为依托的区域服务业发展格局，使服务业从分散的地方性自主发展逐渐转向都市区网络化整合发展。

（2）应依托京津冀一体化、丝绸之路经济带和长江经济带等主要区域发展战略，结合深化改革、扩大开放、转型升级、"互联网＋"、创业创新等"十三五"重大国家战略，继续在各地方聚焦重点领域，搭建优势平台，扩大范围、深入推进服务业综合改革试点工作。在详细总结前期试点先进经验的基础上，应更加注重示范经验和发展模式的推广和复制，以及国家层面体制机制和配套政策的突破。通过采取先行先试、集成政策、重点支持等方式，以点上的突破带动面上的创新，着力引导服务业领域的理念创新、技术创新、业态创新和管理创新。

（3）改革完善服务业用地管理制度，推动土地差别化管理与引导服务业供给结构调整相结合，在适当提高服务业用地规模和比例的基础上，加大城市土地盘活力度，加强对服务业用地出让合同履约的管理，严控打着产业名义炒作房地产或圈地的行为。

（4）研究制定挖潜盘活的城镇存量土地和城乡建设用地的政策措施，特别需适应中心城市产业转型升级和产业融合发展的要求，尽快制定支持综合用地"功能混合、一地多用"的相关配套政策及土地出让金管理机制。

（5）编制和调整土地利用总体规划和城乡规划时，应在程序上将产业规划论证前置，破除城市规划在服务业发展上的黑箱效应，在科学研究的基础上确定

城市各服务行业的空间布局；同时，应在相关规划中充分考虑相关服务业项目、设施的建设用地需求。

（6）为适应全球服务业中心城市建设，不断强化中心城市对全球资源的配置能力，应进一步扩大服务业对外开放领域，暂停或取消在金融、商贸、商务、社会服务业等领域对投资者资质、股比、经营范围的要求，重点发展提供全球性服务的生产性服务业。不断完善市场准入制度，在产业融合的大背景下，在经营资质、功能许可、业务牌照等方面探索建立跨界行业的准入及监管机制；积极推进商事登记制度改革，放宽服务企业注册登记条件。构建与国际惯例接轨的税收体系，尽快形成鼓励离岸业务发展和境外股权投资的税收政策；健全知识产权保护制度，加快形成创新要素集聚、资源优化配置的科技创新体制机制；扩大人民币跨境服务功能，加快实施以负面清单为主体的外汇管理模式、以事中事后监管为主的金融监管体制；积极发展平台经济，加快建立一批具有国际定价影响力和全球资源配置能力的国际化交易市场。

（7）加强服务业中心城市配套基础设施建设。推动国际物流大通道建设，全面提升通关效率。加强国际数据通道建设，完善跨境陆海缆基础设施；推动政府逐步放开数据资源，推动从"死数据"到"活数据"的转变；逐步放开存储转发类、多方通信、国际互联网接入、呼叫中心、信息服务（APP应用）等业务。完善人才制度，对于超大城市高端创新服务行业的从业人员，在落户、子女入学、社会保障等方面探索给予"户籍居民待遇"。

附表：

全国各城市服务业综合及分项排名

城市	F1	F2	F3	F4	F5	综合排名
北京市	1	61	65	41	4	1
天津市	6	11	8	91	25	5
石家庄市	36	5	23	60	12	30
唐山市	49	9	6	97	41	37
秦皇岛市	68	82	89	56	39	78
邯郸市	67	7	26	58	46	55
保定市	54	34	71	53	94	58
张家口市	97	60	47	43	79	98
廊坊市	60	63	60	44	22	61
太原市	34	74	98	50	28	37

续表

城市	F1	F2	F3	F4	F5	综合排名
大同市	71	43	40	42	11	64
呼和浩特市	41	91	99	88	9	50
包头市	48	83	84	84	21	53
沈阳市	18	6	33	85	26	15
大连市	17	51	59	86	58	18
鞍山市	62	67	88	52	64	70
抚顺市	86	56	34	96	20	90
本溪市	82	84	57	93	37	94
丹东市	98	72	37	15	78	96
锦州市	79	85	3	92	75	79
阜新市	103	68	31	78	74	103
辽阳市	85	75	35	94	60	95
长春市	27	18	77	100	19	29
吉林市	78	55	86	74	61	85
哈尔滨市	28	27	94	10	49	26
齐齐哈尔市	80	66	73	27	83	88
鸡西市	102	79	68	33	93	102
鹤岗市	105	96	5	12	104	104
大庆市	56	31	15	105	3	61
伊春市	104	99	44	17	105	105
佳木斯市	101	69	56	70	57	101
牡丹江市	73	80	64	29	62	73
上海市	2	78	2	57	89	2
南京市	9	57	80	80	7	9
无锡市	20	93	38	75	44	21
徐州市	42	10	7	90	17	31
常州市	32	86	18	73	14	32
苏州市	10	88	12	59	96	10
南通市	29	70	10	69	32	27
扬州市	50	52	11	46	6	41
杭州市	8	71	58	19	52	8
宁波市	12	90	32	54	90	14

续表

城市	F1	F2	F3	F4	F5	综合排名
温州市	43	97	75	4	102	49
嘉兴市	44	95	48	20	95	48
湖州市	61	92	50	24	66	65
合肥市	19	2	105	103	101	22
芜湖市	55	47	14	81	84	54
蚌埠市	75	24	42	77	76	72
淮南市	87	41	24	28	56	80
淮北市	94	65	4	65	77	92
福州市	25	76	85	45	50	25
厦门市	16	104	81	40	65	28
泉州市	39	62	72	47	98	44
南昌市	37	54	96	61	34	40
九江市	72	40	67	95	45	75
济南市	24	49	101	32	15	23
青岛市	14	59	52	79	43	16
淄博市	52	30	22	98	16	51
枣庄市	91	44	16	31	31	84
烟台市	31	22	45	101	42	33
潍坊市	46	14	17	83	53	35
济宁市	57	39	51	71	86	59
泰安市	74	32	25	64	18	65
临沂市	53	15	20	39	51	45
郑州市	15	4	63	25	47	13
开封市	96	64	78	11	99	99
洛阳市	58	26	61	68	36	55
平顶山市	84	29	36	21	55	73
安阳市	88	36	43	62	54	83
新乡市	83	25	62	36	88	82
焦作市	89	33	46	82	72	91
武汉市	7	3	82	35	48	7
黄石市	100	46	74	48	73	100
宜昌市	70	50	69	67	91	75

续表

城市	F1	F2	F3	F4	F5	综合排名
襄樊市	69	20	28	16	82	60
荆州市	92	28	39	8	87	85
长沙市	21	17	54	72	40	16
株洲市	65	58	70	34	85	68
湘潭市	90	48	49	63	33	93
衡阳市	77	38	93	37	97	81
岳阳市	76	16	29	76	35	67
广州市	3	8	91	13	100	3
深圳市	4	105	13	102	70	6
珠海市	33	100	53	49	27	43
汕头市	81	81	21	1	1	39
佛山市	30	77	1	6	81	19
湛江市	66	19	30	23	38	55
东莞市	26	103	104	66	92	36
中山市	38	101	41	14	63	46
南宁市	35	37	95	38	30	34
柳州市	63	53	83	99	29	71
北海市	95	35	55	104	10	97
海口市	47	98	92	5	13	52
重庆市	5	1	19	2	103	4
成都市	11	12	87	18	80	11
南充市	99	21	9	22	71	88
宜宾市	93	23	27	26	59	85
贵阳市	22	42	103	9	68	20
昆明市	23	73	97	30	69	24
拉萨市	59	102	66	3	67	77
西安市	13	13	102	7	24	12
兰州市	45	45	100	55	2	42
西宁市	64	87	79	51	8	68
银川市	51	89	90	87	23	63
乌鲁木齐市	40	94	76	89	5	47

专题九 服务创新:迈向服务业强国的内生动力

曾世宏 杨 鹏

摘 要:本研究从学术思想史角度归纳总结了服务、增长与创新三者之间的内在联系,明晰了服务创新的概念、种类和特征,论证了创新是服务经济中的一个关键要素,服务创新是服务部门增长的引擎和催化剂。技术进步是服务创新的主要动力。现代服务业发展实践表明,服务创新与技术进步具有紧密的关联性,从很大程度上说,在许多经济活动中服务创新与技术进步是并行发展的,技术进步是现代服务业发展和服务创新的引擎。本研究最后以分享经济为例说明服务协同生产过程中的价值共创行为,总结了服务创新增长中的中国典型事实以及迈向服务强国进程中有利于服务创新的机制体制变革和政策设计。

关键词:服务创新;技术进步;协同生产;价值共创;分享经济

一、引言

创新是服务经济中的一个关键要素。国内外学者对服务经济中有关鲍莫尔成本病的争论在很大程度上认为服务产业创新系统存在缺陷。事实上,服务创新是服务部门增长的引擎和催化剂。服务业与其他产业一样,技术进步与创新常常落后于经济发展。但是学界部分学者坚持认为服务产业相对于其他产业而言,创新活动较少、创新程度较低和创新绩效较差,因此导致服务业具有相对较低的生产率水平。这种观点在服务产业发展的早期或许成立,但随着技术进步,特别是以云计算、大数据和移动互联网为代表的信息技术与传统服务产业高度融合,催生了服务新业态与新商业模式,引致了服务产业革命,使服务产业内部表现出高度异质性。服务经济领域创新主要表现为技术创新、组织创新、过程创新和商业模式创新。尽管不同层次的服务部门和服务企业的创新模式与倾向存在很大差异，但总体而言，服务企业的研发指标和研发努力与制造企业旗鼓相当，并且把所有服务创新归结为供应商驱动也并不合适，许多服务创新具有高度自主性（Gadrey 和 Gallouj，2002）。

虽然服务经济领域的学者强调了服务的专业化和异质性特征，但服务创新随着信息技术的进步和与传统产业的深度融合，不断表现出许多新特征。而学者们对创新的理解和研究往往局限于制造业领域，相对忽视了服务经济领域创新的许多新现象、新业态和新过程。当然，这也并不必然意味着制造领域和服务领域创新存在天然不可逾越的鸿沟。这主要有两方面的原因：一是制造商的许多服务活动本身就是创新，如研究开发、产品设计和商业模式创新；二是知识密集型商务服务有利于制造创新，并发挥了十分重要的作用（Gadrey 和 Gallouj，2002）。服务经济的兴起正在迅速改变创新过程。创新发展研究需要系统解决服务功能创新。

本研究主要从理论上重点探讨"互联网+"背景下创新系统中服务创新对于产业融合、产业变革和产业价值链攀升的作用机理，服务创新的动力机制以及迈向服务强国进程中有利于服务创新的机制体制变革和政策设计。余下的结构安排如下：第二部分从学术思想史角度归纳总结服务、增长与创新三者之间的内在联系；第三部分简要概括服务创新的概念、种类和特征；第四部分论述技术进步作为服务创新的主要动力的缘由；第五部分阐释服务协同生产过程中的价值共创行为；第六部分总结服务创新增长中的中国典型事实；第七部分提出迈向服务强国的服务创新政策设计；第八部分是本研究的主要结论与服务创新展望。

二、增长、创新与服务的学术思想演化

早期的经济增长文献基本没有论及服务、增长与创新三者之间的内在联系。亚当·斯密分析资本在早期市场经济中的作用时，将经济活动人口分为生产性和非生产性两类，认为私人仆佣业作为当时最主要的服务行业，其就业属于非生产性就业，对其进行的非生产性支出是资本积累的负担，不利于国家财富的增加。马克思强调实物商品的生产，研究视角是当时的产业资本主义生产关系，并没有把个人或集体的服务劳动放在重要位置，在继承了古典经济学中关于服务是非生产性劳动的主流观点的基础上，认为服务不能够创造价值和剩余价值，反而服务劳动要参与剩余价值的分配，所以不可能成为经济增长和创新的主导因素（德劳内和盖雷，2011）。

随着对劳动价值论的批判深入,经济理论中出现了两个明显的趋势:一是越来越多地将资本社会关系描述为服务关系;二是越来越关注一些特定服务业,特别是政府提供的公共服务,代表性的学者有巴斯夏、科尔松、马歇尔和瓦尔拉斯(德劳内和盖雷,2011)。把服务业作为一个独立的经济部门来研究对经济增长的效应大约始于20世纪30~40年代,代表性学者有费希尔、克拉克和弗拉斯蒂。费希尔(1935)将经济活动分为第一产业、第二产业和第三产业三个独立部门,认为第三产业部门的重要性在于它包含了很多潜在的"增长点",这些增长点需要政府经济政策创造条件,吸引资本进入,也要求增加更多公共责任,减少在这些新兴非传统部门的企业风险(德劳内和盖雷,2011)。克拉克(1940,1957)实证检验了服务业生产率增长,认为工业和服务业生产率之间并不存在系统性差距,服务业对经济增长的主要贡献在于吸纳从第一产业和第二产业转移出来的劳动力,就业向服务业转移的主要原因在于消费需求结构和需求总量的变化(德劳内和盖雷,2011)。与费希尔和克拉克相比,弗拉斯蒂(1949)采用一些更为现代的观点来解释服务业日益增长的需求,认为技术进步使服务业增长成为可能,经济整体发展与其支撑的服务活动数量之间能够达到某一均衡点,由技术进步的速度决定,服务业最终成为经济主体可能是大势所趋,但只有经过长期调整后才可能成为现实,且这一调整有其自身的动态均衡条件(德劳内和盖雷,2011)。美国社会学家丹尼尔(1974)对后工业社会的经济社会特征做了预测性的理论解释,认为后工业社会是第三产业或者服务业占主导地位的社会,生产的主要特征是基于人机协作,根本在于理论化、抽象和编码的知识,科学知识是创新的基础,是最根本的战略资源,技术和专业服务阶层的地位显著提高。可以说,丹尼尔比较早地把服务业、增长和创新这三者的内在关系紧密联系起来。

与此同时,经济学界对于日益增长的服务业也展开了长期的争论。这场争论起源于鲍莫尔(1967)的成本病理论。在鲍莫尔及其追随者看来,服务业之所以能够几乎吸纳全部新增就业在于其相对低的生产率增长,并且由于服务业具有相对较低的价格需求弹性,技术进步部门的高工资会溢出到服务部门,导致服务提供成本增加。很多经济学者通过实证检验对鲍莫尔的成本病理论提出了很多质疑,并从生产结构变化解释服务业增长,认为商品和服务在很大程度上是互补的,更多地使用多品种、更复杂的商品意味着需要更大范围地使用多样性的生产者服务,生产者服务无论是在企业内部还是在企业外部都有强劲的增长,服务业有多种方式实现工业化和标准化,并符合经济理性和规模经济。

关于如何评估服务业增长所带来的整体影响,很多学者用服务业产业化概念来强调服务业对未来经济增长的引擎作用,因为新信息技术的兴起适应了服务业产业化所要求的设备更新投资战略需求,从而降低服务业提供成本,增加服务业的生产性功能。经济学术思想史中经济学家较早地把经济增长与创新联系起来。

作为创造性破坏过程的重要增长要素,约瑟夫·熊彼特(1942)已经把创新作为一个解释长期经济增长的重要因素,认为企业家的本质特征就是创新,包括新材料和技术运用、新产品开发、新市场开拓和新生产组织发现在内的创新是资本主义经济长期增长必不可少的动力。继熊彼特之后的经济学家,以索洛模型为基础,不断拓展新古典经济增长理论。主要代表性人物有罗默和卢卡斯(1986,1990,1988),他们把技术进步和与知识学习相关的元素作为一个内生变量,整合到经济增长的模型分析之中,开创了内生增长模型。知识技术等无形资产以及相关的服务开始成为这些元素的重要组成部分。自从熊彼特提出产品创新、过程创新和组织创新以后,迈尔斯(Miles,2000)和豪威尔(Howells,2001)把服务业作为一个特定类型,对产品创新、过程创新、组织创新以及服务提供商与顾客之间的互动创新进行了区分。范艾克等学者(Van Ark等,2003)区分了服务新概念、服务供给者和消费者互动、服务新提供系统三种类型的非技术创新。以后的学者也对供应商、顾客和公司本身进行的创新,以及服务消费和范式变迁进行了区别。菲茨西蒙斯等(Fitzsimmons等,2004)认为服务消费中存在消费者和供给者的双重性,在服务创新过程中消费者也是重要投入的供应商。黑普和格鲁普(Hipp和Grupp,2005)基于创新过程的内在特征把创新分为知识密集型、网络密集型、规模密集型和外部创新密集型四种。

近些年,演化经济学不同于新古典经济学的理论解释,把经济和非经济的因素(包括文化、制度、社会习俗和科学技术等)作为影响经济增长的另一种创新要素整合到自己的演化增长模型之中。演化经济学中包含了许多有关服务创新的理论。服务,特别是知识密集型服务,作为与整个经济体相联系的另外一种形态,已经被整合到创新系统中。尽管研究视角和研究方法有所差异,但所有学者都认为创新对经济增长极其重要,服务创新是生产效率与组织效率向经济增长转变的重要途径(Rubalcaba,2007)。

三、服务创新的概念、种类和特征

目前,学术界对服务创新还没有形成权威统一的定义,较简单的定义是所有相关的改变进程都可以看作是创新。范艾克等用举例的方式建立了一个相对较长的定义,认为服务创新包括以下几种主要的类型:提出新服务理念、建立顾客互动渠道、创新服务供给系统、转型企业服务功能、改变市场服务供给、提升服务组织能力等(Van Ark等,2003)。

要正式对服务创新下定义,首先必须区分服务业中的创新与服务创新两种不同的内涵。服务业中的创新是关注服务部门本身或服务活动的创新性改变。服务创新是指使用创新性服务的组织或者公司的创新性改变。需要说明的是,目前学术界所关注的服务创新一般还是讲创新的服务内容和创新的服务活动,而较少关注使用创新性服务的公司或组织的创新。本研究也使用第一种定义。从已有的文献来看,许多学者认为相对于制造创新,服务创新存在以下几个方面的特征:

首先,服务消费进程中,服务供给者和服务消费者具有很强的互动关联性。这种互动关联性在一定程度上扩散了产品创新和过程创新的显著差别。与顾客之间的互动关系构成了服务创新的基本和典型特征。协同生产的本质特征保留在许多服务创新的过程中。部分商务服务通过外部化或外包渠道进行创新。相反,葛夏妮(Gershuny,1978)认为部分消费性服务通过自我服务进行创新。服务协同生产中消费者与生产者的互动意味着服务创新有其自身特征、管理方式和需求。例如,与制造部门相比,作为竞争性要素的人和组织因素更为重要。与传统的产品和过程创新不同,服务创新需要更多地考虑组织功能和组织效率。这主要是由于与服务产品和服务过程相联系的很多内容都是无形的和信息化的,它们不能通过购买机械或者技术进行传播,只能通过知识和技能的方式传播。

其次,服务创新通过一个"封装"的过程,与产品创新具有内在的关联性,在该进程中非技术要素和信息媒介非常重要。因此,服务创新可以从许多不同维度去解释,如服务理念创新,建立与顾客新的互动途径,开放服务提供的新渠道和新服务技术选择等。如果从这些不同维度去考虑,服务比平常所理解的更具创新性(Howells,2004)。

最后,与制造创新一样,服务创新具有一系列具体的特征。具体可以分成服务业独有的和与制造业共有的特征(见表1)。这些特征表明服务创新需要特有的激励政策。

表1 服务创新中的显著和独有特征

创新模式	过程、产品和技术创新	组织、营销与顾客互动创新	创新性高级服务使用
发生方式和地点	专业化单位	供给者和顾客互动	供给者和顾客协同生产
投入特征	高技能劳动力	更多使用人力资本	密集型知识和技术
研究开发	创新的重要来源	外部和精准的研发	服务中研发的低关联性
创新产出	外部溢出性、不可分割性	—	无形性
风险和专用性	高风险投资、不确定性 容易模仿、免费搭车 需求不确定、低专利效率 高成本和风险、市场失灵	知识产权的专利申请困难 潜在顾客的低预见性 获取版权	与无形性联系的风险 投资被认为是付出代价 模仿是否容易被即时模仿依赖于创新的类型

续表

创新模式	过程、产品和技术创新	组织、营销与顾客互动创新	创新性高级服务使用
进口	复杂和昂贵的选择吸收、需要实验性研发、领导地位丢失等导致高进口成本	进口依靠信息处理方法、创新性人才招聘、可服务贸易的流动性	特许权使用费仅仅是服务创新进口中众多模式之一
创新影响	生产率与竞争力要素	服务质量比表面上的生产率更具有影响力	—

资料来源：根据 Rubalcaba（2007）加工整理。

熊彼特对创新的经典分类是：制造新产品、引进新生产方式、发现新原材料、开拓新市场、构建新组织。服务创新分类的办法还有很多，目前国内外学术界主流的分类有四种：第一，按照创新改变的程度，可以分为激进的服务创新和渐进的服务创新；第二，按照创新改变的类型，可以分为产品创新和过程创新；第三，按照创新的新奇性，可以分为对市场的新奇创新和对企业的新奇创新；第四，按照提供的方式，可以分为组织创新和技术创新。

总而言之，合适的服务创新分类有助于制定差异化的市场营销战略以及选择正确的管理工具，但科学研究中如果分类过多，很难形成一个统一的内涵界定。但是对服务创新的分类，大多数学者还是沿用熊彼特对创新的经典分类，认为服务创新主要是产品创新和过程创新。

四、技术进步作为服务创新的主要动力

过去服务业被认为缺乏创新和低生产率主要是因为服务业中很难消化吸收技术进步。然而现代服务业发展实践表明，服务创新与技术进步具有紧密的关联性，从很大程度上说，在许多经济活动中服务创新与技术进步是并行发展的。更确切地说，技术进步是现代服务业发展和服务创新的引擎。卡苟和鲁波卡巴（Gago 和 Rubalcaba，2007）认为，服务部门是技术创新和非技术创新的主要使用者、技术转移的主要组织者和承担者，对创造创新、收集整理和扩散组织、制度和社会知识起着主要作用。现在学术界基本认同知识密集型服务业是技术和非技术创新的主要推动力，服务创新与技术进步之间存在很强的互补性（Rubalcaba，2007）。信息技术与知识密集型服务部门创新有很强的正相关（Evangelista 和 Savona，2003）。

(一) 知识密集型服务作为技术进步的主要使用者

知识密集型服务主要包含两种类型的专业化知识。一种是包含在传统专业服务中的社会和制度知识；另一种是科学和技术知识。服务能够被看成是问题的解决者。一些问题很专业、很复杂，需要较高的专业知识去解决。有些问题比较普遍，只需要相对常规的办法去解决。因此，传统专业服务主要是解决社会体制和制度的问题以及有关社会利益集团或者组织内部活动的问题，尤其是一些行政法规与规制问题。越是科学技术密集型的服务，越是与物质世界的生产相关。工程服务主要涉及飞机、建筑、石油和交通基础设施等领域；检测检验和研发服务主要涉及对材料加工和生产进行设计和检验；信息技术服务主要涉及硬件和软件的符号处理、数据加工以及一体化和可视化。

有些服务整合了不同类型的知识。建筑和设计服务整合了审美创造力和技术可能性的知识，这些服务中经常使用新技术。一些专业服务也逐渐开始为顾客提供技术相关的解决方案。例如，会计与管理类咨询公司为顾客提供信息技术咨询，知识产权领域的法律专家关注信息技术，环境规制领域的法律专家关注其他一些技术。知识密集型服务是新技术的主要使用者，特别是新信息技术的使用者。金融、会计、管理与法律咨询等商务服务最早也是最为密集地使用新技术。欧洲社会创新调查系统（CIS2）提供的数据显示，虽然总体上制造业比服务业更具创新性，但与技术相关的知识密集型服务是经济活动中最活跃的创新者，具有很高的创新水平，其中金融服务、技术服务、通信服务和计算机服务企业中的创新比例分别为54%、55%、64%和68%。

服务创新的动机具有高度的相似性，最主要的原因是提高供给的服务质量、扩大服务范围以及开拓新的服务市场。欧洲社会创新调查系统数据显示，1/3的大型服务企业具有持续的研发活动，对电信服务、计算机服务和技术服务等技术密集型服务企业而言，机构内部研发对服务创新至关重要。对大部分服务企业而言，服务创新并不是表现在研发活动的强度上，而是表现在服务提供的过程创新方面。

技术相关的知识密集型商务服务在创新过程中的作用非常重要，主要体现在以下几个方面：第一，研发服务把研发成果转变为新技术。经济领域中的许多高新技术部门，如生物医药企业中大量使用这种研发服务。第二，检测检验服务向顾客证明其开发或使用的产品是否卫生安全、是否符合环境和技术标准。第三，产品设计服务提供产品设计，或提供如何创造可使用产品的创意以及生产过程。第四，技术服务帮助顾客改进产品质量，获得使用新技术的必要知识和建议，如互联网、软件和计算机服务，环境技术服务等。第五，人力资源服务开发培训新技术，充分利用新系统对就业人员开展创新创业培训，帮助他们认识不断变化的市场条件与产业发展规律，提供合同管理服务，或者提供新职员的职业介绍与培训服务。第六，战略咨询服务帮助企业选择和实施新技术，实现制造服务化转型。第七，设施管理服务积极地为顾客处理新技术使用的任务，如管理智慧建筑、运营呼叫中心、外包计算机网络等。

总之，与技术相关的知识密集型服务主要是依靠技术进步实现服务创新，为顾客提供问题的一体化技术解决方案。作为问题的解决者，知识密集型服务聚焦顾客所面临问题的知识以及这些问题可能的解决方案。知识密集型服务可能本身就是问题的直接解决者，也有可能是为顾客提供问题解决所需要的工具、技能和资源，帮助顾客更好地理解问题的成因以及获得解决问题的方法。

技术进步是知识密集型服务创新的主要动力，但作为技术的使用者还必须发展和运用怎样使用技术来发挥最大效用的知识。因此，作为知识密集型服务的使用者与知识密集型服务的提供者的相互作用能力影响技术相关的知识密集型服务的使用效果。越精细化的顾客越能更好地使用商务服务，最好的顾客已经积累了能够消化吸收知识密集型服务投入的知识，在交互过程中能够清晰地表达问题和凝练问题（Wood, 2002）。知识越多的顾客越是寻求与服务供应商建立长期的战略伙伴关系，以维持他们的竞争优势。知识密集型商务服务的技术特征要求知识密集型服务企业的职员进行终身学习。英国的调查数据表明，尽管担忧工作的不稳定以及工作年限，但知识密集型服务企业的员工更愿意学习新知识，更愿意接受培训，使用计算机工作，以及在不同工作岗位上流动。知识密集型商务服务的兴起意味着已有治理服务质量和职业忠诚的结构正在影响着重要的知识生产和使用活动。

（二）互联网技术催生了服务创新发展

不管是政府主导的，还是自然演化的，每一次技术创新都催生了一波新服务产业，最初主要集中在公共服务部门，现在越来越集聚在私营服务部门。克莱顿·克里斯坦森（Clayton Christensen, 1997）沿着熊彼特关于资本主义发展进程的创造性破坏（新消费品、新生产和运输方法、新市场和新产业组织形式）的思路在《创新者的困境》一书中提出了破坏性技术概念，研究了新技术导致大企业衰落的环境，考察了创新过程与产业变迁的关系。迈克尔·波特提出的国家和企业的竞争优势理论、德鲁克提出的创新和企业家精神理论中也从不同角度论及了创新过程与产业变迁的关系，其中产业价值链攀升是竞争优势的重要来源，企业家是创新的发动机。

服务组织，特别是那些提供中介信息和联系功能的中介服务组织，如零售贸易商，能够利用互联网这种破坏性技术进行转型，但这种转型可能是积极的，如促进服务效率提高，也有可能是消极的，如减少或者降低竞争力和利润率。成功转型的服务组织往往被看作是 ICT 技术影响服务创新的典范，处于 ICT 技术影响

"梯子"的顶端（Christensen 和 Tedow，2000）。

信息技术对服务创新的破坏性作用主要体现在信息技术与传统服务业融合，能有效提升传统服务业的便捷化、自动化、智能化和定制化，一些传统的服务形式被淘汰，一些新的服务业态、服务职业、服务方式和服务组织得以产生，最终能够提升服务效率、降低交易成本、扩大交易范围、提高交易频率、降低服务成本、增加服务消费。

五、基于服务协同生产的价值共创：以分享经济为例

当生产过程和产品制造能够事先预见和重复进行时，消费者与生产者的互动并不是很重要。只有当生产过程中涉及默会知识的交流与转化，需要供需双方面对面的认知互补与情感交流时，协同生产才有必要。互联网为服务协同生产提供了很好的条件。因为传统面对面的情感交流与认知互补现在可以通过互联网和现代即时通信工具进行替代。复杂知识生产包含许多信息活动。信息经济时代服务协同生产需要更详尽、更多种类、更精细化的信息，也对海量数据处理提出了更高的要求。因此，以递减的成本，甚至以零成本处理信息需要更强的信息处理能力。例如，作为"互联网＋"背景下最重要的服务创新形式之一，分享经济协同消费通过改进的服务提供、服务过程与服务模式能够为消费者、雇员、商业主与合作伙伴创造价值。

移动互联网技术有利于减少信息统筹和交易成本、改善市场关系。按照交易成本经济学原理收集相关交易信息是需要成本的，如发现交易对象、讨价还价、甄别产品质量、执行交易合同都需要成本。资产专用性、交易频率和产品复杂程度也是影响交易成本的重要因素，资产专用性程度越高、交易频率越大，交易成本就越高；产品越复杂时，消费者越需要更多的信息去简化产品使用和监控产品质量。在分享经济协同消费模式中，基于移动互联网技术创新的互联网平台开发有助于更容易、更快速、更可靠地获取消费市场中供需双方的市场信息、服务使用信息、服务质量信息，从而减少交易成本，有效规避逆向选择行为、市场道德和投资风险。

移动互联网技术能够使分享经济协同消费模式以低成本重复使用标准化知识和无形资产，从而增加组织认知能力和减少不确定性，简化外部环境。从企业层面而言，移动互联网技术对企业组织的影响主要表现在能够有效提高组织的信息处理能力，有助于解决不确定条件下的一些统筹问题，降低人为干扰的必要性。

这种演化的驱动力是集成技术创新，这种技术创新符合著名的摩尔法则。

移动互联网技术创新使越来越多的平台开发与链接成为可能。随着传输和处理能力提升与价格下降，信息收集、处理和储存，以及决策的自动化程度越来越高。这也为分享经济协同消费实现规模经济、降低监控需求和减少中介管理带来了机遇。信息标准化既提高了信息的可靠性，也增加了各种专业知识的包容性，标准化的结构知识有助于知识的扩散和转移。自亚当·斯密以来，经济学界一直认为分工和专业化导致了规模报酬递增，这对分享经济仍然适应。

泰勒的科学工作组织和福特的链条生产本质上都是生产组织方法，这些方法通过标准化，甚至更严格的结构知识使生产情形变得越来越简化。同样，随着结构知识刚性化和信息加工自动化，信息化时代的标准化服务增加了服务消费的可指定性与可靠性，减少了信息成本和必要的信息交换。个性化消费变成了消费者选择以及提供规模经济、范围经济与速度经济的标准化程序。可编码化的机器工具通过自动化的适应程序减少突发问题的出现，使得协同服务更加简化。因此，网络平台在分享经济中具有很强的规模效应，有利于减少供需匹配成本。越来越强的通信能力也有利于即时信息处理，减少了服务消费的迟滞性，增加了更多的价值共创。

信息标准化和专业化程度的提高减少了交易成本，给消费者享受特定分享服务的规模经济和学习效应带来了机遇。服务平台化最终有助于各层次信息服务大众消费市场的出现。线上互动代替了传统消费者与供应商的关系，使得服务供需管理能够在互联网平台上进行，消费者也能够得到在线服务。信息通信技术（ICTs）大大提高了劳动分工效率，改善了服务消费市场，提升了服务消费的规模经济程度。把服务供需匹配搬到移动互联网平台，大大节省了供需双方的交易成本，更加有利于大幅降低服务消费的价格，为平台方和平台的双边用户带来更多的价值创造。

程序化和简洁化的服务情形对平台组织的重要影响主要表现在以下两个方面：其一，在企业内部，由于中间管理层的减少，信息通信技术确实导致了生产组织的扁平化和科层的瓦解，但增强了经理层对组织运营的指示与控制能力。其二，在市场方面，由于干预减少和外包增多，企业能够聚焦其核心价值创造环节。分享活动中的协同性服务生产需要某些默会性知识的"干中学"，但当服务产出被用作一揽子解决方案时，知识的重复使用也降低了价值共创的成本。

因为信息通信技术同时增加了服务价值共创过程中另外方面的复杂性，导致分享新活动和新模式出现。这主要是因为服务创新过程和结构知识的标准化有利于高技能领域出现新的劳动专业化分工。新的专业化劳动分工可能改变先前经济活动中的互补性本质，需要对不断改变的专业化知识进行更新补充。

信息通信技术增加的服务过程复杂性对产业价值链产生了重要影响，同时也增加了复杂环境下的知识生产需求。复杂环境下的知识生产与认知能力紧密关联。只有处于知识生产复杂背景下的团队成员才能理解他们的环境并采取相应决策。如果缺乏共同的交流语言，知识转移的成本将增大。因此，基于知识协同生产的团队网络是最为有效的生产组织。协同生产意味着基于合作的知识共享。知识共享建立在团队信任的基础上，这样可以减少信息不对称条件下的搭便车等机会主义行为。服务协同生产是服务创新的本质特征。服务协同生产更加强调消费者的主体性作用。对于大多数商务活动而言，服务创新意味着对已有服务的边际改善。但服务提供商不能仅仅把重点放在对已有服务的边际改善，而应该进一步开发与消费者共享的解决方案，提高服务供给和服务创新的突破能力，从差异化的竞争性供给中实现与消费者的价值共创共享。

基于移动互联网服务平台化的创新使得消费模式正在从产品主导向服务主导演变，通过服务协同生产，消费者和服务提供商实现价值共创和共享。随着服务经济扩张，消费者需要更富价值的建议和改良的服务，提供新的或者改进的服务解决方案使得及时响应市场变化的过程创新成为必要。消费者，尤其是服务使用者，经常是价值共创者，他们的协作也是竞争优势的重要来源。服务创新过程中，消费者参与对技术质量和创新速度具有重要的正向影响。

基于消费者协同生产和价值共创的服务创新过程构成了一个服务价值网络。为了确保具有有效创新过程的分享平台功能平稳发挥，服务价值网络必须遵从以下三个服务网络创新的假定：

第一，结盟。服务创新要求组织形式必须是联盟性质的，消费者表现出合作技能，供应商和服务提供者具有较高的产品和服务标准。在大多数经济中，如果其他服务网络成员不能够适应必要的标准，服务创新项目引入非联盟的操作网络就可能存在风险。

第二，具有延展义务的服务提供者通过协同生产网络分发服务。然而，只有服务提供者对所有结果负责时才具有延展义务。延展义务意味着服务提供者在服务价值网络中处于较高层次和中心地位。

第三，消费者价值协同创造。消费者的主要作用是进行与他们的文化背景相一致的价值共创。平台开发商、移动互联网技术研发中心和使用平台服务提供商必须考虑消费者的服务诉求，洞察他们的价值共创活动。

六、服务创新增长：中国已有的典型事实

宏观层次的服务创新增长包括新服务种类的增加、新商业服务模式和新服务

组织的涌现,而微观层次的服务创新则是企业对服务流程的改进。新服务种类的增加主要包括信息技术进步引致的计算机服务、软件服务与信息服务。新商业模式主要包括基于互联网平台的分享经济新模式,新服务组织主要包括传统制造企业的经营业务出现服务化转型。限于微观数据获得困难,本研究只简要梳理一下中国宏观层次服务创新的典型事实。

分享经济作为服务创新成长的典型商业模式,是指利用互联网平台等现代信息技术整合与共享海量的分散化闲置资源,满足多样化需求的经济活动总和。它是信息技术革命发展到一定阶段后出现的新型经济形态,是连接供需的最优化资源配置方式。分享经济的六大特征表现为:技术特征是基于互联网平台;主体特征是大众参与;客体特征是资源要素的快速流动与高效配置;行为特征是权属关系的新变化;效果特征是用户体验最佳;文化特征是"不求拥有,但求所用"。用户需求的提升、提高收入的意愿、信息技术的推动、消费理念的转变、灵活就业的追求、资本市场的热捧是分享经济成长的重要影响因素。而分享经济的成长有助于大众创新、打造新经济增长点、扩大有效服务供给、激发创新创业活力、实现低碳生存、促进灵活就业、走向多元协同。

从国家信息中心发布的《2016中国分享经济发展报告》来看,2015年中国分享经济市场规模约为19560亿元,约占GDP总量的2.85%;2015年中国分享经济领域参与提供服务者约为5000万人,约占劳动人口总数的5.5%,参与分享经济活动的总人数已经超过5亿人;预计未来五年分享经济年均增长速度在40%左右,到2020年市场规模占GDP比重将达到10%以上;未来十年中国分享经济领域有望出现5~10家巨无霸平台型企业。

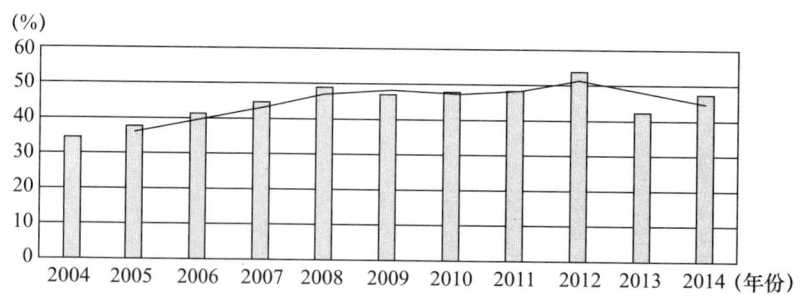

图1 信息传输、软件和信息技术服务业劳动生产率

新服务种类的增加主要是指信息技术创新带动的信息传输、软件和信息技术服务业的突飞猛进。从国家统计局发布的数据信息显示,2014年信息传输、软件和信息技术服务增加值为15939.6亿元。总体来看,2004~2014年信息技术创

新带来的三者增加值的年平均增长率为16.22%,信息传输、软件和信息技术服务就业人数截至2014年达到了336.3万人,2003~2014年平均增长率为10.63%,虽然中间增长率起伏较大,但总体还是保持上涨趋势。图1显示的是信息传输、软件和信息技术服务业的劳动生产率,近年来的平均劳动生产率保持在44.82%左右,从2004~2014年趋势线看,劳动生产率是波动起伏的,但整体水平较为平稳;服务业总就业人数也在连年增加,2014年增加值达到了18277.8万人,人数从2003年到2014年平均以4.86%的趋势不断增加,有望在未来几年突破20000万人。

七、迈向服务强国的服务创新政策设计

在当前国际竞争环境中,服务业发展程度是影响一个国家竞争力的重要因素,而发展国家服务业的关键在于服务创新。我国作为发展中的大国,要想在新一轮服务竞争中缩短与发达国家的差距,应该紧随发达国家的脚步,重视服务业的发展,改变传统的服务产业观念,了解服务业的创新与传统的工业创新的本质区别。我们应该从服务业自身的特点出发,借鉴发达国家好的服务创新方式,结合我国服务业的实际情况,有针对性地提出创新政策建议:

(一)开发适应知识密集型服务的劳动力技能

必须改变传统的培训体制以适应未来多变的新职业结构和知识密集型服务需求;必须培养就业和创业技能、技术和认知技能、人际交往和自我组织技能;职业技术教育必须开发更好地适应知识密集型服务技术变更需求的课程体系。知识密集型服务企业需要提升人力资源质量,而不是控制劳动力的治理体制,这可能要求某些新技能更多地需要职业化,服务生产和供给需要更多地使用准职业化专业人才。多种方式推动知识管理体制改革,以适应知识密集型服务职业高度复杂的特征,有助于知识密集型服务业系统本身与顾客进行良性互动。

(二)改革现有创新发展政策

人们以前会认为服务业和制造业是截然不同的两大行业,但从现有的发展形势来看,服务业和制造业直接相互融合、相互促进的演化趋势越来越明显,政府应该考虑将现有的创新政策改革予以扩展,使得服务创新也能纳入政策中来。其中,可以改革税收制度,将目前多数关于技术创新的税收优惠制度应用于服务创新,提高人们对服务业创新的积极性;重视对中小企业服务创新的政策扶持,改

变以往只注重中小企业技术创新成果的观念和态度，解决中小企业面临的市场信息缺失和投资匮乏的困境，扩展中小企业在服务创新中的影响程度。

（三）重视公共服务创新和服务创新投入

政府提供的公共服务主要包括公共教育、医疗、卫生、安全与科学研究等主要行业和领域，与人们的生活水平和质量息息相关，公共服务的创新有利于降低公共服务成本，提高其他服务的效率，吸引更多的服务行业的加入，从而提高整个社会服务业的效率，促进整体服务创新的发展。我国的服务创新发展还在起步阶段，服务创新研究还较为匮乏，使得我国的服务创新大多数沿用的是发达国家的理论，难以针对我国实际情况进行相应研究。只有增加服务创新投资，才能够鼓励更多的学者投入到服务业创新发展中来，从而尽早地根据我国的服务创新现状进行探究，加快促进服务创新的发展。

（四）保护服务创新企业的利益

我国的服务业发展刚起步，许多相应的管理制度不健全，加之我国现有的多数企业对知识产权等的维权意识薄弱，即使服务创新企业有了新的成果，如果不注意保护也很容易被竞争对手窃取，因此对创新服务业知识产权的保护显得尤为重要。首先，要做好服务创新企业关于知识产权保护的学习宣传工作，提高其对自身利益的保护意识。其次，优化知识产权审核的流程，避免审批时间过长导致企业利益损失。只有用合理、科学的制度来保护服务创新企业的利益，才能实现服务创新的长足发展。

八、结论与展望

在当前国际竞争日益激烈的环境下，服务无论对于发达国家还是发展中国家都尤为重要，并成为影响一国经济实力的重要因素。实践表明，创新已不局限于传统的制造业，服务业也是能够实现创新的。现代服务业发展实践体现了创新与技术进步存在精密的关联，在很大程度上技术进步与服务创新是并行发展的，可以说技术进步是现代服务业发展和服务创新的引擎。其中，以互联网为代表的信息技术对服务创新的破坏与创新作用使得信息技术与传统服务业紧密结合，减少了统筹和交易成本，改善了市场关系，同时基于移动互联网创新的平台使消费者协同生产和价值共创的服务创新过程构成了一个服务价值网络，从而有助于及时获取各类市场信息，减少交易成本，有效规避逆向选择行为、市场道德和投资风险。当前我国服务创新处于起步阶段，建立服务创新政策是有必要的，本研究结合服务创新的特点，针对性地提出了我国服务创新的政策措施。

随着当前国内外竞争日益激烈以及信息技术的飞速发展，服务创新必将在国家创新政策中占据重要地位，服务创新也将成为促进我国经济增长和稳固我国国际地位的重要方式和手段。未来几年，服务创新发展将呈现以下三大趋势：

（一）服务创新与"互联网+"更加紧密结合

近年来，云技术、大数据、物联网、无线通信技术的广泛应用，搭建了信息交流的大平台，促进了信息技术的加速流动与交换和资源的优化配置，为服务创新理念的发展壮大以及新的服务创新思想的产生提供了孕育场所。服务行业将围绕"互联网+"的快速发展而形成新的创新服务体系。

（二）公共服务供给与分享经济模式更加紧密结合

原本由政府承担的如医疗、卫生、保险、养老等公共服务基础一直面临供求不对等的问题，一直是我国社会发展亟待解决的一大难题。但未来随着服务创新的发展，势必将改革公共服务供给模式，通过基于互联网平台的分享经济模式增加商业性或者公益性的公共服务供给，从数量和质量上更好地满足公共服务的需求，改变现有我国公共服务业供给的"缺口"现状。

（三）传统制造业将向服务型制造全面转型

随着生活水平的提高，人们不再满足于标准化的产品消费，个性化、智能化和健康化产品消费成为人们关注的重点。企业逐步认识到服务创新对于产品制造转型和价值增值带来的冲击和挑战，以及更多的发展机遇。如何使得产品制造与服务创新更加紧密融合，满足新一代消费者与高端消费群体需求成为企业竞争的一大方面。从未来趋势看，服务创新理念不断深入，带动传统制造业的深度服务化转型，必将进一步引领产业创新发展新浪潮。

总之，服务创新使潜在用户感受到不同于从前的崭新内容，包括新的设想、新的技术手段转变成新的或者改进的服务方式。随着信息技术的快速发展，想通过改善产品质量的方式获得竞争优势的途径越来越少，服务创新已成为企业在市场生存发展中的重要手段。服务业实现创新包括四个维度：服务概念、客户接口、服务传递、技术选择。服务创新驱动力以企业员工管理、创新部门改革、R&D部门的设立为内部驱动，以社会公共服务和顾客效应为外部驱动。服务创新的模式及其理念涉及服务理念、服务内容与服务形式创新。个性和多元化服务等通过服务创新使得服务业具有新的竞争优势。从片面追求服务经济总量增长转向服务业内部结构优化，实现服务业转型升级。通过自主创新或引进吸收再创新等多种方式,结合自身或联盟资源优势进行大规模技术创新,获取尽可能多的基本专利,进而实现对整个服务业链的主导与控制,促进服务业和经济发展形态由低层次到高层次的跨越。

参考文献

[1] Gadrey J., F. Gallouj. Productivity, Innovation and Knowledge in Services: New Economic and Socio-Economic Approaches [M]. USA: Edward Elgar Publishing Inc, 2002.

[2] Snyder H., et al. Identifying Categories of Service Innovation: A Review and Synthesis of the Literature [J]. Journal of Business Research, 2016, 69 (7): 2401-2408.

[3] Lance A. B., et al. The Secret to True Service Innovation [J]. Business Horizons, 2013, 56 (1): 13-22.

[4] Antonio H., L. D'Alvano. Service Innovation: Inward and Outward Related Activities and Cooperation Mode [J]. Journal of Business Research, 2014, 67 (5): 698-703.

[5] Vatcharapong S., K. Shirahada. Technology Challenges to Healthcare Service Innovation in Aging Asia: Case of Value Co-creation in Emergency Medical Support System [J]. Technology in Society, 2015 (43): 122-128.

[6] Jung-Kuei Hsieh, Yi-Ching Hsieh. Dialogic Co-creation and Service Innovation Performance in High-tech Companies [J]. Journal of Business Research, 2015, 68 (11): 2266-2271.

[7] Rubalcaba L. The New Service Economy-Challenges and Policy Implication for Europe [M]. USA: Edward Elgar Publishing Inc, 2007.

[8] Stoshikj M., N. Kryvinska, C. Strauss. Service Systems and Service Innovation: Two Pillars of Service Science [J]. Procedia Computer Science, 2016 (83): 212-220.

[9] Bryson J. R., P. W. Daniels. The Handbook of Service Industries [M]. USA: Edward Elgar Publishing Inc, 2007.

[10] [法] 让-克洛德·德劳内,让·盖雷. 服务经济思想史:三个世纪的争论 [M]. 上海:格致出版社,上海人民出版社,2011.

[11] Baumol W. Macroeconomics of Unbalanced Growth: The Anatomy of Urban Crisis [J]. American Economic Review, 1967, 57 (3): 415-426.

[12] [美] 熊彼特. 经济发展理论 [M]. 北京:北京出版社,2008.

[13] [美] 菲利普·阿吉翁,彼得·霍依特. 内生增长理论 [M]. 北京:北京大学出版社,2004.

[14] [美] 丹尼尔·贝尔. 后工业社会的来临 [M]. 北京:新华出版社,1997.

[15] Miles I. Service Innovation: Coming of Age in the Knowledge-Based Economy [J]. International Journal of Innovation Management, 2000, 4 (4): 371-389.

[16] Howells J. The Nature of Innovation in Service, Innovation and Productivity in Service [M]. Paris: OECD, 2001.

[17] Hipp C., Grupp H. Innovation in the Service Sector: The Demand for Service—Specific

Innovation Measurement Concepts And Typologies [J]. Research Policy, 2005, 34 (4): 517 - 535.

[18] Fitzsimmons J. A., et al. Managing Service Supply Relationships [J]. International Journal of Service Technology and Management, 2004, 5 (3): 221 - 232.

[19] Van Ark, et al. Service Innovation, Performance and Policy: A Review, Structure Information Provision on Innovation in Services [Z]. The Hague: Directorate General for Innovation Ministry of Economic Affairs, 2003.

[20] Gershuny J. After Industrial Society? [M]. London: Macmillan, 1978.

[21] Howells J. Innovation, Consumption and Service: Encapsulation and the Combinatorial Role of Services [J]. The Service Industries Journal, 2004, 24 (1): 19 - 36.

[22] Evangelista R., M. Savona. Innovation Employment and Skills in Service: Firm and Sectoral Evidence [J]. Structural Change and Economy Dynamics, 2003 (14): 449 - 474.

[23] Gago D., J. Rubalcaba. Innovation and ICT in Service Firm: Towards Multi - Dimensional Approach for Impact Assessment [J]. Journal of Evolutionary Economics, 2007 (17): 25 - 44.

[24] Wood P. A. The Business Service Revolution in Europe [M]. London: Routlegde, 2002.

[25] Christensen C. The Innovator's Dilemma: When New Technologies Cause Great Firms to Fail [M]. Boston, MA: Harvard Business School Press, 1997.

[26] Christensen C., R. Tedlow. Patters of Disruption in Retailing [J]. Harvard Business Review, 2000 (1 - 4): 42 - 45.

专题十　制度环境：建设服务业强国的根本保障

夏杰长　江　静

摘　要： 近年来，我国服务业发展取得了比较突出的成绩。制度环境的优化，是服务业取得这些成绩的重要原因，因为服务业具有制度密集型特征，它对制度高度敏感和依赖。基于2003~2016年世界银行公布的《全球营商环境报告》的实证研究表明，制度环境的确可以影响服务业占GDP的比重。全体样本国家回归结果显示，一国营商环境排名提升1%，可以使该国服务业占GDP比重提升0.236个百分点。营商环境的细分制度指标中，财产登记、获得信贷、投资者保护、缴纳税款、合同执行这几项指标对服务业占GDP比重的提高有显著的正向作用。全部样本国家回归显示，服务业发展受投资者保护这个指标的影响最大，财产登记这个指标对OECD国家服务业发展的促进作用最大，合同执行则对金砖国家服务业发展的促进作用最为明显。在优化服务业制度环境方面，要着力在产权保护、投资者权益、市场准入、诚信制度建设、市场主体培育、创新治理方式和降低交易成本等方面下功夫。

关键词： 制度改革；营商环境；服务业发展

一、引言

当前中国经济发展进入新常态，中央提出的供给侧结构性改革政策，包括去产能、降成本等，表面上集中在制造领域，但其核心还在于服务业的投入。大量研究表明，服务业的知识和技术密集型特征可以有效提升制造业的技术水平，降低制造业的制造成本和交易成本，进而促进制造业全要素生产率的提高（刘志彪，2006；江静等，2007）。当前中国供给侧结构性改革中的主要矛盾表现为各类要素集中投入于一般性制造业,而事实上需求主要集中在服务行业。

《服务业发展"十二五"规划》指出:"把推动服务业大发展作为产业结构优化升级的战略重点,建立公平、规范、透明的市场准入标准,探索适合新型服务业态发展的市场管理办法,调整税费和土地、水、电等要素价格政策,营造有利于服务业发展的政策和体制环境。"这说明国家已经充分意识到,在服务业发展初具规模的当下,其进一步发展的主要障碍在于制度和环境。

道格拉斯·诺斯(2008)将制度界定为社会的博弈规则,是一些人为设计,构成了人们之间活动关系的约束,是涉及经济、社会、政治的一系列行为规则。他认为,制度变迁是经济增长的根本原因,此后大量学者的研究也为此观点提供了丰富的经验证据(De Long 和 Shleifer,1993;Acemoglu,2001,2005;Levchenko,2007)。

服务业对制度具有高度的敏感性和依赖性,同时又是制度的载体。一个国家或一个地区的产权制度、公共服务、市场秩序、企业治理等,要么本身就是服务业的构成部分,是制度供给的载体,要么是对制度依赖性很强和对制度极为敏感的产业。无论是现代企业的产权体系和治理结构,还是现代市场体系的秩序和运作规则,或者是政府公共服务职能的法治化和现代化,其本身都是服务业发展的重要体现。因此,探讨并分析服务经济中制度和营商环境的作用,对于服务业发展政策的制定、加快发展服务业有着重要的指导意义。

制度环境与服务业发展的关系也不乏相关研究。Singelman(1978)指出,城市中相对完善的公共基础设施有助于为服务产品供需双方提供交易便利,在一定程度上促进了农业经济向服务经济的转变。Clague 等(1999)利用"契约密集度"测量方法,分析了密集的契约安排对金融、保险等部门规模扩张的促进作用。Eggertsson(2005)认为,有效的产权制度能保护所有者财产的安全,强化其投资预期,进而可以促进金融行业的快速发展。汪德华等(2007)利用跨国横截面数据,检验了政府规模、法治水平与一国服务业比重之间的关系。他们的研究发现,用一国法治水平来衡量的契约维护制度的质量,与服务业比重呈显著的正相关关系;政府规模则与服务业比重显著负相关。胡霞(2007)指出,中国服务业快速发展的主要原因是市场化改革和政府行为方式的转变。胡超和张捷(2011)指出,制度环境对服务业贸易比较优势形成的影响要大于制造品贸易,制度环境改善能够促进服务业占 GDP 比重的上升。刘丹鹭(2013)认为,中国现行的服务业管制政策强化了行业垄断,阻碍了服务业市场进入和退出机制的形成,也不利于在位企业的创新。

现有的相关研究还存在如下缺陷:第一,制度的衡量较为宽泛,如界定为政府的规模、法治水平①和市场化程度②,虽然每个指标都包含了丰富的内涵,但现有研究在具体研究时还是笼统地采用单一指标来进行分析,这在一定程度上降低了研究结论的针对性。第二,现有跨国研究大多是采用横截面数据,这也使得研究缺乏一定的连续性。本研究则试图利用世界银行发布的历年《全球营商环境报告》进行面板数据的分析。此外,考虑近年来各国都加强制度改革和政策环境改善,本研究将研究年限更新至2016年,这也使得本研究具有更强的时效性。

二、制度环境优化是我国服务业快速有序发展的重要保障

(一)我国服务业发展"十三五"开局良好

2016年,面对复杂多变的国内国际经济形势,我国以推进供给侧结构性改革为主线,充分发挥市场和政府的双重作用,把握服务业发展基本规律,服务业发展取得了预期效果,继续保持向好向上的发展趋势,实现了"十三五"的良好开局。

1. 服务业对经济增长的贡献继续增强

全面建成小康社会基本目标是2020年比2010年的人均GDP翻一番。在经济增长速度下降和制造业受到"双重挤压"的背景下,依靠服务业维系中高增速尤为重要。一是服务业在GDP中的占比越来越突出,如2010年,服务业的占比大概只有44.2%,2015年是50.5%,2016年是51.6%,服务业是名副其实的"半壁江山",其占比稳步提升,地位得到巩固。二是从这几年各产业增长速度看,服务业明显快于工业,服务业增速大约比工业增速高1.4个百分点。例如,2016年国内生产总值744127亿元,比上年增长6.7%。其中,第一产业增加值

---

① 汪德华等(2007)选取的政府规模用Gwartney和Lawson(2005)完成的"Economic Freedom of the World"年度报告反映,从四个方面衡量:政府消费支出占总消费比例、转移支付占GDP比例、政府以及政府控制企业的投资占总投资的比例、边际税率。该指标是政府规模的综合评分,评分越高表示政府规模越大。法治水平则选择Kaufmann、Kraay和Mastruzzi(2005)提供的法治水平评分,主要衡量一国司法体系、警察在维护契约执行方面的质量,评分越高表明法治水平越高。

② 市场化程度可以用美国传统基金会(The Heritage Foundation)和《华尔街日报》(The Wall Street Journal)共同编制的"经济自由化指数"(Index of Economic Freedom)表示。该指数通过打分的形式,综合考虑了一国在商业领域、贸易政策、财政政策、政府支出、货币政策、投资管制、金融业、产权保护、政府腐败以及劳动力市场10个领域的自由程度,全面反映了市场经济体制的完善程度。

63671亿元，增长3.3%；第二产业增加值296236亿元，增长6.1%；第三产业增加值384221亿元，增长7.8%。所以，无论从哪个角度看，服务业已经是我国经济增长最主要的动力和贡献者。

2. 服务业对劳动就业的贡献更加巩固

以服务业劳动就业占比衡量一个国家或地区服务业的地位，是国际上最通行的做法，它能更客观地反映三大产业的演变情况。美国学者富克斯讲的服务经济时代，用的就是服务业劳动就业占比这个最核心的指标。因为劳动就业是一个很实在的指标，不像GDP要受到价格因素的影响，特别是三大产业结构变化更受到价格因素的影响。2010年，服务业的劳动就业与农业劳动就业人数几乎是一样的，2011年是一个拐点，服务业首次超过农业的劳动就业，成为第一大就业部门。自此，服务业劳动就业占比不断提升，2012年、2013年、2014年、2015年分别为36.1%、38.5%、40.6%、42.4%。2016年的数据现在还没有公布，但根据近几年服务业就业占比变化趋势，以及工业领域这两年较大力度"去产能"、"去库存"的因素，还有新兴服务业领域发展创造的就业机会，我们预测，2016年服务业劳动就业占比可以达到44%左右。其实，这个数字严格地讲是被低估了的。因为我们知道，农村经济现在最大的特点是农业与工业、服务业越来越紧密地融合，很多从事一次产业的农民实际上在从事第三产业。例如，一些农村劳动者从事农村电商或乡村旅游，他们做的实际上是三产了，但我们统计部门可能还是把这些劳动者统计到农业就业里面，实际上他在做电商，做流通，做旅游，都是第三产业。如果考虑这个因素，我们目前的服务业就业占全部就业的比重很可能超过50%了。也就是说，在劳动就业方面，服务业也很可能是"半壁江山"。

3. 固定资产投资依旧以服务业为主战场

一般认为，服务业是一个轻资产行业，固定资产投资的规模应该比二产小很多，但实际上我们如果把交通运输全部统计到三产里面就会发现，三产全社会固定资产投资早在11年前就超过二产了。随着服务业市场潜力不断地被开发出来，服务业较高的盈利机会对市场主体的"诱导性"投资，以及国家产业政策对服务业的倾斜，固定资产投资对服务业将会越来越"青睐"。自2011年以来，服务业固定资产投资占比分别为54.66%、54.84%、55.38%、56.26%、55.72%和57.02%。而且，服务业的固定资产投资增长速度远高于一产和二产。例如，2016年的固定资产投资（不含农户）中，第一产业投资18838亿元，比上年增长21.1%；第二产业投资231826亿元，增长3.5%；第三产业投资345837亿元，增长10.9%。由此可见，固定资产投资以服务业为主战场将是一种常态，其趋势可能更加凸显。

4. 外资对服务业的偏好越来越强烈

外资对市场有天生的敏锐嗅觉,外资的走向既是国际资本偏好的一种客观选择,也是反映中国市场潜力和偏好的一个风向标。这个风向标的拐点也是2011年。2011年,我国服务业实际利用外资规模约583亿美元,第二产业实际利用外资规模是557亿美元,在利用外资上服务业首次超过二产。随后的几年里,服务业利用外资占比越来越高,而第二产业利用外资的占比匀速下降。例如,服务业利用外资的占比,2012年、2013年、2014年、2015年和2016年分别是51.2%、56.3%、62.0%、64.5%、70.2%。服务业利用外资占比提高如此之快,既有我国服务业市场潜力巨大、服务业发展基础比较薄弱、有很大的发展空间的原因,也有高端制造业回流发达国家、中低端制造业流向其他发展中国家的原因。更值得关注的是,我国服务业利用外资的结构和层级在不断优化,2016年外商投资继续延续向高端产业聚集的态势,高技术服务业实际使用外资955.6亿元人民币,同比增长86.1%,占服务业利用外资金额的16.7%。可见,对外开放已经成为服务业提质升级的重要途径。

5. 服务贸易继续保持高速增长态势

"十二五"期间,服务贸易是我国外贸工作的亮点。2011~2015年,我国服务贸易保持着稳步增长态势,其规模分别达到4185亿美元、4706亿美元、5397亿美元、6043亿美元、7130亿美元,连续多年保持着较高的增长速度。2015年,我国服务进出口总额占对外贸易总额(货物和服务进出口之和)的比重为16.88%,比2010年的8.66%提升8.22个百分点,变化甚为显著。服务贸易曾经是我们的短板,与我国全球第二大经济体的地位不甚相称,但这一格局正在悄然变化。当前,服务贸易总额紧随美国之后居世界第二位,我国服务进出口总额占全球比重超过了6%。2016年,我国服务贸易保持了较好的发展势头,全年服务进出口额达到5.35万亿元人民币(约7731亿美元),增速达14.2%,预计世界排名将继续保持第二位。服务贸易占外贸比重达到18%,比2015年增加了2个百分点,实现了服务贸易"十三五"的良好开局,服务贸易正成为对外贸易发展和对外开放深化的新引擎。特别值得关注的是,服务贸易政策在配合国家"一带一路"战略方面取得初步成效。据商务部的官方统计,2016年与"一带一路"沿线市场的服务进出口额合计1222亿美元,占比提高了3.4个百分点。

6. 以分享经济为代表的新服务蓬勃发展

服务业的生命力和活力都源自于创新,包括技术创新、业态创新和模式创新。平台经济、体验经济和分享经济这些服务形态不断涌现,是近年来服务业发展与创新的重要特点和趋势。我们不妨以"分享经济"为例说明新服务的蓬勃发展态势。2017年2月,国家信息中心发布了《中国分享经济发展报告2017》。根据该报告的估算,2016年我国分享经济市场交易额约为34520亿元,比上年增长103%，共有6亿人参与，比上年增加1亿人。随着出行、短租、医疗等领域多点开花，分享经济正在成为最活跃的创新领域。2016年分享经济企业的融资规模达1710亿元，比上年增长130%，各路投资者普遍看好分享经济的美好前景。

（二）服务产品的特性及服务产业的制度密集型特征决定了服务业发展对制度环境的高度依赖

诺斯曾经指出，当一个国家具备良好的制度时，一是可以限制政府以及各类精英群体对私营部门的掠夺行为，为社会提供良好的私人财产保护，从而可以促进私营部门在物质资本和人力资本上的投资，进而促进经济增长；二是可以提供一个高效的司法体系作为第三方，解决私营部门之间以及其与公共部门在契约签订和执行上的纠纷，从而促进社会分工和交易，实现经济增长（汪德华等，2007）。Acemoglu等（2005）把前者称为"财产保护制度"（Property Rights Institution），后者称为"契约维护制度"（Contracting Institution）。相对于其他产业来说，服务业独特的产业特性决定了其在发展过程中更加受制度和外部环境的影响。

第一，服务产品是一种"信任品"。服务产品的特征之一是无形性（Hill，1999），这种特征使消费者无法对服务产品质量进行统一的判断。让·梯若尔（2015）曾经指出，服务品更多地属于"信任品"的范畴，服务提供商和消费者之间信任关系的建立需要投入大量的专用资本，这在一定程度上要求公平、透明和行之有效的制度环境以及完备的司法体系为其提供激励和保护。

第二，服务产品是一种"后验品"。服务产品具有生产和消费同时进行的特征。与物质产品不同，服务产品不能通过功能、质量等具体指标来评估与自身需求的契合程度，消费者无法在交易前通过试用为是否购买服务提供决策参考，又很难在交易后通过对服务结果的评估还原服务质量（Holmstrom，1985；陈志武，2004），这提高了消费者参与服务交易的风险和成本。交易成本理论表明，完备的契约有助于降低外部市场的交易成本，因此在服务交易前必须有完备的契约对服务品的质量、效果和无法履约时进行的惩罚等方面进行明确界定。因此，相对于物质产品而言，服务交易涉及更为复杂的契约安排，对一国法制建设水平也有着更高的要求。

第三，服务产品是一种"异质品"。服务产品在生产过程中大多有消费者的主动参与，要求服务提供者根据消费者的需求变化适时调整服务生产过程。此外，服务业具有知识和技术密集型特征，对创新的要求甚至超过了制造行业，从而使服务业发展避免陷入同质产品的低效率竞争状态。

由此可见，服务业的生产、交易和消费过程涉及更为密集和复杂的契约安排，因此具有典型的制度密集型特征（Clague 等，1999）。由此我们可以得出一个基本判断：服务业能够取得如此突出的成绩，有如此"靓丽"的数据，原因是多方面的，既有产业结构演变的客观规律和趋势、政府对服务业发展日益重视的原因，也有工业、采掘业这些年连续增长低迷和价格持续下降的原因，还有服务业改革纵深推进、服务业发展环境不断优化的原因。但总体来看，目前我国服务业增长的基础还不稳固，服务业的"内功"还有明显的短板，服务业内生增长的动力还有待加强。要破除这些障碍，实现服务业内生增长，要在优化制度环境方面下功夫，把深化服务业改革作为推动服务业高质高效发展、建设服务业强国的重要动力。

三、我国营商制度环境及国际比较

2016 年 10 月 24 日，世界银行发布了《全球营商环境报告 2017》[①]，对全球 190 个经济体的总体营商环境进行了排名，并且细分了具体 10 类指标，分别是开办企业、办理施工许可、获得电力供应、财产登记、获得信贷、投资者保护、缴纳税款、跨境贸易、合同执行以及办理破产。表 1 是中国与部分国家营商环境排名情况。

表 1　中国与部分国家营商环境排名情况

	中国 2016 年	中国 2015 年	中国 2014 年	中国 2013 年	印度 2016 年	日本 2016 年	俄罗斯 2016 年	美国 2016 年
整体排名	78	84	90	96	130	34	40	8
开办企业	127	136	128	151	155	89	26	51
办理施工许可	177	176	179	177	185	60	115	39
获得电力供应	97	92	124	121	26	15	30	36
财产登记	42	43	37	38	138	49	9	36
获得信贷	62	79	71	67	44	82	44	2
投资者保护	123	134	132	132	13	53	53	41
缴纳税款	131	132	120	127	172	70	45	36
跨境贸易	96	96	98	98	143	49	140	35
合同执行	5	7	35	36	172	48	12	20
办理破产	53	55	53	52	136	2	51	5

资料来源：世界银行公布的历年《全球营商环境报告》(Doing Business Report)。

---

① 《全球营商环境报告 2017》，以下简称 DB2017，是对 2016 年度各经济体的营商环境进行的排名。

如表1所示,在全球190个经济体中,2016年中国整体营商环境排名为78位,比2015年提升了6位,比2013年提升了18位,这说明中国制度环境总体上有了明显的改善。从跨国比较来看,发达国家的营商环境相对较好,排名第一的是新西兰,2016年美国整体营商环境排名全球第8位,日本为第34位。新兴市场国家中,俄罗斯的排名相对较高,为全球第40位,印度则排位较为靠后,为第130位。总体来说,市场化程度较高的发达国家,其营商制度环境的排名也相对靠前。

从细分的具体项目来看,中国办理施工许可排名为第177位,投资者保护排名第123位,说明中国办理施工许可较为困难,且不太注重对投资者的保护。更值得注意的是,缴纳税款排名全球为第131位,比2014年下降了11位,这说明中国的税收制度在一定程度上滞后于其他国家。《全球营商环境报告2017》显示,中国的总税率为68.0%。而早在2013年,中国劳动税及缴付占利润的比例为49.6%,居全球倒数第3位,明显高于全球其他地区,当时东亚及太平洋地区的劳动税及缴付占利润的比例为10.7%,而经合组织则为23.1%。服务业的主要投入是人力资本,较高的劳动税及缴付会严重阻碍服务业,尤其是高端生产性服务业的发展。

中国在合同执行这一项上的排名为第5位,比2014年上升了30位,这也是中国排名进入前10的唯一项目。就美国而言,获得信贷排名全球第2位,办理破产排名第5位,这与美国较好的金融体系以及司法体系有着较大的相关性。俄罗斯在财产登记方面排名第9位,说明其有较好的产权制度;日本则在办理破产方面有较强优势,排名居全球第2位。印度的部分指标也远远好于中国,如印度对于投资者保护的排名全球第13位,比中国排位高110位。

四、制度和营商环境对服务业发展影响的实证分析

(一)模型与数据

为分析制度和营商环境对服务业发展的影响,我们建立如下计量模型:

$$Serv_{it} = \beta_0 + \beta_1 Insti_{it} + \gamma X + \delta Serv_{it-n} + \mu_{it} \tag{1}$$

其中,被解释变量 *Serv* 代表的是各国服务业占 GDP 的比重。解释变量是各国营商环境的总体排名,用 *Insti* 表示,具体用各国整体营商环境与前沿水平的差距(百分点)来表示。原报告中数值越大表示排名越靠后,为直观起见,我们用100减去原始的前沿水平差距,进而获得新的评分,评分越高表示营商环境

越好。

X 是控制变量向量，主要选择的变量如下：一国经济发展水平 $Pgdp$，用各国人均 GDP 来表示；一国城市化水平 $Urban$，用城市人口占总人口比重来表示；一国政府的规模 Gov，用财政支出占 GDP 比重来表示。前两个因素也是目前文献中提到最多的两个影响服务业发展的因素（Riddle，1986；江小涓等，2004）。

然而，计量模型可能无法考虑一些难以观测到或者难以量化的因素，如地理位置、文化等因素可能对服务业产生影响，进而导致各国服务业占比存在差异。此外，还有一些因素可能与解释变量相关，从而导致回归结果存在遗漏变量的偏误。本研究根据 Wooldridge 建议的方法，选择被解释变量的滞后项，将其纳入回归模型以尽可能控制回归偏误。

式（1）中，β_0 为常数项，β_1、γ 和 δ 为待估参数，μ 是随机扰动项。$Serv_{it-n}$ 为 n 年前的各国服务业比重，是滞后被解释变量。加入滞后变量一方面可以控制不可观测变量的影响；另一方面，滞后被解释变量的系数可以衡量当期各国服务业比重差异受历史因素影响的大小。考虑到一国服务业发展有较强的路径依赖特征，我们可以判断 δ 的符号为正。考虑到数据的可获得性以及中国服务业核算体系的完善程度①，我们用 1991 年服务业比重作为滞后被解释变量（汪德华等，2007）。

被解释变量和控制变量的数据来自世界银行 WDI 数据库，主要解释变量 $Insti$ 的数据来源于历年的《全球营商环境报告》。目前，世界银行公布的报告是《全球营商环境报告 2004》到《全球营商环境报告 2017》，实际数据样本为 2003~2016 年，因此我们选择该时间段进行分析。考虑到 2003 年只有 133 个样本国家，而 2016 年有 190 个，我们进行筛选，将总样本国家选择为 133 个进行回归。此外，我们缩小样本国家，对 OECD 国家和金砖国家分别进行回归。

（二）实证结果

回归结果如表 2 所示。全体样本国家回归结果中，整体营商环境的系数是 0.236，并且通过了 5% 的显著性水平检验，这意味着一个国家营商环境排名提升 1%，可以使该国服务业占 GDP 比重提升 0.236 个百分点。基于 OECD 国家和金砖国家的分析也支持了上述结论，且金砖国家的这种提升效应更为明显，回归系数为 0.561，这可能是因为金砖国家的制度和营商环境还不太完善，有着更大的改善空间；OECD 国家回归系数为 0.134，其提升效应稍弱于全部样本国家。

---

① 汪德华等（2007）认为，滞后变量的选取不能与研究年份太接近，否则容易引起两年内服务业比重相关系数过大的问题。此外，中国 20 世纪 90 年代初才具有较为完善的服务业核算体系，因此选择 1991 年的数据作为滞后被解释变量。

表2 整体营商环境的回归结果

变量	全部样本国家	OECD国家	金砖国家
Insti	0.236**	0.134***	0.561***
	(0.125)	(0.017)	(0.004)
$Serv_{-n}$	0.503***	0.704*	0.441***
	(0.113)	(0.352)	(0.157)
Pgdp	0.312	0.514*	0.218***
	(0.335)	(0.276)	(0.032)
Urban	0.864***	0.321***	0.124
	(0.114)	(0.037)	(0.157)
Gov	-0.124**	-0.014	-0.335***
	(0.064)	(0.141)	(0.038)
常数项	2.548***	4.231***	4.358***
	(0.214)	(0.356)	(0.155)
R^2	0.542	0.678	0.635
样本数量	1862	490	70

注：根据Stata13.0软件计算，括号内数值是标准误，*、**、***分别表示在10%、5%、1%的水平上显著。

被解释变量的滞后项的回归系数显著为正，全部样本国家的回归系数为0.503，并且通过了1%的显著性水平检验，表明服务业的发展自身具有一定的惯性，这可能是服务业存在独立发展的路径依赖特征，各国服务业比重的当期差异在一定程度上受其历史因素的影响。进一步的实证研究表明，发达国家的服务业发展路径依赖情况更为明显，回归系数为0.704。全部样本国家人均GDP的回归系数没有通过显著性水平的检验，而人均GDP提高1个百分点，可以使OECD国家和金砖国家服务业占比分别提高0.514个百分点和0.218个百分点。城市化的影响也基本上显著为正，只是在金砖国家没有通过显著性检验。

值得一提的是政府的规模，即财政支出占GDP的比重。大量研究表明，政府规模越大，越对一国服务业发展产生负面的影响（汪德华等，2007）。本研究支持了上述结论，全部样本国家回归系数为-0.124，并且在5%的显著性水平下显著。

（三）进一步的检验

考虑到营商环境有具体的细分指标，分别代表不同的制度环境，接下来我们用细分指标进行分析。由于跨年度时间较长，每年的具体指标有所变动。例如，

2003 年只有开办企业、雇用工人、获得信贷、合同执行和办理破产 5 项指标；2004 年新增加了财产登记和保护投资者这两项，总项目增加至 7 项；2005 年则增加了获得营业执照、缴纳税款和跨境交易等指标，总项目增加至 10 项，基本上与此后历年的指标相同；2010 年取消了雇用工人的项目，将获得营业执照替换为获得建筑许可，项目又变为 9 项；自 2011 年起，又增加了获得电力供应这项指标，指标增加为 10 项，此后历年一直延续了该 10 个项目的指标。为了保证数据的连续性，我们选择 2011 ~ 2016 年共六年的数据进行分析，全部样本国家沿用 2011 年的统计共 183 个国家。

我们选取的具体营商指标与表 1 所列的相同。回归模型如下：

$$Serv_{it} = \alpha_0 + \alpha_1 Star_{it} + \alpha_2 Perm_{it} + \alpha_3 Elec_{it} + \alpha_4 Prop_{it} + \alpha_5 Cred_{it} + \alpha_6 Prot_{it} + \alpha_7 Tax_{it} + \alpha_8 Trad_{it} + \alpha_9 Cont_{it} + \alpha_{10} Clos_{it} + \lambda Serv_{it-n} + \theta X + \varepsilon_{it} \quad (2)$$

原报告中反映的是各个指标与前沿水平的差距（百分点），数值越大表示排名越靠后，我们依然沿用前文的处理方法，用 100 减去原始的前沿水平差距，进而获得新的评分。如开办企业评分越高，表示开办企业越容易；投资者保护得分越高，表示该国注重对投资者的保护；获得信贷分数越高，表明企业在该国更容易获得信贷资金。回归结果如表 3 所示。

表 3　细分指标的营商环境回归结果

变量名	全部样本国家	OECD 国家	金砖国家
开办企业（Star）	0.234	0.471	0.654
	(0.215)	(0.326)	(0.565)
办理施工许可（Perm）	0.547	0.234	0.332
	(0.874)	(0.321)	(0.457)
获得电力供应（Elec）	0.887	0.654	0.843
	(0.624)	(0.653)	(0.832)
财产登记（Prop）	0.234 ***	0.984 ***	0.553 ***
	(0.015)	(0.231)	(0.147)
获得信贷（Cred）	0.312 **	0.214 ***	0.514 ***
	(0.156)	(0.023)	(0.112)
投资者保护（Prot）	0.624 *	0.885 **	0.549 ***
	(0.351)	(0.441)	(0.108)
缴纳税款（Tax）	0.254 ***	0.331 ***	0.516 ***
	(0.013)	(0.170)	(0.211)
跨境贸易（Trad）	0.251	0.654	0.324
	(0.335)	(0.473)	(0.321)

续表

变量名	全部样本国家	OECD 国家	金砖国家
合同执行（Cont）	0.311*** (0.017)	0.536*** (0.022)	0.741*** (0.301)
办理破产（Clos）	0.541 (0.411)	0.635 (0.495)	0.357 (0.335)
$Serv_{-n}$	0.431*** (0.167)	0.612* (0.322)	0.554*** (0.235)
Pgdp	0.125 (0.465)	0.224*** (0.101)	0.158*** (0.078)
Urban	0.433*** (0.026)	0.225*** (0.044)	0.111 (0.176)
Gov	-0.144** (0.033)	-0.355*** (0.125)	-0.215*** (0.018)
常数项	5.366*** (1.335)	6.298*** (2.365)	4.395*** (2.112)
R^2	0.566	0.745	0.687
样本数量	1098	210	30

注：同表2。

表3表明，全部样本国家的回归结果中，财产登记、获得信贷、投资者保护、缴纳税款、合同执行这几项指标对服务业占GDP比重的提高有显著的正向作用。财产登记的回归系数为0.234，并且通过了1%的显著性水平检验，这意味着财产登记排名提升1%，会使服务业占GDP的比重提升0.234个百分点。此外，获得信贷的回归系数为0.312，这表明改革金融制度，缓解服务企业的融资约束，可以在较大程度上促进服务业占比的提高。当然，金融业本身是服务业的重要构成，一国金融业的快速发展也会在一定程度上提高服务业在GDP中的比重。从各项指标来看，投资者保护的系数最大，回归系数为0.624，并且通过了10%的显著性水平检验，这意味着投资者保护对服务业占比的提高有较大的影响。缴纳税款和合同执行的系数分别为0.254和0.311，也均通过了1%的显著性水平检验。

从OECD国家的回归结果来看，众多细分指标中影响最大的制度变量是财产登记，回归系数高达0.984，这意味着财产登记排名提升1个百分点，会使服务业占GDP的比重提高0.984个百分点；投资者保护的影响次之，系数为0.885。金砖国家中，对服务业占比影响最大的制度变量是合同执行，回归系数为0.741，并且通过了 1% 的显著性水平检验。

其他控制变量的回归结果基本上与前文的结论一致。滞后被解释变量的系数显著为正,说明服务业具有一定的路径依赖;城市化和人均 GDP 的系数基本上为正,说明服务业发展也受城市化和经济发展水平的影响;政府规模越大,对服务业越产生负面的影响。

五、结论与建议

(一) 基本结论

当前中国已步入服务经济时代,服务业对经济增长起主导性作用,2016 年中国服务业占 GDP 的比重已经高达 51.6%,比第二产业增加值占比约高 11 个百分点,已经基本完成了此前设定的服务业发展总量目标。然而国际比较发现,服务业占 GDP 的比重与世界平均水平相比依然有一定的差距。世界银行已将中国列入中高收入国家,但中国服务业占比还远低于中高收入国家 58.61% 的平均水平。

从中国的现实情况来看,当前加快发展现代服务业有着重要的战略意义。党的十八届五中全会提出,"开展加快发展现代服务业行动","把"服务业比重进一步上升"作为"十三五"时期经济社会发展的主要目标之一。这是经济进入新常态后,中国加快走向服务业大国、全面建成小康社会的内在要求和重要举措,是新常态下经济实现中高速增长的核心支撑,是"十三五"时期制造业迈向中高端水平的重要保障,"十三五"时期实现城乡居民收入水平比 2010 年翻一番的关键载体,是当前供给侧结构性改革的重要抓手。中央提出的供给侧结构性改革政策,包括去产能、降成本等,表面上集中在制造领域,但其核心还在于服务业的投入。

近年来,虽然政府出台了各种政策,如提高居民收入水平、加快城镇化进程、通过建立制造业与服务业的互动来促进服务发展,但这些政策并没有产生预期那么大的效果。因此,我们在对政策有效性进行反思的同时,也需要寻求深层次原因。本研究认为,服务产品的特征是无形性、生产和消费的同时性以及知识密集性,因此具备了"信任品"、"后验品"、"异质品"的特征,对制度和环境有着更高的要求,具有制度密集型特征,即服务业对制度具有高度的敏感性和依赖性,同时又是制度的载体。因此,在这个意义上探讨并分析服务经济中制度和营商环境的作用,对于服务业发展政策的制定、加快发展服务业有着重要的指导意义。

本研究利用世界银行公布的《全球营商环境报告》来分析制度和营商环境对服务业的影响。发现发达国家营商环境的整体排名要高于发展中国家，这与发达国家服务业占比普遍偏高的事实较为吻合。中国的营商环境排名近年来有较大幅度的提高，而中国服务业占GDP的比重也在逐年提升。各个国家在分项指标中各有差异，各个国家都有其在某方面的独特优势，如印度在投资者保护方面排名第13位，中国在合同执行方面排名第5位，而美国在获得信贷和办理破产等项目中排名靠前，俄罗斯则在财产登记项目中排名第9位。

实证研究表明，一国的制度和营商环境的确可以影响其服务业占GDP的比重。全体样本国家回归结果中，在5%的显著性水平下，一国营商环境排名提升1%，可以使该国服务业占GDP比重提升0.236个百分点。OECD国家和金砖国家的回归结果也支持了上述结论，而制度建设相对不完善的金砖国家，其制度排名提升对服务业占比提高的促进作用更为明显。

在全样本回归中，从细分指标来看，财产登记、获得信贷、投资者保护、缴纳税款、合同执行这几项指标对服务业占GDP比重的提高有显著的正向作用。财产登记的回归系数为0.234，并且通过了1%的显著性水平检验；获得信贷的回归系数为0.312，这表明改革金融制度、缓解服务企业的融资约束，可以在较大程度上促进服务业占比的提高。服务业发展受投资者保护这个指标的影响最大，回归系数为0.624，并且通过了10%的显著性水平检验，缴纳税款和合同执行的系数分别为0.254和0.311，也均通过了1%的显著性水平检验。

对于OECD国家来说，财产登记的回归系数高达0.984，这意味着财产登记排名提升1个百分点，会使服务业占GDP的比重提高0.984个百分点；投资者保护的影响次之，系数为0.885。金砖国家中，对服务业占比影响最大的制度变量是合同执行，回归系数为0.741，并且通过了1%的显著性水平检验。可见，制度和营商环境对服务业发展起到了较为重要的作用，需要从多方面发力。

（二）优化制度环境：建设服务业强国的根本保障

1. 更加严格地保护投资者权益，稳定服务企业的投资预期

产权是市场经济健康运行的基石，是供求双方信任的基础，是市场主体创新的前提，是理解工业革命以来经济增长所有秘密的关键和前提。众所周知，有恒产者方有恒心。但当前不少民营企业家顾虑不少，资本流出现象时有发生，对其投资权益能否得到有效保护有这样或那样的担忧。为此，要重点规范产权制度保护，全面落实2016年11月4日中共中央和国务院联合颁布的《关于完善产权保护制度依法保护产权的意见》，要把文件提出的"同等保护不同所有制经济产权、规范财产处理法律程序、完善财产征收征用制度、加大知识产权保护、加大

合同执行力度"等意见落到实处。

2. 深化"负面清单",制定公平的市场准入制度

行政垄断和市场管制是当前制约服务业发展的突出难题。国有企业在教育、文化传媒、医疗卫生、金融、交通运输和公用事业等领域的投资占比超过2/3。要改变这些状况,就必须大胆地进行制度创新,参照国际通行的做法,以市场准入负面清单为核心,逐步减少市场准入制度中的行政垄断,深化服务业市场化改革,通过投资审批许可制度改革,放松或取消管制,破除行业垄断,实施"负面清单管理",除对少数垄断行业及关系国家安全的重点服务业,制定"否定"或"限制"行业目录外,其他的一概实施"非禁即入"的准入制度,取消对非国有资本和国际资本的限制,以形成多元竞争的大格局。当前,特别要面向社会资本扩大服务业市场准入领域,加快开放电力、民航、铁路、石油、能源、邮政、市政等行业竞争性业务。

3. 培育市场主体,增强企业活力

服务业做大做强之关键是要充分发挥市场机制的决定性作用,而企业又是市场的主体。所以要在培育市场主体上做好做足文章。服务业企业大中小并存,差异化很大。我们既要鼓励服务业企业专业化发展,推动优势服务企业跨地区、跨行业、跨所有制兼并重组,打造跨界融合的产业集团和产业联盟,培育若干有特点、有品牌、有控制力的服务业龙头企业或企业集团,又要积极发展服务业中小企业,让中小企业充满活力和效率。政府支持中小服务企业发展,不是简单直接地帮扶,而是要从完善社会化服务体系、推进中小企业公共服务平台建设着手,通过平台建设,让企业产需对接,供需匹配。

4. 加强社会诚信制度建设,加大对"违信"的处罚力度

服务品无形的特点以及越来越多的服务网上交易,决定了服务交易更具"信息不对称"、"道德风险"和"逆向选择"的可能性。信用制度是降低交易风险、维护交易安全的有效机制。要采取切实有效的措施,完善企业、社会和个人信用环境体系建设,包括严密的信用立法、严格的信用执法和全社会统一的资信登记及披露等,特别是要善于运用大数据管理,创新信息共享机制,打破数据孤岛,加大对"违信"的处罚力度,提高失信违约成本,让各类主体"不敢违约、不愿违约",建立守信、有序的服务市场秩序。

5. 顺应新经济新服务的要求,创新政府治理和市场监管方式

在传统的市场监管体系下,实行的是工商登记、行政许可、商品检验、年检、行政处罚、刑事责任、专项行动等监管方式,主要是靠行政力量或个人的意志,但这对平台经济、分享经济、体验经济或产业跨界融合衍生出来的新经济新服务不一定适用。因为它借力互联网平台把交易体系放大成巨大的非现场交易场景,过去的监管政策、监管手段甚至监管队伍对新经济新服务的管理已经难以胜

任。应顺应服务经济发展新趋势，改革监管思维，创新治理方式，按照统一高效、开放包容、多方参与、协同制衡的原则重新构筑服务业监管体系。新经济新服务是前所未有的新事物，创新难免有失败有过错。所以，要包容创新试错，允许草根成长，避免因为过度过细监管而可能错杀成长性的新经济新服务企业或业态。另外，应坚持"政府管理平台、平台自律共治"的原则来监管平台经济、分享经济和体验经济这些新型服务形态。

6. 按照分类施策的原则推动服务业价格改革

服务业的异质性决定了它有不同的价格形成机制。所以，服务业价格改革的关键是分类指导、分类施策。竞争性领域的定价要尽可能放开，由市场供求、市场机制决定其价格形成，尽可能避免政府干预。公共服务领域，包括基本公共服务需求和非基本公共服务需求。对那些具备竞争条件的客货运输、邮政服务等非基本公共服务类的价格要逐渐减少政府定价，条件具备时，可以主要由市场定价。公用事业和公益性服务价格采用政府指导和市场调节相结合的办法。慎重对待教育、医疗、养老等基本公共服务领域的价格改革，保底线部分的定价由政府负责，但满足个人特殊需求的那部分由市场定价为主，政府实时适度调控。

7. 切实降低服务业发展相关经营成本

成本持续增加是制约服务业发展的主要障碍之一，主要表现在房租贵、人力成本高、融资难等方面。在用地、税收、融资等方面制定相关政策时，要切实考虑服务业目前这方面遇到的"阵痛"。一是通过推进服务业"营改增"改革，针对服务业"轻资产"、"人力资本"密集、难以进行进项抵扣的特点，将养老服务、居民和家庭服务、餐饮服务、文化演出服务等服务业纳入简易征收范围，统一实行3%的简易征收税率；切实降低企业中与劳动相关的税收成本，改革个人所得税制度，允许人力资本进行折旧，计入成本并在税前扣除，从而鼓励服务部门人力资本投入，促进服务部门整体人力资本的升级。二是进一步清理不合理的行政事业性收费，切实减轻服务企业的成本负担。三是深化金融体制改革，缓解服务企业的信贷约束。积极创新金融服务和产品，鼓励发展众筹、互联网金融、普惠金融、小微银行等创业金融服务方式，增强金融对服务企业的资金支持，同时发挥多层次资本市场的枢纽作用，引导和鼓励服务企业在股权市场融资，加强服务企业上市培育辅导，推进股份制改造。鼓励商业银行将服务企业的商标、品牌等无形资产纳入授信范围，创新信贷政策，完善无形资产、债券抵押、商业用地抵押制度，降低企业融资成本。

参考文献

[1] 陈志武. 为什么中国人出卖的是"硬苦力"？[J]. 新财富，2004（9）.

[2] 道格拉斯·诺斯. 制度、制度变迁与经济成就 [M]. 上海：格致出版社，2008.

［3］胡超，张捷．制度环境与服务贸易比较优势的形成［J］．南方经济，2011（2）．

［4］胡霞．制度环境与中国城市服务业发展差异［J］．软科学，2007（21）．

［5］江静，于明超，刘志彪．生产者服务业发展与制造业效率提升：基于地区和行业面板数据的经验分析［J］．世界经济，2007（8）．

［6］江小涓，李辉．服务业与中国经济：相关性和加快增长的潜力［J］．经济研究，2004（1）．

［7］刘丹鹭．进入管制与中国服务业生产率——基于行业面板的实证研究［J］．经济学家，2013（2）．

［8］刘顺忠，景丽芳，荣丽敏．知识密集型服务业创新政策研究［J］．科学学研究，2007（4）．

［9］刘志彪．发展现代生产者服务业与调整优化制造业结构［J］．南京大学学报，2006（5）．

［10］让·梯若尔．产业组织理论［M］．北京：中国人民大学出版社，2015．

［11］李勇坚，夏杰长等．体制变革与服务业成长［M］．北京：中国经济出版社，2009．

［12］邵骏，张捷．中国服务业增长的制度因素分析——基于拓展索洛模型的跨地区、跨行业实证研究［J］．南开经济研究，2013（2）．

［13］邵骏，张捷．产业结构服务化进程中的制度因素研究——基于全球27个新兴工业化国家面板数据的比较分析［J］．产经评论，2014（2）．

［14］汪德华，张再金，白重恩．政府规模、法治水平与服务业发展［J］．经济研究，2007（6）．

［15］Acemoglu D., S. Johnson & J. Robinson. The Colonial Origins of Comparative Development: An Empirical Investigation［J］. American Economic Review, 2001, 91（5）.

［16］Acemoglu D., S. Johnson & J. Robinson. Institutions as the Fundamental Cause of Long - Run Growth［M］. Ahgion P. & S. N. Durlauf（eds.）, Handbook of Economic Growth, Elsevier, 2005.

［17］Clague G., P. Keefer & M. Olson. Contract - Intensive Money: Contract Enforcement, Property Rights and Economic Performance［J］. Journal of Economic Growth, 1999, 4（2）.

［18］De Long J. B. & A. Shleifer. Princes and Merchants: European City Growth Before the Industry Revolution［R］. NBER Working Paper, 1993.

［19］Eggertsson T. Imperfect Institutions: Possibilities and Limits of Reform［M］. Ann Arbor: University of Michigan Press, 2005.

［20］Hill P. Tangibles, Intangibles and Services: A New Taxonomy for the Classification of Output［J］. Canadian Journal of Economics, 1999, 32（2）.

［21］Holmstorm B. The Provisions of Services in a Market Economy, in Inman, R. P.（ed.）, Managing the Service Economy: Prospects and Problems［M］. Cambridge University Press, 1985.

［22］Levchenko A. Institutional Quality and International Trade［J］. Review of Economic Studies, 2007, 74（3）.

[23] Riddle D. Service – Led Growth: The Role or the Service Sector in World Development [M]. New York: Prager, 1986.

[24] Singelman J. The Sectoral Transformation of the Labor Force in Seven Industrialized Countries, 1920 – 1970 [J]. American Journal of Sociology, 1978, 83 (5).

专题十一 标准和品牌：建设服务业强国的微观基础

魏 翔 刘彦平

摘 要：标准和品牌作为企业、行业、地区乃至国家竞争力的综合体现和战略性资源，已成为国内外经济发展的重要经验和基本共识。强势推动服务标准化意义重大，需要着力解决如下几个问题：明确服务标准化的适用性及其未来路径；健全标准化服务业法律法规保障体系；营造标准化服务业发展的良好政策环境；提升标准化服务机构的管理与服务水平；培育基于信息技术的标准化服务能力，妥善处理服务个性化和标准化的关系。加快我国服务业品牌发展，提升我国服务业的国际竞争力，任务迫在眉睫。实施服务业品牌战略，需要从以下几个方面发力：制定服务品牌发展规划，彰显品牌定位差异化；提升品牌创意和审美品位，推动服务有形化和标准化；提升客户感知服务质量和情感共鸣，维护顾客忠诚度；丰富品牌文化，促进服务品牌内化；打造城市品牌的战略平台；建立国家品牌的强大背书。

关键词：服务业标准化；服务品牌；服务业竞争力

"十三五"时期，我国经济转型升级的核心任务就是优化产业结构，因而加快服务业发展成为重中之重。一方面，我国工业化中后期的转型升级与全球新一轮工业革命历史性交汇，对生产性服务业的依赖和要求进一步增强；另一方面，新型城镇化进入攻坚阶段，发展现代服务业的需求空前迫切。显然，服务业主导的产业结构转型已成为我国"十三五"时期甚至更长远的未来推动经济转型升级的重大战略选择。标准和品牌作为企业、行业、地区乃至国家竞争力的综合体现和战略性资源，已成为国内外经济发展的重要经验和基本共识。近年来，我国对标准和品牌建设工作高度重视，出台了一系列的重要支持政策。强势推动服务业标准化建设，打造服务业品牌，是扩大服务业规模、提升服务业质量、参与全球服务业竞争、提升服务业国际竞争力的重要支撑，是实现服务业强国战略的应有之义。

一、我国服务标准化建设的现状、问题和策略

（一）服务标准化的内涵

标准化是经济、技术、科学及管理等社会实践中，对重复性事物和概念通过制定、发布和实施标准达到行为的统一，以获得最佳秩序和社会效益。标准化的核心是标准。服务标准化是围绕服务标准制修订工作而展开的一系列活动。其研究范围包括国民经济行业中的全部服务活动。服务业具有显著的异质性，对服务产品的诉求差异很大，但都很看重服务流程标准化。从这个意义上讲，服务标准化的核心是实现服务流程的标准化。

服务流程标准化是着眼于整体的服务链条，采用系统的方法，通过改善整个服务体系内的分工和合作方式，优化整个服务流程，从而提高服务的效率，寻求服务质量的保证[1]（张懿玮，2015）。顾客在接受服务的过程中，一方面希望获得专业化的服务，另一方面也希望得到极大的便利，减少等候的时间，方便结算。所以，在服务流程标准的设计过程中，要以向顾客提供便利为原则。服务流程标准化至少包括以下三个基本要求：

一是服务人员语言标准化。在服务的过程中有效的沟通特别重要，还要注重非语言交流。例如，服务人员要学会倾听，学会沉默；语言交流应该包括一些基本的礼貌语言标准，包括"欢迎光临"、"祝您愉快"、"欢迎您再次光临"、"不用谢"等。服务人员的语言标准还要根据行业的不同情况进行进一步的细化规定。

二是服务人员动作标准化。泰勒最早对时间动作进行研究，为人们工作的每一个构成环节制定一种科学方法，试图确定完成每项工作的最佳方式。服务人员与顾客的接触过程中，对服务人员的动作进行标准化，将那些会引起顾客不满或误解的动作去掉，使剩余的动作都成为必要的让顾客不会反感的标准动作。

三是服务人员态度标准化。服务态度是服务人员对顾客的思想情感及其行为举止的综合表现，包括对顾客的主动热情程度、敬重和礼貌程度，服务态度是衡量服务质量的一项重要标准和内容。对服务人员态度标准的制定、实施和监督可能不像对语言和动作标准化那么容易可行，但一定要具备统一性、可追溯性和可检验性。就是说服务标准要对服务的检验提供依据，使其具有可追溯性，这样才

---

[1] 张懿玮. 基于服务标准化的个性化探究[J]. 质量与标准化, 2015 (7).

能达到服务的统一。

(二) 服务标准化的必要性

1. 服务业产值在 GDP 中的贡献超越工业

如今在中国,服务业的发展已经超过了工业领域,国民经济财富的创造主要依赖服务业。从国家统计局发布的《国民经济和社会发展统计公报》显示,2012年,服务业产值开始超过工业产值,并且在2015年对GDP的贡献超过了中国经济总量的一半(见图1),被视为弥补制造业下滑的关键增长点。

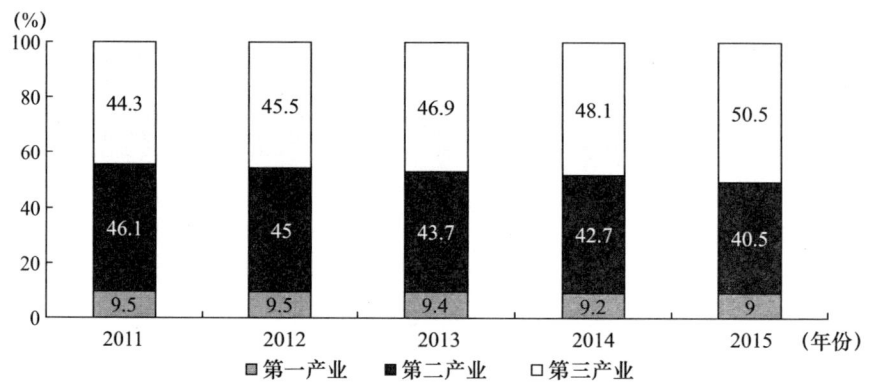

图1 2011~2015年三次产业增加值占GDP的比重

目前,大多数国家的服务业已经超越了工业领域的发展,成为全球经济增长最快、就业人数最多的领域。据联合国贸易与发展组织(UNCTAD)发表的报告称,美国的服务业产值在GDP中已占90%以上。2009~2012年,服务业已为非洲贡献了近一半的国民产值,并以全球平均速度的两倍持续增长。欧洲也是如此,欧盟成员国超过70%的GDP产值来自服务业。

在服务业市场如此庞大,服务业的发展快于标准化发展的大背景下(标准的产生滞后于产业的发展是正常的),我国对服务业标准有着紧迫的需求。必须尽快完善服务业发展的制度环境;确保服务质量,提高服务水平;保护消费者的合法权益,建立消费者信心;提高服务的国际竞争力,实现服务业的健康发展。如果没有有效的服务业标准化机制,服务市场的服务活动无章可循,那么效率低、质量差、管理混乱、侵犯消费者权益的事件就会频繁发生。

2. 国际服务贸易需要服务业标准化

对于跨境供应商而言,在目标市场从事业务时常常会有不适性,如职业规范方面有较大的差异和不一致,对于服务业的组织机构要求不够明晰等,存在着很多不必要的监管壁垒。

通过制定服务业标准,包括确保服务资质标准、服务质量标准和安全卫生标准等,可以帮助跨境服务供应商消除贸易壁垒,为企业经营提供更便利的条件;同时也可以有效提高产品质量,保障消费者权益。国际标准化组织 ISO 也在响应欧盟与世界贸易组织的呼吁,从国际层面上开始着手统一与协调这一领域的标准化工作,旨在消除不必要的贸易技术壁垒。

(三) 加强服务标准化建设意义重大

标准化是提高世界经济效率的重要动力。人类历史的实践证明,每一次标准化的创造以及在世界范围的推广和成功运用,都为世界经济提供了强大的引擎。如 1913 年福特发明的汽车流水线改变了世界商品生产的模式;集装箱规格标准的成功运用,大幅度提高了世界的物流效率(张明兰和王晓燕,2009)[①]。标准化也是服务质量管理的基础和前提。通过服务和管理的全面标准化,实现服务模式的复制和服务品牌的扩张,完成从价格竞争到以质量、品牌、规模为核心的竞争的飞跃,使企业利益最大化;通过规范、统一服务流程、服务规格,提高服务质量的稳定性和可预期性。

服务业高质高效发展正在成为国家的核心竞争力和国家战略。现代服务业的发达程度已成为衡量一国国际竞争力的重要标志之一。当前我国服务业发展势头迅猛、内容丰富、形式多样,已成为经济增长最快的行业。发展现代服务业不仅可以扩大就业,提高人们生活水平和生活质量,其本身也已成为新阶段经济发展的驱动力,对推动经济总量的扩张和经济结构的优化调整具有重要意义。自 1996 年国际标准化组织(ISO)提出"服务标准化"以来,德国、英国、美国等西方发达国家都积极开展服务标准化工作,纷纷将服务标准化纳入本国的发展战略,并积极争夺国际服务标准制定的主导权。

目前,国外服务标准化研究可归纳为服务标准的定义与分类、服务标准化的经济效益分析、陷阱阻碍分析、供给与需求分析、系统理论分析、政策分析六个方面,主要思路有公共产品论、竞争工具论和系统工程论三种(张端阳,2012)[②]。但由于服务本身具有的、与有形货物贸易相区别的特征,虽然发达国家已在服务标准化领域先行探索了 10 多年,但仍然在实现服务标准化的道路上,并未能改变服务标准化水平远落后于服务业发展需求的现实。

随着我国经济的持续快速发展,第三产业对经济的贡献逐年上升,服务经济日显重要,尤其对于某些地区,服务业已经成为当地的支柱产业。因此,为更好

[①] 张明兰、王晓燕. 服务标准化的特征和对策研究[J]. 上海标准化,2009(11).
[②] 张端阳. 国外服务标准化研究综述[J]. 东北大学学报(社会科学版),2012,7(4).

地支撑我国服务经济的规范和高效发展,特别是要赶超世界发达国家服务业发展水平和效能,有必要提高服务标准化程度,以更好地支撑我国服务业强国战略目标的实现。

(四) 我国生活性服务标准化建设进程、难点与趋势

2016年10月20日,在山东淄博举办的第二届中国生活服务业大会上,中国商业联合会副会长、中华全国商业信息中心主任王耀表示,2015年我国生活性服务业营业收入合计占国内生产总值的6.2%,与发达国家相比,我国生活性服务业发展空间巨大。"十二五"期间,生活服务业标准化事业快速发展,基础性、战略性地位显著增强,生活性服务业规范化发展基础基本形成。在这里,我们将主要列举旅游业与养老服务业两个子行业来阐述标准化进程以及进程中发现的一些难点和可能的趋势。

1. 旅游业

旅游业作为服务行业的典范,与其他产品相比,具有生产、销售和消费在时空上的一致性,要提升中国旅游业在国际市场上的竞争力,要全面贯彻实施旅游标准化,提高旅游服务质量和服务水平。

(1) 旅游业标准化建设主要进程。第一,完善了旅游标准化体系建设。我国是最早颁布旅游标准化的国家,我国于1993年颁布了《旅游涉外饭店星级的划分与评定》,之后经历了1997年和2010年两次修订,2010年的修订版为《旅游饭店星级的划分与评定》。该标准的出台对我国饭店行业乃至整个服务行业都起到了明显的标准化示范引领作用,在消费者心目中形成了饭店消费档次和级别匹配的深刻印象。1999年,GB/T 17775—1999《旅游景区质量等级的划分与评定》开始实施;2005年1月1日,实施了在原标准基础上进行了一些修订的GB/T 17775—2003《旅游景区质量等级的划分与评定》,使其更加符合旅游景区的发展实际。2000年,国家旅游局发布实施《旅游业标准体系表》,首次建立了以旅游六要素(食、住、行、游、购、娱)为基础的标准体系框架,2009年又对该框架进行了全面的修订完善,新编制并发布了《全国旅游业标准体系表》,形成了框架较合理、分类较科学、覆盖较全面的旅游业标准体系。

第二,制定和颁布了相关的配套制度法律法规。2003年,国家旅游局颁布实施《旅游标准化工作管理暂行管理办法》,2009年对其修订并颁布实施了《旅游标准化工作管理办法》,出台了《全国旅游标准化发展规划》,颁布施行的相关配套法律法规为全国旅游标准化工作的全面铺开提供了有力的法律依据。

第三,建立了旅游标准化管理组织并开展了相关工作。1995年,全国旅游标准化技术委员会(SAC/TC210)成立,该委员会由国家旅游局具体负责领导和

管理,下设八个专家委员会,全面负责全国旅游业标准研究、编制等技术工作和相关组织工作。

第四,开展了全国范围内的旅游标准化服务试点工作。2010年初,全国旅游标准化试点工作全面启动,选取了1个省、10个市(区)和67家企事业单位为试点对象,以开展试点工作来提高旅游产业素质和旅游服务质量,探索和完善旅游标准化运行机制,通过试点建设的地区在旅游标准化水平上均取得了显著成效。[①]

(2)旅游业标准化难点。第一,旅游业标准可操作性差。我国旅游业标准的制定、发布、监督实施等全过程一般由政府主导,大部分国家旅游业标准的制定是由国家旅游局提出,然后组织相关人员,主要是政府人员和科研事业单位人员完成,旅游企业参与度很低,导致我国很多旅游业标准技术含量不高,可操作性差,市场适应性弱。这是我国旅游业标准化工作中存在的最突出问题(国外旅游业标准的制定是由行业协会负责,旅游业标准立项的依据是市场和企业的需求,标准的立项、制定过程都是由协会和旅游企业共同参与,甚至有些标准直接由企业联合制定,报协会批准即可发布)。

第二,旅游业标准监督实施力度弱。我国目前旅游业标准的实施与监督,主要是由国家旅游行政管理部门和地方旅游行政管理部门负责,一是监督管理范围广,人员严重不足;二是旅游企业对标准监督的认可度不足,甚至反弹(国外对于旅游业标准实施的监督充分发挥行业协会和旅游企业的作用,如饭店星评,政府颁布法令后,由政府组织各方人士进行星评,评定后每年进行一次检查,基本是暗访形式。对发生旅客投诉或暗访查出问题的饭店,将给予降星或取消星级的处理)。

第三,旅游业标准更新周期过长。我国的旅游业标准制定周期过长,更新也比较慢。例如,我国的《旅游涉外饭店星级的划分与评定》标准于1993年发布,1997年修订一次,时隔六年后于2003年再次修订,最终形成现在执行的GB/T 14308—2003《旅游饭店星级的划分与评定》的标准。而其他一些标准发布后基本上很少修订(美国、德国和日本等国家的旅游业标准编制周期较短,一般2~3年,标准修订也较快,一般发布后3~5年即进行修订)。[②]

(3)旅游业标准化趋势。第一,旅游业标准化运作机制逐渐向市场化转变。政府、社会组织和企业在旅游业标准化建设中的职责与分工,将会逐渐演变为以"政府部门指导、行业协会运作、企业共同参与"为基本原则,加强组织协调,

---

[①] 李敏,顾磊宏,陈骏杰.倡导服务标准化——以旅游业标准化为例[C].第11届中国标准化论坛论文集,2014.

[②] 潘勤奋.我国旅游标准化问题与对策[J].世界标准化与质量管理,2007(6).

形成相互合作、共同推进的工作机制，提高行业协会在制定和推广标准方面的积极性，发挥其在相关标准制定中有效为本行业呼声的"传声筒"功能。

第二，旅游业标准化逐渐与国际接轨。为了争取在国际标准化组织中的话语权，使旅游业标准化具有一定的国际竞争力，我国参与国际标准化组织旅游标准化技术委员会（TC228）的各项工作中，将加大对国际旅游标准的采标力度，建立适合我国国情的旅游标准，打造国际旅游目的地城市。

2. 养老服务业

自1999年我国步入老龄化社会以来，人口老龄化加速发展、老年人口基数大，日益呈现高龄化、空巢化趋势，需要照料的失能、半失能老人数量剧增。民政部公布的《2015年社会服务发展统计公报》显示，截至2015年底，我国60岁及以上老年人口22200万人，占总人口的16.1%。但养老服务业发展中服务质量规范缺失、环境差问题日益突出，严重影响了行业的健康有序发展。作为实现养老服务业科学发展的重要途径，养老服务业标准化建设工作受到了国务院的高度重视。

（1）养老服务业标准化进程。第一，养老服务业标准修订工作稳步开展。我国在养老服务领域的标准研制始于民政领域开展的标准体系研究与实践。目前，在养老服务业领域，我国已发布国家标准2项（《老年人居住建筑设计标准》、《养老机构基本规范》）；已发布行业标准3项（《老年人社会福利机构基本规范》、《养老机构安全管理》、《老年人建筑设计规范》）。同时据不完全统计，已发布地方标准19项，这些标准对于规范养老服务交付、提高养老服务质量发挥了促进作用。2002年，劳动和社会保障部发布实施了《养老护理员国家职业标准》，规定了养老护理员的工作内容、技能要求和知识水平。2011年，人力资源和社会保障部组织针对该标准进行了重新修订并发布实施。2011年，民政部组织编制，经住房和城乡建设部、国家发展改革委批准的《社区老年人日间照料中心建设标准》（建标143-2010）、《老年养护院建设标准》（建标144-2010）两项养老服务业建筑标准发布实施，明确了针对社区老年人日间照料中心和老年养护院的建设要求。同年12月，发布了《社会养老服务体系建设规划（2011~2015年）》。此外，很多省市也在充分调研本地实际的基础上，颁布实施了一批养老服务业的规范性文件，开展了标准化实践，对促进养老服务业的规范化、科学化发展发挥了促进作用。

第二，养老服务业标准化技术组织逐步健全。全国社会福利标准化技术委员会（SAC/TC315）于2009年获批成立，负责全国社会福利机构服务质量、环境等专业领域标准化建设工作。据统计，目前该技术委员会归口的国家、行业标准共10余项。此外，住房和城乡建设部、全国服务标准化技术委员会（SAC/TC264）、全国残疾人康复和专用设备标准化技术委员会（SAC/TC148）也在一定程度上参与了养老服务业标准化研究、养老服务业标准制修订与归口管理工作，为促进我国养老服务业标准化发展提供了基础与借鉴。

第三，养老服务业标准化实践开展力度不断加大。随着养老服务业标准化建设工作的逐步开展，全国各地都在养老服务业标准宣传贯彻和实施方面狠下功夫。例如，北京市、江苏省等地已先后开展养老服务业领域国家级服务业标准化试点建设；黑龙江在全省范围开展了养老机构等级达标活动；宁波积极开展城乡一体化居家养老服务试点等。[①]

（2）养老服务业标准化难点。第一，养老服务业标准体系尚未建立。目前，养老服务业尚未建立统一协调科学的标准体系，标准化建设工作者难以从总体上把握养老服务业标准化建设工作的总体方向，难以有计划、有步骤地开展标准化建设工作。

第二，养老服务业标准结构不够合理。从分布领域来看，现有养老服务业标准主要集中于机构养老服务领域；从标准类型来看，现有标准以管理和技术标准为主，服务标准少（重技术轻服务，重硬件轻软件）；从标准层次来看，国家标准严重缺失。

第三，养老服务业监管难度大，安全形势严峻。我国养老服务业标准内容不够详细，要求不够具体，可操作性不高，未得到普遍实施。如在鼓励社会力量参与发展养老服务业，建设小型化、家庭化养老机构，与严格执行国家消防、环保、建设等规定或标准，实现规范发展之间，面临两难窘境，安全管理形势十分严峻。

（3）养老服务业标准化趋势。第一，在标准化分类上，我国根据居家养老、社区养老、机构养老等分类开展标准化工作。这方面可参照英国由财政部等颁布的家庭生活标准、居家服务机构指南、老年居家服务标准指南、残疾人居家服务标准指南、健康技术备忘录等规范性文件。

第二，未来养老服务业标准化从管理体系和服务提供双维度进行规范，这种标准化建设模式对于养老服务业标准化水平整体不高的我国事半功倍。这方面可参照德国的做法，德国ISO9000管理体系标准和服务标准共同构成了德国养老服务业标准化工作的基础框架。

第三，我国在国家、行业层面开展养老服务业标准化工作的同时，迫于财政方面的压力，会逐渐探索开展社会力量或第三方养老服务测评、服务机构认证等工作。在这一方面，美国在协会、企业、机构层面丰富多彩的标准化实践活动取

---

① 彭嘉琳. 我国养老服务业标准化建设现状与问题分析[J]. 北京劳动保障职业学院学报，2013，7(4).

得了很好的效益,可以借鉴。①

(五) 生产性服务业标准化的进程、难点和趋势

目前发达国家生产性服务业增加值占 GDP 的比重约 30%。在我国,生产性服务业统计的这个数字的国家标准刚刚建立,目前还没有权威的统计数字,但生产性服务业总体滞后是公认的事实。标准化建设跟不上时代发展的需要,是生产性服务业发展滞后的重要原因之一。我们将主要列举生产性服务业中的电子商务业与现代物流业两个子行业来阐述标准化进程、难点和可能的趋势。

1. 电子商务业

中国产业信息网发布的《2015~2020 年中国电子商务市场调研与投资前景报告》显示,近几年中国电子商务交易规模一直保持较快增速,年增速平均为 GDP 的 2~3 倍,2014 年中国电子商务市场交易整体规模达到 12.3 万亿元,同比增长 21.3%。但是增长方式粗放、质量效益不高、行业秩序不规范等问题也随之而来,加强电子商务标准化的必要性尤为突出。

(1) 电子商务业标准化进程。我国电子商务在 20 世纪 90 年代开始起步,在政府的主导下进行了相关电子商务标准的研究和制定,逐步完善了适合我国电子商务发展的标准体系。

第一,相关国家政策及法规相继出台实施。《关于利用电子商务平台开展对外贸易的若干意见》、《网络交易管理办法》、《关于跨境贸易电子商务进出境货物、物品有关监管事宜的公告》等一系列政策及法规出台,规范了电子商务和网络交易管理,维护了市场秩序。

第二,制定电子商务相关标准规范。截至 2012 年,我国一共有 132 项电子商务国家相关标准和 25 项行业标准,已经较完整地建立了电子数据交换以及基于 XML 的电子商务关键技术标准体系,并研制了标准体系表,发布了电子商务术语标准、电子商务标准化指南等重要标准,元数据标准、信用标准等类别标准以及技术要求方面的行业标准也相继制定。② 目前电子商务相关标准规范主要有《电子商务信用网络交易信用主体分类》(GB/T 31951—2015)、《电子商务企业认定规范》(SB/T 11112—2015)、《电子商务商品编码与追溯管理规范》(DB33/T 984—2015)、《电子商务交易产品质量网上监测规范》(DB33/T 980—2015)等,这些标准将在净化电子商务质量环境、优化电子商务交易规则以及规范网上交易监管秩序等方面发挥作用。③

---

① 侯非,曹俐莉,张雨辰. 国外养老服务业标准化及认证现状与启示[J]. 标准科学,2014 (12).
② 柳宏. 电子商务标准化建设探讨[C]. 第 12 届中国标准化论坛论文集,2015.
③ 蒋奕平,蒋宏. 国内电子商务标准化发展现状研究[J]. 中国标准导报,2016 (9).

第三，成立电子商务相关标准化组织。2007年，国家标准化管理委员会成立了国家电子商务标准化总体组，其初步建立了国家电子商务标准体系，分为四个子系：基础技术标准、业务标准、支持体系标准和监督管理体系，涉及近20个部分，同时还制定了一系列关键技术标准，为电子商务的快速发展提供了保障。2015年9月1日，在工业和信息化部、科技部、商务部、质检总局、标准委等多个部委的指导下，"'互联网+'标准化战略研讨座谈会"在京召开，联合中标院的"电子商务标准化战略工作室"也在会上宣布正式成立。工作室围绕电子商务生态研究和制定行业标准规范，推动电子商务市场发展的科学化、规范化。2015年11月25日，国家标准委办公室正式批复同意筹建全国电子商务质量管理标准化技术委员会，加强对电子商务产品质量的监督管理和质量风险防控。

（2）电子商务业标准化难点。第一，电子商务业标准制定需求导向不明确。我国的标准体系建设是由政府主导的。现在我国电子商务标准制定有两个重要的方法：一种是引进国际标准，由专家论证然后直接形成国家标准。但是国际标准能否与国内电子商务现状接轨，这是一个很难解决的本土化问题。另一种是利用各行业领航企业发挥成功经验，并将这些经验固定和推广开来，将这种现实的标准逐步拓展成为行业的规范和标准，国家再通过相关的合法程序上升为国家标准，但是这个在国外比较普遍的过程在国内也显得比较艰难。总的来说，我国电子商务标准体系的市场适应性极低，据国家标准研究院研究表明，截至2012年，我国仍有近五成的电子商务标准未被真正投入使用，直接影响了电子商务行业的有效、有序发展，尤其是电子单证格式方面。这主要是由于盲目采标、没有在制定过程中考虑解决本地化问题所造成的。[①]

第二，制定标准的部门之间缺乏有效的协调机制。电子商务涉及信息技术、金融、法律、市场等多个领域，因此其标准化工作涉及的部门也较多，如国家发改委、商务部、工信部、交通部、海关等多部门。各标准研究单位制定自己的标准，缺乏有效的沟通协调机制和统一的维护管理机制，导致国家标准、行业标准之间可能出现标准交叉、重叠、空白的问题，也给标准的实施与监管增加了难度。

（3）电子商务业标准化趋势。第一，制定标准的主体将更加市场化。政府机构吸引更多的企业（包括吸引外资企业）与用户加入到标准研究与制定工作中，培植电商企业的优秀成果转化为标准，增强标准的实用性与适用性。电子商务相关的行业协会加强与国内电子商务企业的交流与合作，以大的企业牵头形成企业联盟，推动企业参与标准制定和贯彻实施标准，促进电子商务产业更好地走标准化发展之路。

---

① 袁文清，刘建斌.我国电子商务标准化问题的研究[J].标准科学，2009（4）.

第二,以市场竞争为主、行政手段为辅的方式推动标准化。过去往往以行政手段强制性推行某一标准,这在一定程度上促进了电子商务标准的发展,与此同时却忽略了市场机制的作用。在未来高度市场化的电子商务领域,会充分尊重市场机制的选择与调节,用市场这只"看不见的手"推动电子商务标准化的进程。

2. 现代物流业

智研咨询发布的《2016~2022年中国物流市场深度调查及市场前景预测报告》显示,物流业近几年平稳增长,2015年全国社会物流总额达到219.2万亿元(见图2)。物流业能达到如今的水平,有一部分原因是国家推行的标准化规范了企业服务行为,提高了企业生产效率。

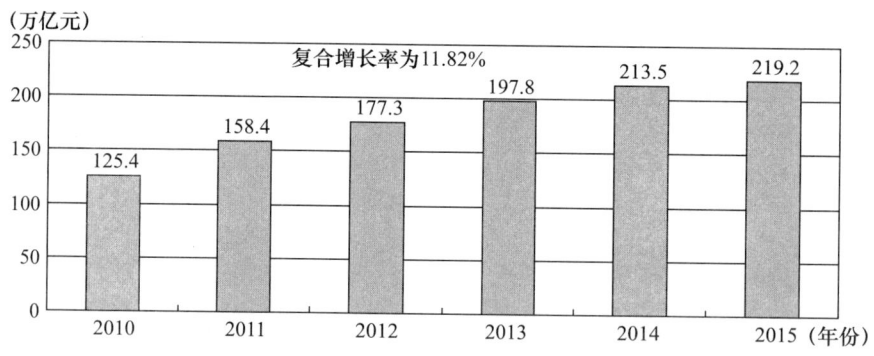

图2 2010~2015年中国社会物流总额

(1)现代物流业标准化进程。2005年国家标准委、发改委、商务部、铁道部等八个部委联合发布了《全国物流标准2005~2010年发展规划》。该规划确立了物流标准体系,明确提出了"十一五"时期我国物流业发展亟须制(修)订的302项国家标准。

第一,完成一批重要物流标准制修订。1997年、1998年相继公布了有关物流信息技术的国家标准《储运单元条码》与《商品条码》,2000年公布了国家标准《物流单元的编码与符号标记》,以及适用于商店内商品变量消费的国家标准《店内条码》。2005年,《物流术语》、《物流企业分类与评估》等国家标准实施以来,对于规范物流市场发挥了积极作用,取得了广泛的社会认知度和行业影响力。到2016年底,经评估认定的A级物流企业总数超过4000家,覆盖全国(除港澳台外)所有省、市、自治区。2006~2010年,《物流园区分类与基本要求》、《国际货运代理作业规范》等数十项国家标准的颁布实施,对于指导我国物流节点的合理布局,进一步规范行业经营秩序具有重要的促进作用。2011年,完成了《全国物流标准专项规划》的编制，提出了近三年亟须制定的13个物流重点领域、137项标准国家项目。

第二，组建一批物流有关的技术委员会。国家标准委员会共组建了四个与物流直接相关的专业标准化技术委员会，包括全国物流标准化技术委员会、全国物流信息管理标准化技术委员会、全国物流仓储设备标准化技术委员会、全国国际货运代理标准化技术委员会。这些专业标准化技术委员会的组建对于加快物流业具体领域标准制修订力度，推动物流标准有效实施，进而支撑物流业标准化工作全面开展发挥了重要的作用。

第三，部署物流标准化试点。按照《国务院办公厅关于加快发展服务业若干政策措施的实施意见》（国办发〔2008〕11号）有关推进服务业标准化试点工作的要求，国家下达了涉及物流服务、运输服务等领域的国家级服务业标准化试点建设项目20多个，进一步加强了物流业标准的实施力度。2016年7月8日，由国家发展和改革委、国土资源部、住房和城乡建设部委托中国物流与采购联合会评定的首批29家示范物流园区名单发布。

第四，组织开展物流标准化科研。国家加大了标准化科研工作力度，物流标准化公益性科研工作取得突破。《冷链物流等重点物流领域关键技术标准研究》、《家电物流等重点物流领域关键技术标准研究》等多个涉及冷链等重点物流领域的项目获得了公益性行业科研专项支持，取得了良好成果。①

（2）现代物流业标准化难点。第一，制定标准的部门之间缺乏有效的协调机制。体制障碍是制约我国物流标准化进程最大的绊脚石。尽管国家标准的行政主管部门是国家质检总局，但由于物流产业跨越了行业，标准的归口管理大多数设在各个管理部门的标准化技术委员会，如发改委、交通、铁道等部门都参与物流行业管理，各部门都在制定标准，但标准之间缺乏真正的衔接和统一，造成"大家都在管，实际没人管"的尴尬局面。而这些标准要达成统一，需要进行很多协调工作，衔接难度非常大。

第二，受制于物流的上游产业与现行标准的适应性。物流的上游产业，不同的制造企业有不同的产品类型和服务需求，制造企业特别是国内企业在生产过程中很少考虑物流相关的标准要求，以条形码和托盘为例，箱码在生产企业包装箱上应用较少，且包装箱尺寸不一，物流企业需配备多种规格的托盘提供服务，对推广实施国家标准托盘提出了现实挑战。而且如今个别标准已不能适应市场需求，如有关商品车（乘用车）运输的GB 1589—2004《道路车辆外廓尺寸、轴荷及质量限值》，该标准规定运输车辆长度上限为16.5米，如果第三方物流应用该

---

① 薛强，晏绍庆. 我国物流标准化现状和发展趋势[J]. 物流技术，2011，30（12）.

标准,肯定亏本运营。①

(3) 现代物流业标准化趋势。第一,企业在标准化活动的主体地位会不断加强。标准来源于实践,是实践经验的理论升华,也必将回归到实践中,指导实践。企业是物流操作的实际执行者,有着丰富的实践经验,熟悉物流操作的每个环节和流程,由企业主导或参与制定的标准将具有更强的适用性。

第二,以国际标准为基本参照系完善我国标准。在全球经济一体化和加入WTO的今天,我国的国际贸易必将日渐频繁。中国物流融入国际物流大系统是大势所趋,因此在未来我国的物流标准会在立足国情的基础上,积极借鉴、采用国外先进物流标准,不断与国际标准接轨,扫清我国在国际贸易上的一些技术障碍。

(六) 我国服务标准化建设存在的问题

1. 服务标准化难以形成比较直接的供应机制

早在2009年,国内学者张明兰和王晓燕就分析了服务标准化为什么难以形成比较直接的供应机制。他们认为:"产品标准为大量生产实物产品的制造商提供了监控产品质量的手段,容易形成标准制定、实施、结果反馈的螺旋式上升循环及利益相关方的共赢的工作机制。比较而言,服务产品难以定量描述、难以复现、难以预测,对服务商带来的是远期利好,近期利好不明显,对竞争激烈、生存压力大的服务业企业而言已无力顾及。公共标准数量极少,加剧了服务企业对标准化的意识淡薄,难以形成服务提供商、标准化中介机构、政府、消费者供应的机制。"②

2. 客户意识不强,服务不够深入,不能完全满足消费者需求

长期以来,我们重产品生产轻服务质量和服务满意度,更不要说重视对客户提供标准服务。当前,我国经济社会新兴领域标准化需求不断增加,消费者标准化意识不断提升,对国家整体标准化服务业发展也提出了更多需求。我国服务企业大多数只是停留在表层服务,未能深层次、多角度、身临其境地考虑消费者的需求,以至于服务只停留在表层的服务产品上,不能提供身心共享、360度全方位的服务体验。在加强服务标准化建设过程中,只有将服务程序化、标准化,才能够形成一个行业的服务最低标准,在这个基础上,不同公司再植入自己的理念、企业文化,构建出不同的、有特色的服务标准,不断形成有辨识度的服务,并逐渐形成品牌。

---

① 曹冲锋,陈其松,郑海燕,茅昕.浅析我国物流标准化存在的问题及对策思考[J].中国标准化,2013 (7).

② 张明兰,王晓燕.服务标准化的特征和对策研究[J].上海标准化,2009 (11).

3. 法律地位缺失，缺少政策引导

我国标准化服务业法律地位缺失、政策管理不到位等问题长期没有得到解决。近年来，这些问题逐渐被有识之士认知和呼吁，在 2016 年两会提案中，马蔚华指出，现行《标准化法》中未明确标准化服务业法律地位，这部法律法规体系尚未包含标准化服务相关内容，未明确服务类型、内容及相关要求，使该行业缺乏整体规划和系统管理，影响了服务市场秩序，增加了市场纠纷。显然，这是我们以后在修改《标准化法》时必须要解决的一个难点问题。

4. 信息化水平不高，影响服务的广度与深度

正如马蔚华（2016）所指出的："我国标准化服务体系化程度不高。一是信息化与标准化结合程度不深，标准制定与实施软件工具研发不成规模，标准实施信息反馈及监督管理系统应用还不普遍。二是标准化服务机构尚未形成信息一体化发展格局，影响了标准化服务信息资源的配置、交流与共享，导致信息资源重叠与浪费，影响标准化服务效率。"

（七）加强服务标准化建设的对策建议

1. 把握服务标准化的基本要点

一是标准的制定与行业发展要求相结合。服务标准的制定过程和实际内容要体现行业特点，满足行业发展和消费者的需求，标准要及时优化。与行业的发展和消费者的普遍要求同步改进，有些时候更要预见到行业的发展方向，提前优化服务标准以适应经济发展以及消费者的需求（张明兰和王晓燕，2009）[①]。

二是标准的制定立足于规范行业行为。服务标准的实施过程要立足于规范服务业行为，提高服务业管理水平和市场竞争力，维护服务提供者和消费者的合法权益。

三是标准的实施效果评价与持续改进相结合。推广实施服务标准要因地制宜、注重实效，要通过对实施效果的评估，不断摸索和总结经验，修订标准、改进实施方法，不断提高服务标准化的效果。

四是注重创建服务品牌。将创建服务品牌作为衡量实施效果的重要指标，引导服务企业向标准化、品牌化的方向发展。

2. 明确服务标准化的适用性及其未来路径

从企业角度看，越是大规模的企业，对服务标准化的需求就越多。泰勒的科学管理和克劳士比的符合性质量管理之所以取得成功，在于适应了大规模企业生产的现实需要。服务企业标准化最早大量应用于连锁性餐饮企业（如麦当劳和肯德基等）和世界著名酒店集团（如希尔顿、喜来登酒店等），也是因为不断扩大

---

① 张明兰，王晓燕.服务标准化的特征和对策研究[J].上海标准化，2009（11）.

的企业市场规模要求以标准化的产品和服务来保证服务质量与提升服务效率（戴斌，2000）[①]。

从顾客角度看，相对制造业，服务由于无形性、生产和消费同步性等特点，服务质量有更大的不确定性。为了保证每个顾客都能享受到同等质量的服务，企业就必须要求员工能够严格实施服务标准。

从政府和行业组织角度看，维护消费者合法权益、促进市场规范运营、提升产业竞争能力是其重要职责。服务标准是提高政府和行业组织在这些方面的管理效率、发挥其引导功能和减少市场失灵、强化市场机制作用的重要工具。通过推行国家标准、行业标准和地方标准，对企业提出最基本的服务要求，能够保证企业最基本的服务质量；为顾客提供选择企业和服务的依据，能够提高市场信息的对称性；引导企业由低层次的价格竞争向更高层次的质量竞争转型，能够提升整个行业的服务质量水平。

在企业、顾客、政府和行业组织的多重作用下，国际服务标准化工作不断向前推进。1996年，ISO组织将世界标准日的主题确定为"呼唤服务标准"，并在第25届ISO/COPLCO年会上提出制定服务标准化国际指南。从此，服务标准化正式进入国际舞台。目前，服务标准化工作已经广泛渗透至旅游、零售、金融、物流、医疗、教育和信息通信等各个领域。

3. 健全标准化服务业法律法规保障体系

结合《标准化法》修订工作，增加培育发展标准化服务业、加强标准化服务等内容。积极推动《促进科技成果转化法》等法律修订，提出标准化服务要求。建议由国家标准化主管部门制定《标准化服务机构管理办法》，重点规范非营利性标准化服务机构资质、服务程序与要求，以及法律责任等。

4. 营造标准化服务业发展的良好政策环境

尽快出台《加快培育发展标准化服务业的指导意见》，明确"十三五"时期推进标准化服务业发展的主要目标、基本原则、主要任务及政策措施等，引导建立标准化事务所等新兴业态。加快修订《国民经济行业分类》（GB/T 4754—2011），在"科技推广和应用服务业"大类中增加"标准化服务业"类别。采取切实可行的激励政策，促进标准化服务业快速有序发展，从财政、信贷、税收、人才等方面促进中介服务市场的快速健康发展。

5. 提升标准化服务机构的管理与服务水平

第一，制定《标准化服务机构良好行为规范》国家标准。借鉴国外标准化服务机构先进的管理经验和专业化运作模式，明确服务内容、方式、程序和要求，规范提升标准化服务机构的管理与服务水平。

[①] 戴斌. 饭店服务标准化进程研究[J]. 南开管理评论, 2000, 3 (3).

第二,可选择有实力、有行业优势的标准化服务机构,加大支持力度,培育造就一批骨干标准化服务机构,发挥示范带动作用,整体提升标准化服务质量和水平。

第三,鼓励标准化专业机构为广大企业特别是中小微企业提供标准化信息咨询、试验验证、数据挖掘、知识培训等专业化服务,有针对性地为企业提供标准化技术解决方案。

第四,继续推进与国际标准组织和国外标准机构的标准信息资源交换与合作,完善国际标准销售和服务体系。

6. 培育基于信息技术的标准化服务能力,妥善处理服务个性化和标准化的关系

第一,推进标准化信息服务的网络化与体系化建设,以国家标准馆的标准信息资源为核心,按区域、分行业建立标准信息服务子平台,促进标准化信息服务对国民经济行业的广泛覆盖。

第二,加强标准化服务机构的信息化基础条件建设,鼓励服务机构加强标准文本编辑器与标准实施工具的设计与研发,并同步建立基于信息技术的标准教育与培训平台,进一步提升标准化服务能力[①](王胡应,2011)。服务业具有异质性的特征,而且消费者越来越追求服务消费个性化。这的确对服务业标准化建设带来较大难度。但是,服务标准化和服务个性化并不一定是一对矛盾体。GB/T 24620—2009 和 GB/T 15624—2011《服务标准化工作指南》指明了制定服务标准的基本思路和框架。不过,服务质量从服务标准化向服务个性化发展,需要企业在此基础上根据不同顾客需求对具体标准进一步细化和深度研究。智慧技术促进了质量和效率的进一步提升,为服务个性化提供了有效的技术支持。企业应该在国家、行业和地方标准基础上,向更高规格的、更具有个性化的企业标准转化,使企业在智慧技术高速发展的年代,将个性化服务真正转化成自己的服务标准化。

二、我国服务品牌建设的现状、问题和策略

近年来,我国对品牌建设工作高度重视,出台了一系列的重要指示和政策。2014年5月,习近平主席在河南考察时提出要"推动中国制造向中国创造转变、中国速度向中国质量转变、中国产品向中国品牌转变",明确了建设质量强国的

---

① 王胡应. 当前服务业标准化发展现状及趋势研究[J]. 现代物业,2011(2).

目标和具体要求；2016年3月5日，李克强总理在十二届全国人大四次会议政府工作报告中提出要"培育精益求精的工匠精神，增品种、提品质、创品牌"；2016年3月，国家"十三五"发展规划纲要中列入"加强质量品牌建设"，提出要"全面强化企业质量管理，开展质量品牌提升行动"；2016年6月10日，国务院办公厅印发第44号文件即《关于发挥品牌引领作用推动供需结构升级的意见》，对发挥品牌引领作用、推进品牌建设工作进行了系统部署。上述一系列政策和规划，标志着品牌建设已上升为新时期重要的国家战略，成为深化供给侧结构性改革和增加有效供给的重要战略手段。与此同时，围绕服务业的发展与突破也一直是有关各界的热点议题。

（一）服务品牌的特征

品牌作为营销学的重要内容，已经形成相对成熟的理论体系，然而针对服务品牌的专门研究起步却较晚。很多服务性企业直接运用传统产品品牌理论与模型来进行服务品牌建设与管理，其效果受到中外学者的质疑和批评，如Berry（2000）、De Chernatony和Segal-Horn（2001）、白长虹（2002）、范秀成（2001）等。西方关于服务品牌的研究与实践大体始于20世纪70年代末，其主要动因来自于西方国家对服务业放松管制后带来的市场竞争激化（范秀成，2001）。我国对服务品牌的研究历史更短，有关服务品牌的文献直到20世纪中期才出现。然而国内外有关服务品牌的研究已取得了长足的进展。

尽管服务品牌化的基本原理与有形产品大体类似，但是服务与产品的差异使得服务品牌拥有不同于有形产品品牌的诸多特征。一般来说，服务具有无形性、生产与消费的不可分割性、异质性以及不可存储性等特征，使得服务品牌的打造相对来说更加困难、更具挑战性。英国学者De Chernatony等（1999）的研究指出，服务品牌化和产品品牌化的原则在品牌概念层次上基本一致，均需不断重复和强化定位，以在消费者心目中树立理性和情感感知组合，但在实施方法上应各有侧重；服务组织特别是金融服务企业，在将品牌发展成为一种简化消费者比较和选择竞争性服务产品的工具方面往往未给予足够的重视；服务品牌与消费者有许多的接触点，面临着服务质量不稳定的问题。然而这种情况可以通过建立"愉悦消费者"的文化，通过更好的员工培训和内部沟通得到改进；成功的服务品牌来自于对品牌关系的维护，以及员工和消费者对特定功能与情感价值的尊重等。从实践角度看，服务品牌情感纽带弱、识别性不足，更需要不断强化和创新品牌管理。国内学者程鸣和吴作民（2006）在文献基础上，进一步从品牌要素、品牌沟通、消费者品牌感知及其一致性、品牌管理等方面，概括了服务品牌和产品品牌之间的差异。

表1 服务品牌和产品品牌的差异

比较内容	产品品牌	服务品牌
品牌要素	产品核心功能、价格、包装、用途和使用者形象等	无形服务、服务环境、员工形象、品牌名称、价格和情感等
品牌沟通	广告、促销等基本营销活动	基本营销活动、员工形象和服务环境等的有形展示
消费者品牌感知及其一致性	产品具体的功能和情感、象征价值 产品质量控制以保证品牌感知的一致性	服务体验过程和服务结果 员工和顾客都影响品牌感知的一致性
品牌管理	品牌经理	企业品牌管理

资料来源：程鸣和吴作民（2006）。

（二）服务品牌的重要意义及其视域扩展

进入21世纪以来，伴随着经济全球化、信息化进程的加速，服务经济、知识经济特别是互联网经济蓬勃兴起，服务业的竞争呈现出不断加剧的态势。在这一进程中，服务品牌的重要性进一步凸显，有关服务品牌的讨论，视域也日益扩展。

（1）从微观层面来看，企业作为服务品牌的原动力，内涵更加丰富，自觉性也日渐增强。人们认识到创建强势服务品牌是服务企业提高客户满意度和忠诚度，建立和巩固行业地位，进而形成差别化竞争优势的重要手段。一方面，优秀的品牌意味着良好的口碑和信赖度，能够带来重复购买，从而降低成本，提高竞争者进入壁垒，提高利润，增加品牌价值；另一方面，品牌能使客户明确辨认服务企业，对其提供的预期服务产生期望，并降低客户感知风险，从而简化客户的决策过程。尤其是很多服务的感知风险较高，品牌就成为消费者判断服务质量和特征的重要信号。更重要的是，服务品牌不仅是服务企业的专属，制造型企业也开始将其售后服务进行品牌化，作为应对同质化竞争、建立优势区隔的重要手段。如PLUS（普乐士）投影机推出专业服务品牌"贴心24"，通过渠道整合向终端推进，以实现"把技术优势转化为服务优势，将本土生产推进到本土服务"的品牌战略目标，让用户享受到国际水准的专业服务。又如国内家电巨头创维集团持续多年打造"快乐服务"的品牌，也为创维品牌增色不少。

（2）从中观层面来看，城市（或地区）品牌作为新兴服务品牌或服务品牌的重要平台，为服务品牌的发展注入了强大助力。一个正面、积极的城市品牌形象，能够为地区的招商引资、旅游发展、人才引进和市民服务都形成较大的吸引力和竞争优势（Hanna和Rowley，2015；Lucarelli，2012；Metaxas，2010；Zenker等，2013；刘彦平，2009，2015）。城市品牌内在地包含了服务业发展的要素积累、空间集聚（服务产业集群）、政府服务和原产地效应等，本身可视为新兴的服务品牌，或服务业与地区空间功能互动的战略性平台。

（3）从宏观层面来看，国家品牌建设也开始受到越来越多的重视，成为全球化时代国际服务合作及服务贸易中的重要品牌背书。特别是在我国大力推进"一带一路"战略的背景下，如何打造"中国服务"品牌，讲好"中国服务"故事，是实现国家品牌、推动服务业"走出去"的重要途径。

（三）中国服务品牌建设：问题与挑战

我国服务业的发展起步较晚，但随着改革开放的不断深入，服务业取得了突飞猛进的发展，服务业对国民经济的影响正持续加深。2000~2014年，我国服务业增加值从3.97万亿元左右增长到30.6万亿元左右，扩张了7.8倍，基本实现每五年翻一番，服务业的规模和增速逐渐超过工业。然而，尽管我国服务业发展水平取得了很大的提高，但其发展程度与经济总体发展水平和人民生活水平的不断提高依然不成正比，与发达国家的服务业发展水平相比还存在较大的差距。服务业吸纳就业能力不足、劳动生产率偏低、国际竞争力较弱等问题仍然是制约服务业发展的瓶颈问题。因此，加快我国服务业品牌发展，提升我国服务业的国际竞争力，仍然迫在眉睫。总体来看，我国的服务品牌建设还面临诸多问题与挑战，主要表现在如下几个方面：

1. 品牌建设意识淡薄

我国服务业的品牌意识形成较晚，服务品质意识、文化意识和定位意识滞后，产业长期处于粗放发展的态势，能够在国际市场上拥有竞争优势的服务业品牌少之又少。随着市场竞争的加剧，近年来我国文化传媒、旅游、餐饮、商贸流通、金融服务等行业的品牌化发展取得了明显进展，但总体来看仍未将品牌建设确立为企业顶层战略，服务品牌建设尚处在成长阶段。

2. 品牌建设受制度和政策的影响较大

目前我国经济社会尚处于转型发展阶段，宏观制度和政策环境还存在诸多不适宜或动态调适的挑战。服务业的发展往往受制度与政策的影响更为直接，这也对服务品牌的建设带来很多不确定因素。如"限娱令"、自贸区乃至"八项规定"等反腐倡廉等政策，都会直接导致相关行业的波动。因此，制度和政策环境的规范化成为服务品牌发展的一个重要前提。

3. 缺乏核心优势

我国的服务业在专业规范、技术创新、信用机制等方面，尚未建立核心竞争优势。如银行业的服务产品虽五花八门，但其功能和体验设计往往高度雷同，品牌缺乏核心优势。因此，一旦遭遇与外资服务品牌的对垒，往往容易陷入"价格战"的泥潭，在品牌竞争中处于不利的地位。

4. 品牌规模效应远未充分释放

中国是人口大国，经济发展迅速，人民生活水平不断提高，消费能力快速提升，然而服务品牌的规模效应却与市场规模不成比例。行政垄断行业如电力、电信、民航、邮政等行业企业，往往缺乏活力和创新动力，品牌资产与其所拥有的垄断资源不成比例；而行政垄断之外的行业，如餐饮、酒店、商贸物流等行业企业，品牌集中度却相对较低，小、散、弱的发展格局依然未从根本上扭转，品牌绩效与其市场潜力不相匹配。总之，我国服务业的品牌规模效应尚未形成，还不足以与国际巨头一较高下。

5. 品牌文化缺失

服务的无形性和不可分割性，使得服务体验中的文化内涵格外重要。文化是服务品牌的灵魂，国外服务业品牌巨头无一不是品牌文化营造的高手。如麦当劳、肯德基、联邦快递等品牌的文化理念和文化活动，为赢得消费者的品牌认同贡献良多。我国服务业在企业文化建设方面尚缺乏深度的设计、发掘和打造。

6. 品牌宣传和沟通手段落后

整体来看，我国服务业的品牌宣传相对保守，宣传力度不大，与国外服务品牌全媒体品牌生态建设的战略格局相比存在较大差距。此外，在沟通手段上也较为粗疏，缺乏基于顾客认知和市场竞争的充分研究和科学决策，互动沟通和精准传播远未达成。以服务业网络品牌为例，据中国电子商务协会网络知识产权推进中心发布的《2012中国民营企业服务业100强品牌重复率报告》显示，中国服务业民营企业30强商标重复率高达92%，单个品牌最高重复数和平均重复数分别为326个和66.3个，九成企业网络品牌面临流失风险。单个品牌重复数最高的当属东方集团实业股份有限公司的"东方"，达到了惊人的326个，相当于全国有数百家企业同时合法持有"东方"这个品牌。服务企业网络品牌的同质化，正成为中国服务业民营企业成长为国际化知名企业的最大障碍。

（四）加强服务品牌建设的路径及策略

发展现代服务业是我国实现转型发展的必经之路，而"十三五"则是我国服务业发展的关键时期。一方面，随着"工业4.0"时代的到来，工业和生产性服务能力成为工业竞争力的关键指标；另一方面，新型城镇化战略推进也要求城市发展补足城市功能和公共服务短板，大力发展教育、健康、文化、养老、娱乐等生活性服务业，以不断增强城市的人口转化和吸纳能力。从国际经验来看，实现服务业的产值和就业贡献在经济社会发展中占据主导地位，是迈入高收入国家的重要门槛。2015年，我国服务业增加值占国内生产总值的比重已达50.5%，预计到2020年这一数字可能接近60%，届时我国将基本形成以服务业为主导的产业结构。在这一发展进程中，服务品牌的建设无疑将成为我国迈向服务大国和服务强国的重要支撑。

尽管服务品牌的创建比产品品牌困难,但只要我们准确把握服务品牌的驱动因素,合理设计服务品牌的建设路径和策略,实现我国服务品牌的"弯道超车"与后来居上是完全可能的。

1. 制定服务品牌发展规划,彰显品牌定位差异化

品牌差异化是指为品牌在消费者心目中占领一个特殊的位置,以区别于竞争品牌的特点和市场地位。因为品牌是消费者和社会公众心目中的一种认知和判断总和,品牌的差异化来自定位的差异化与优势独特性的持续沟通和努力,以满足目标消费者的个性需求。成功的服务企业从不将其服务作为一般的服务出售,总是有清晰的定位,而且不断地创新,创建与其他企业相区别的品牌关系。因此,服务品牌在消费者心目中的形象应该保持鲜明和清晰。打造服务品牌,需要制定服务品牌发展的专项规划,以确保品牌建设的专业性、可持续性、内部共识和资源保障。通过持续的努力,建立差异化的品牌优势。如招商银行凭借持续的金融创新、优质的客户服务和稳健的经营风格,已发展成为中国境内最具品牌影响力的商业银行之一。

2. 提升品牌创意和审美品位,推动服务有形化和标准化

使服务有形化和标准化,已成为服务企业创立服务品牌的基础。服务有形化是指服务性企业借助服务过程中的各种有形要素,包括实物、数字、文字、音像、实景、事实及其他可视化和场景化的方式,使无形的服务和企业形象具体化和便于感知。这就需要服务企业不断提升所有服务接触点(直接的和间接的)的创意设计和审美品位,如标识、标志、人物、口号、场景设计等,以此来凸显品牌的价值和情感诉求,让服务及其关键利益变得更为有形、具体和真实,帮助顾客建立更加鲜明的品牌认知。此外,服务标准化也是服务企业走出粗放经营窠臼、提升服务品牌的利器,通过对服务标准的制定和实施,以及对标准化原则和方法的运用,逐步达到服务质量目标化、服务方法规范化和服务过程程序化,从而获得优质服务体验和服务品牌增值。

3. 提升客户感知服务质量和情感共鸣,维护顾客忠诚度

维护顾客忠诚度是管理服务品牌资产的重要内容,其重要途径就是着力提升客户感知服务质量和情感共鸣。在服务过程中,除了注意服务的环境、态度、灵活性等因素外,还应该建立与客户的情感联系。优秀的品牌总是能够与客户建立起情感上的共鸣,从而强化客户对服务品牌的归属感,并能建立客户的忠诚度。通过服务承诺、顾客奖励和体验优化,不断增加顾客的积极体验。例如,梅西百货是全美最大和最老的百货连锁店,却一直奉行维护品牌忠诚度的规则。近百年来,梅西一直在赞助美国著名的感恩节大游行,并坚持执行感恩节中午 12 点前 30%的折扣政策。如今,梅西在电子商务的潮流中也毫不逊色,在百货业率先推

出手机应用软件，顾客可以在手机终端预定全美梅西百货的商品，获得和实体店一样的商品折扣，极大地方便了客户消费。最让人印象深刻的是，在梅西的一些柜台，总能遇到穿着考究、彬彬有礼的老年售货员，看上去至少七八十岁，却依然满面春风地接待消费者，并不时流露出发自心底的灿烂微笑，他们对梅西的终生热爱，也感染着每一位消费者。

4. 丰富品牌文化，促进服务品牌内化

正如Blankson和Kalafatis（1999）所指出的，服务品牌更多依赖于员工的态度和行为。如果把服务品牌看作一种承诺，则这种承诺是通过服务企业与顾客的接触来完成的，接触的过程需要员工的优秀表现以兑现甚至超越其承诺。因此，只有当员工理解了品牌，认识到服务品牌承诺的这些具体属性，才有可能把品牌的价值更好地传递给顾客。将品牌价值和品牌精神内化为企业员工的文化、价值观和行为准则，就是服务品牌的内化过程。内化品牌包括对员工进行培训并把品牌营销给员工、与员工分享品牌背后的策略、开展与员工的品牌沟通、强化品牌行为的员工培训、对支持品牌建设的员工给予回报和鼓励等，当然最重要的就是员工参与到培育和建设品牌的工作中，让品牌价值内涵体现在员工的服务行为中。

5. 打造城市品牌的战略平台

现代服务业的发展，实质上是城市经济社会生态系统高端化的一种体现或结果，而这个系统的综合载体，往往就是地区或城市。进入21世纪以来，城市品牌化潮流在世界范围内兴起，成为城市管理革新和竞争力提升的有力手段。当高端要素成为城市激烈竞争的焦点时，城市品牌化和城市营销就成为城市竞争与合作策略的重要选项。作为服务业空间集聚的载体和行业治理的中枢，城市品牌的战略平台作用显得无可替代。服务业品牌和城市品牌相互支撑和带动，也成为城市品牌化进程中的一道风景。如围绕创意之都、设计之都、美食之都、数据港、购物天堂、休闲之都、创新创业之都等城市定位，国内外涌现出大量的城市品牌化案例，而其背后往往都是城市服务品牌的发展图景。如果说工业化时代城市品牌是"烟囱角逐"型的招商引资，那么服务经济时代的城市品牌，则重在打造宜居形象和文化品牌，以吸引更多的创新和创意型人才，提升城市在全球及地区城市网络中的服务功能和价值地位。

6. 建立国家品牌的强大背书

由于服务的无形性、不可存储性及生产与消费的不可分割性，使得国际间的服务贸易无法采用货物贸易壁垒政策，而是采用更加隐蔽和严厉的手段来保护本国服务业和市场。良好的国家品牌形象，能够为服务国际市场竞争赢得更好的环境和更为持久的支持。如加拿大就是国家品牌化的成功典范。加拿大国家品牌起步早、管理规范，其国家品牌的认知具有全球广泛性。秉承"全能型生存"的国家品牌管理哲学，加拿大在国家治理、经济发展、价值体系、生活品质、商业环境、文化遗产、旅游等多维度的国家品牌基因比拼中,始终能够名列前茅。此外,新加坡、印度、挪威、澳大利亚等也都是国家品牌化的受益者。卓越的国家品牌管理具有溢出效应,在国际旅游、教育、人才流动、投资等领域充分分享了国家品牌形象红利,对支持本国服务业的国际竞争形成了有力的支撑和保障。近年来,我国不断扩大对外开放,实施自贸区战略和"一带一路"战略,"讲好中国故事、塑造中国形象"的战略任务被提上日程。这就需要国家品牌在定位、形象设计、推广机制与风险防范等方面,全面加强创新与管理,让"中国服务"与"中国创造"并驾齐驱,为提升国家的综合实力发挥更大的作用。

总之,我国以服务业为主导的经济变革已拉开帷幕,需要形成创新引领的新格局。从微观、中观和宏观层面不断加强服务型企业品牌、城市品牌和国家品牌的规划与建设,是我国服务业发展进程中改进供给、改善需求的有效途径。

参考文献

[1] 白长虹等. 基于顾客感知价值的服务企业品牌管理[J]. 外国经济与管理, 2002, 24 (2).

[2] 曹冲锋, 陈其松, 郑海燕, 茅昕. 浅析我国物流标准化存在的问题及对策思考[J]. 中国标准化, 2013 (7): 71 - 73.

[3] 程鸣, 吴作民. 西方服务品牌研究评介[J]. 外国经济与管理, 2006, 28 (5).

[4] 戴斌. 饭店服务标准化进程研究[J]. 南开管理评论, 2000, 3 (3): 61 - 65.

[5] 范秀成. 顾客体验驱动的服务品牌建设[J]. 南开管理评论, 2001 (6).

[6] 国家发改委发展规划司. 服务经济创新发展大纲(2016~2025年)(征求意见稿)[EB/OL]. http://www.gov.cn/xinwen/, 2016: 19 - 21.

[7] 侯非, 曹俐莉, 张雨辰. 国外养老服务业标准化及认证现状与启示[J]. 标准科学, 2014 (12): 89 - 92.

[8] 蒋奕平, 蒋宏. 国内电子商务标准化发展现状研究[J]. 中国标准导报, 2016 (9): 39 - 47.

[9] 李敏, 顾磊宏, 陈骏杰. 倡导服务标准化——以旅游业标准化为例[C]. 第11届中国标准化论坛论文集, 2014: 1532 - 1536.

[10] 柳宏. 电子商务标准化建设探讨[C]. 第12届中国标准化论坛论文集, 2015: 286 - 291.

[11] 马蔚华. 加快发展国家标准化服务业(全国政协提案报告)[EB/OL]. 网易财经, 2016 - 03 - 04.

[12] 潘勤奋. 我国旅游标准化问题与对策[J]. 世界标准化与质量管理, 2007 (6): 41 - 43.

[13] 彭嘉琳. 我国养老服务业标准化建设现状与问题分析[J]. 北京劳动保障职业学院学报, 2013, 7 (4): 24 - 28.

[14] 王胡应. 当前服务业标准化发展现状及趋势研究[J]. 现代物业, 2011 (2):

16-18.

[15] 薛强,晏绍庆. 我国物流标准化现状和发展趋势[J]. 物流技术,2011,30(12):19-21.

[16] 袁文清,刘建斌. 我国电子商务标准化问题的研究[J]. 标准科学,2009(4):36-39.

[17] 张端阳. 国外服务标准化研究综述[J]. 东北大学学报(社会科学版),2012,7(4):311-317.

[18] 张明兰,王晓燕. 服务标准化的特征和对策研究[J]. 上海标准化,2009(11):8-12.

[19] 张懿玮. 基于服务标准化的个性化探究[J]. 质量与标准化,2015(7):43-46.

[20] Berry L. L., Sandra Lampo. Branding Labor-intensive Services[J]. Business Strategy Review, 2004, 15(1):8-25.

[21] Berry Leonard L. Cultivating Service Brand Equity[J]. Journal of the Academy of Marketing Science, 2000, 28(1):128-137.

[22] Blankson C., Kalafatis S. P. Issues and Challenges in the Positioning of Service Brands: A Review[J]. The Journal of Product & Brand Management, 1999, 8(2):106-118.

[23] De Chernatony, Leslie and F. Dall' Olmo Riley. Experts Views about Defining Services Brands and the Principles of Services Branding[J]. Journal of Business Research, 1999, 46(2):181-192.

[24] De Chernatony Leslie and Segal-Horn Susan. Building on Services' Characteristics to Develop Successful Services Brands[J]. Journal of Marketing Management, 2001, (7/8):645-669.

[25] De Chernatony, L.' Drury S. and Segal-Horn S. Identifying and Sustaining Services Brands' Values[J]. Journal of Marketing Communications, 2004, 10(2):73-93.

[26] George J. Stigler. The Theory of Price (Fourth Edition)[M]. Macmillan Pubishing Company, 1987.

[27] Grace, Debra and O' Cass Aron. Examining the Effects of Service Brand Communications on Brand Evaluation[J]. Journal of Product & Brand Management, 2005(2):106-116.

[28] Hanna S. A. and Rowley J. Rethinking Strategic Place Branding in the Digital Age, In Kavaratzis M., Warnaby G. and Ashworth A. (Eds.). Rethinking Place Branding: Comprehensive Brand Development for Cities and Regions[M]. Springer International Publishing, Switzerland, 2015:85-100.

[29] Lucarelli A. Unraveling the Complexity of "City brand Equity": A Three-dimensional Framework[J]. Journal of Place Management and Development, 2012, 5(3):231-252.

[30] Metaxas T. Place Marketing, Place Branding and Foreign Direct Investments: Defining Their Relationship in the Frame of Local Economic Development Process[J]. Place Branding and Public Diplomacy, 2010, 6(3):228-243.

[31] Zenker S., Petersen S. and Anholt, A. The Citizen Satisfaction Index (CSI): Evidence for a Four Basic Factor Model[J]. Cites, 2013(31):156-164.